A Escritura Pela Rasura

Coleção Estudos
Dirigida por J. Guinsburg
(*in memoriam*)

Coordenação de texto Luiz Henrique Soares e Elen Durando
Preparação Mariana Munhoz
Revisão Gessé Marques Jr.
Capa Sergio Kon
Produção Ricardo W. Neves e Sergio Kon.

Philippe Willemart (org.)

A ESCRITURA PELA RASURA
A CRÍTICA GENÉTICA EM BUSCA DE OUTROS SABERES

© 2022 Editora Perspectiva

Esta publicação contou com o apoio da Fapesp (processo n. 2021/09314-4), por meio do programa "Auxílio à Pesquisa – Publicações". As opiniões, hipóteses e conclusões ou recomendações expressas neste material são de responsabilidade dos autores e não necessariamente refletem a visão da Fapesp.

CIP-Brasil. Catalogação-na-Fonte
Sindicato Nacional dos Editores de Livros, RJ

E73

A escritura pela rasura : a crítica genética em busca de outros saberes / organização Philippe Willemart. - 1. ed. - São Paulo : Perspectiva : Fapesp, 2022.
208 p. ; 23 cm. (Estudos ; 379)

Inclui bibliografia
ISBN 978-65-5505-123-0

1. Crítica textual. 2. Criação (Literária, artística, etc.). I. Willemart, Philippe. II. Fundação de Amparo à Pesquisa do Estado de São Paulo. III. Série.

22-80585   CDD: 801.95
                 CDU: 82.09

Meri Gleice Rodrigues de Souza - Bibliotecária - CRB-7/6439
17/10/2022   21/10/2022

1ª edição

Direitos reservados em língua portuguesa à
EDITORA PERSPECTIVA LTDA.

Al. Santos, 1909, cj. 22
01419-100 São Paulo SP Brasil
Tel.: (11) 3885-8388
www.editoraperspectiva.com.br

2022

Sumário

Prefácio – *Filomena Juncker* IX

Introdução – *Philippe Willemart* XIII

PARTE 1:
A CRÍTICA GENÉTICA E A CIÊNCIA –
Philippe Willemart

    Crítica Genética e Astrofísica: O Fora do Tempo
    Proustiano e a Física Depois de Einstein 3

    Genética, Psicanálise e Neurociência 21

    A Inteligência Artificial e a Crítica Genética:
    Como Conviver Com os Algoritmos e a IA? 33

    A Inteligência Artificial Pode Concorrer
    Com a Arte? 55

    Artes e GPT-2, GPT-3-Wu Dao 2.0 69

    Crítica Genética e Linguística: A Rasura no Manuscrito.
    Repensar o Significante! 87

PARTE 2:
FLUSSER, ANTROPOLOGIA, MÍDIA, MÚSICA E CRÍTICA GENÉTICA

Entre Potencialidades, Acasos e Extrapolações: Uma Visão do Processo de Criação em Flusser – *Edson de Prado Pfützenreuter e Patrícia Kiss Spineli* . 103

Gêneses Musicais – *Celso Loureiro Chaves* 127

O Manuscrito, o Impresso e as Mídias: Possíveis Aproximações – *Yuri Cerqueira dos Anjos* 135

À GUISA DE CONCLUSÃO:
Por uma Antropologia da Escritura – Crítica Genética e Pensamento Antropológico – *Roberto Zular* 153

POSFÁCIO:
Do Estado Quântico à Escritura Pela Rasura – *Philippe Willemart* 177

Bibliografia 179

Prefácio

As Luzes da Cidade, lançado em 30 de janeiro de 1931, é considerado o maior sucesso de Charlie Chaplin. Para a estreia do filme em Los Angeles, o cineasta convidou Albert Einstein. Diz-se que o cientista, tocado por esta obra-prima, teria dito a Chaplin: "O que mais admiro em sua arte é sua universalidade. Você não diz uma palavra, e ainda assim... o mundo inteiro entende você. O artista então teria respondido: "É verdade. Mas sua glória é ainda maior: o mundo inteiro te admira, e, no entanto, ninguém te entende."

Essa pequena história, que imediatamente homenageia o cientista mais citado nas páginas de Philippe Willemart, poderia ser usada de muitas maneiras como uma "entrada no assunto". Levantemos apenas três pontos: o poder do fascínio que a misteriosa matemática, onipresente em toda a física complexa, exerce sobre os não iniciados; o termo "universalidade", que representaria para Einstein a maior qualidade da arte de Charlie Chaplin e que também é a característica fundamental da linguagem matemática: em ambos os casos, refere-se a uma linguagem sem palavras; a admiração mútua dos dois homens, cada um dos quais se interessando, de acordo com suas próprias referências, pelo notável *know-how* do outro.

Desde a antiguidade clássica, a matemática tem efetivamente cativado as mentes. Essencialmente utilitarista até então, evoluiu rapidamente para a abstração, tornando-se uma fonte de inspiração para os filósofos gregos, que eram quase todos matemáticos. Em vez de se trancar em isolamento altivo, esse conhecimento particular irá, portanto, nessa era, fertilizar outras disciplinas, que assim ganham em tecnicismo. Astronomia e música são exemplos marcantes. Um detalhe caro à autora deste Prefácio é que as mulheres eram admitidas na escola de Pitágoras, ele próprio matemático, filósofo e político. Várias fontes históricas mencionam mais tarde o nome de Hypatia, uma estudiosa e inventora ilustre do meio intelectual de Alexandria, no século IV. Matemática e filósofa, essa jovem se interessava por geometria, aritmética e astronomia. Sócrates de Constantinopla escreveu sobre ela que multidões, fascinadas por seu conhecimento, vinham ouvi-la falar. Seu abominável assassinato em 415 EC por cristãos marca o fim de uma era de frutífera convivência entre ciências e letras. Foi só na Renascença que esse diálogo foi restabelecido no seio da civilização ocidental. Galileu alegou no século XVII que o universo tinha sido escrito em linguagem matemática. Descartes escreveu seu *Discurso do Método*. Pascal, "esse gênio assustador", segundo Chateaubriand, "resolveu pela abstração um dos maiores problemas da geometria e jogou em papel pensamentos que provêm tanto de Deus quanto do homem"[1].

A divisão do conhecimento se estabeleceu gradualmente a partir dos séculos XVIII e XIX, conduzindo, como é forçoso admitir, ao fosso atual entre ciências exatas e humanidades, que muitas vezes dão a imagem de seitas rivais que se afrontam. Enquanto mudanças tecnológicas fulgurantes estão sendo alcançadas graças às ciências duras, filósofos e intelectuais estão cada vez mais pensando longe das matemáticas. Os debates públicos são muitas vezes monopolizados por opiniões ideológicas e confrontos de crenças.

A crescente especialização reivindicada pelos próprios pesquisadores nas universidades atuais também parece legitimar a partição do saber. De um lado, os "instruídos incultos", do outro, os "ignorantes cultivados": "dois tipos de cegueira", se fizermos nossas as palavras de Michel Serres, um filósofo que sempre aspirou a uma mudança de atitude[2].

---

[1] Fraçois-René de Chateubriand, *Le Génie du christianisme*, Tours: Alfred Mame et Fils, 1866, Livro II, Capítulo VI, p. 206. (Tradução nossa.)
[2] *Filosofia Mestiça*, Rio de Janeiro: Nova Fronteira, 1993, p. 66.

É nesse sentido que Philippe Willemart e seus convidados fazem um trabalho admirável nestas páginas. Pois é preciso audácia para abandonar o conforto da unidisciplinaridade e prestar ativamente atenção a outros ramos do saber. É preciso tenacidade para compreender no paradigma externo as condições que possibilitam a evolução fundamentada de nossas representações habituais. É preciso cautela para evitar a apropriação abusiva de noções complexas, por falta de domínio suficiente da linguagem que as define. Essas qualidades estão aqui presentes. Uma respiração revigorante percorre assim este trabalho, que trata, acima de tudo, de relatar um pensamento em movimento. Um trabalho que, por esta razão, não se destina exclusivamente a um público de iniciados.

O leitor não iniciado em crítica genética também é, de fato, convidado a dar uma olhada na gênese dos textos dos grandes escritores. Ele se deixará surpreender com a "vida enigmática dos manuscritos", tão bem "iluminada" por Roberto Zular, e entrará em contato com as várias instâncias que, segundo Willemart, intervêm no ato da escrita. Ele será informado do papel fundamental dos rascunhos, onde rasuras, reticências, hesitações aparecem como múltiplas roupagens de um silêncio em busca de bifurcações fertilizantes. Mas o leitor assistirá sobretudo a confrontos pertinentes e inesperados entre diferentes formas de inteligibilidade (um lugar considerável é reservado à inteligência artificial), aos quais parecem incitar as páginas de alguns grandes autores (Proust, Valéry...). Confrontos que se concentrarão todos no mesmo objetivo: uma melhor compreensão de um universo comum, cujo mistério reativa constantemente a imaginação e desafia os mais incríveis avanços científicos.

É claro que as reações a este exercício intelectual podem ser múltiplas e contraditórias. Nisso também reside o interesse deste trabalho. Apresentemos já algumas muito prováveis.

Os matemáticos, relutantes em validar suposições plausíveis, mas não demonstradas, expressarão decerto reservas sobre certas analogias propostas. Mas se eles são constantemente condicionados pela exigência de um rigor máximo, necessário para a tradução em linguagem matemática de um "real" objetivo, eles também sabem reconhecer o valor das intuições, sempre tão valiosas na pesquisa científica. Vão, pois, provavelmente, surpreender-se com os tesouros de imaginação e de sutileza de um autor como Proust e apreciar uma outra maneira de abordar a complexidade de certas noções igualmente primordiais em matemática, a do "tempo" em particular.

Confrontados às ambiguidades muitas vezes dilacerantes da linguagem humana e do "sujeito dividido" (sujeito em contraste com o "sujeito epistêmico", este último em princípio impermeável aos efeitos da subjetividade), os leitores psicanalistas saberão talvez relembrar que Lacan também continuou a se inspirar na matemática (e em sua maravilhosa "universalidade") para formalizar melhor suas reflexões: gráficos e topologias lacanianas são a própria ilustração desse procedimento. Mas eles poderão igualmente salientar que o "real" de sua tríade RSI (ou IFR, índice de força relativa) será sempre uma hiância à qual nenhum símbolo se pode ajustar, mesmo se é em torno desse "impossível" que a linguagem se lança incansavelmente, na esperança de encontrar o nome que enfim o diga.

Uma definição diferente de "real" será proposta pelos leitores geneticistas, provavelmente surpresos que a matemática (da mecânica quântica à astrofísica) tenha servido de pré-texto para algumas das abordagens apresentadas neste livro.

Ouvindo atentamente o outro da diferença – uma abordagem meticulosa seguida por Philippe Willemart e seus colaboradores – cada tipo de leitor compreenderá então que a noção de "real" é bem mais frágil do que se pensa e que o "real" deveria ser, de fato, uma questão-chave de reflexão entre os diferentes campos do conhecimento. É sem dúvida esse aspecto, ligado à riqueza dos confrontos propostos nas páginas que se seguem, que trará novas luzes aos caminhos do saber.

Filomena Juncker
Professora Titular em Literatura Geral e Comparada
Universidade Côte d'Azur, Nice

Introdução

Antes de apresentar o conteúdo do livro, torna-se necessário expor para os leitores não iniciados a história da crítica genética. Estudando os manuscritos do poeta Heine nos anos de 1970, Louis Hay e sua equipe de germanistas, Almuth Grésillon e Jean-Louis Lebrave, entre outros, se deram conta do valor do material e ensaiaram um esboço de teoria que podia explicar como o autor chegava ao texto editado. Assim, começaram os estudos de gênese que levaram o nome de crítica genética. Em seguida, especialistas de outros autores franceses, Balzac, Flaubert, Proust, Valéry, Sartre etc., se juntaram à equipe Heine e criaram o Instituto de Textos e Manuscritos Modernos (ITEM), unidade do Centro Nacional da Pesquisa Científica (CNRS) em Paris[1].

O movimento ganhou São Paulo e o Brasil nos anos 1980. Logo, os geneticistas constataram que os movimentos que visavam a criação ou os processos de criação eram usados por quem inova em qualquer campo e se deram por objetivo a análise dos processos de criação utilizados por escritores, artistas e a mídia, decifrando e transcrevendo manuscritos, rascunhos, projetos e esboços das obras[2].

[1] Disponível em: <http://www.item.ens.fr/thematique>.
[2] O leitor poderá se dar conta das pesquisas efetuadas no campo da crítica genética consultando os *sites* das revistas *Genesis* de l'ITEM (http://www. item.ens.fr/▶

No entanto, desde o início da crítica genética no Brasil, alguns pesquisadores já se perguntavam como os inventores procedem para criar novas teorias na física e nas ciências em geral. É nessa perspectiva que escrevemos este ensaio tão bem introduzido por Filomena Juncker, matemática e literária da Universidade de Nice.

Na primeira parte do ensaio, tento compreender o que é comum entre a gênese de obras artísticas e vários campos do saber: a nova física de Einstein, muitas vezes esquecida em nossos livros didáticos de ensino secundário; a inteligência artificial, o funcionamento do cérebro, base das reflexões nas neurociências; a linguística repensada pela psicanálise.

Querendo ampliar essa abertura da crítica genética a outros saberes e conhecendo suas pesquisas, convidei quatro colegas para teorizar os estudos de gênese no seu campo respectivo: um valéryano, Roberto Zular da Universidade de São Paulo, um proustiano, Yuri Cerqueira dos Anjos da Universidade de Wellington (Nova Zelândia), dois flusserianos, (se posso inventar a palavra), Edson do Prado Pfutzenreuter da Universidade de Campinas (Brasil) e sua colega Patrícia Kiss Spineli da Universidade Católica de São Paulo e um especialista em composição musical da Universidade do Rio Grande do Sul, Celso Giannetti Loureiro Chaves.

Suas contribuições constituem a segunda parte e a conclusão do ensaio: a teoria da fotografia imaginada pelo filósofo tcheco-brasileiro Vilém Flusser, a teoria musical oriunda da gênese dos manuscritos, a imprensa e seus debates com o manuscrito e a antropologia da escritura.

Essas abordagens se confrontam ao mesmo Real que podemos entender de duas maneiras que, no entanto, não se excluem.

O registro do Real no sentido lacaniano do termo, cujo conteúdo ainda não recebeu palavras, embora exista e vivemos nele, é o mundo a ser decifrado pela ciência, os artistas e os literários que tentam batizá-lo, nomeá-lo e incluí-lo na linguagem.

O Real descrito pelo físico Richard Feynman que é definido "pela superposição de todos os imaginários possíveis"[3], e que

---

▷ genesis/) ou *Manuscrítica* da Associação dos pesquisadores em crítica genética (APCG- https://www.revistas.usp.br/manuscritica/index) ou no excelente compêndio de Sergio Romanelli, *Compêndio de Crítica Genética*.

[3] A. Connes; D. Chéreau; J. Dixmier, *Le Théâtre quantique*, p. 50.

permite a transferência de um para o outro, da literatura até o da ciência, da filosofia, da música, da antropologia e da escritura, pela crítica de seus prototextos: cadernos, rascunhos, folhas voadoras, cadernos e esboços.

Esse Real dos físicos parte da física quântica com mil rostos para se reduzir à realidade que todos conhecemos devido à intrusão do tempo.[4] Esse Real tanto lacaniano quanto físico justifica o posfácio que explicita o subtítulo.

Desejo-lhe, cara leitora e caro leitor, uma boa leitura!

Philippe Willemart

---

4 Ibidem, p. 179.

Parte 1:
A Crítica Genética e a Ciência

Philippe Willemart

Crítica Genética e Astrofísica

O Fora do Tempo Proustiano e a Física Depois de Einstein[1]

Embora as primeiras descobertas de Einstein tenham revolucionado a concepção do tempo, persistimos em manter nossas pesquisas seguindo a concepção newtoniana do tempo, o tempo contínuo, o mesmo para todos, aquele que passa no decorrer das horas e dos dias.

Em 1993, tinha inserido a quarta dimensão numa teoria da escritura ao estudar o manuscrito de *Hérodias* de Flaubert, publicado em *Universo da Criação Literária*, sem tirar todas as consequências.

Com Thibaut Damour em 2005[2] e Henriete Karan da UFRGS em 2008[3], eu tinha destacado a ligação entre as teorias einsteinianas e o narrador proustiano[4] que não hesitavam em descrever a quarta dimensão da igreja de Combray:

Tudo aquilo e mais ainda os objetos preciosos, oriundos de personagens que para mim eram quase personagens de lenda [...] e por causa das quais eu avançava pela igreja [...], como por um vale visitado pelas fadas,

---

1 Publicado em P. Willemart, Critique génétique et astrophysique, *Marcel Proust aujourd'hui*, v. 16.
2 Ver *Si Einstein m'était conté*.
3 Ver *Espaço-Tempo e Memória: A Subjetividade em Le Temps retrouvé*.
4 P. Willemart, Le Mystère du temps creusé au fond d'un être, *Marcel Proust aujourd'hui*, v. 13, p. 119-122.

[...] tudo aquilo fazia da igreja, para mim, alguma coisa de inteiramente diverso do resto da cidade: um edifício que ocupava, por assim dizer, *um espaço de quatro dimensões* – a quarta era a do Tempo —, e impelia através dos séculos sua nave que, de abóbada em abóbada, de capela em capela, parecia vencer e transpor não simplesmente alguns metros, mas épocas sucessivas de onde saía triunfante.[5]

Comparação que o narrador continua nos fólios 93 e 94 do caderno 71, preparatórios do terceiro volume, *A Prisioneira*, envolvendo Albertine, a amante do herói:

esta quarta dimensão, a do Tempo que encontrava outrora na igreja de Combray, quanto a encontrava tanto mais em Albertine, enquanto outros seres se destacavam para mim como se fosse planos projetando na minha frente somente o feixe do que eles representavam na vida atual, ela se modelava com ternura para mim no tempo, o que lhe forneceria uma espécie de volume, dando profundidade às sombras em torno dela, e reservando o intervalo de anos em que permaneci sem vê-la e após a diáfana espessura das quais ela ressurgira de repente[6].

Neste capítulo, gostaria de ir um pouco além e perguntar se há algumas vantagens de se levar em conta essa concepção do espaço-tempo no estudo dos manuscritos, distinguindo, todavia, as teorias restritas[7] e geral[8] da relatividade, que tratam do infinitamente grande, iniciadas por Einstein entre 1905 e 1915, e da mecânica quântica[9], que trata do infinitamente pequeno,

---

5 M. Proust, *No Caminho de Swann*, em *Em Busca do Tempo Perdido*, p. 90. Encontramos as mesmas frases, embora deslocadas, na prova 16 da edição Bodmer, de 14 de abril de 1913.
6 Idem, *La Prisonnière, A la recherche du temps perdu*, p. 1119. Tradução nossa em todas as citações de originais estrangeiros ao longo desta parte, exceto quando indicado o tradutor ou quando se tratar de citação extraída de uma edição brasileira assinalada.
7 A relatividade restrita é a teoria formal elaborada por Einstein em 1905 em vista de tirar todas as consequências físicas da relatividade galileana e do princípio segundo o qual a velocidade da luz no vácuo tem o mesmo valor em todos os referenciais de Galileu.
8 Segundo Carlo Rovelli, "com a relatividade geral, aprendemos que o espaço não é mais uma caixa rígida e inerte, como um recipiente em que você joga suas coisas. Ele é mais parecido com 'o campo eletromagnético (por onde se propagam coisas como as ondas de rádio ou a luz que chega aos nossos olhos, que também é onda): um imenso molusco móvel em que estamos imersos, um molusco que se comprime e se retorce'"; C. Rovelli, "Carlo Rovelli par-delà le visible Mon article 2: Le temps n'existe pas" (2017).
9 "A mecânica quântica foi desenvolvida a partir dos princípios dos *quantas* de Plank e do princípio de incerteza de Heisenberg de 1900 a 1930". S. Hawking,

desenvolvida entre 1900 e 1930 por vários físicos, quase todos vencedores do prêmio Nobel. Numa segunda parte, irei mais longe ainda com o astrofísico Carlo Rovelli que tenta articular a teoria da relatividade com a mecânica quântica.

Em outras palavras, ousando tocar neste assunto delicado, no qual entro prudentemente, espero encontrar nessas teorias o que pode unir cientistas e pesquisadores da área de literatura, à procura do que não entendemos, para vencer um pouco mais nossa ignorância.

TEMPO E ESPAÇO PARA EINSTEIN

O astrofísico Thibaut Damour dedicou um excelente volume de iniciação a Einstein. Evocando a vinda dele a Paris e sua conferência no Collège de France, no dia 31 de março de 1922, diante de numerosas personalidades científicas, como Paul Langevin e Marie Curie; filosófica, como Henri Bergson; e literárias, como a princesa Edmond de Polignac, a condessa Henri Greffuhle e a condessa Anna de Noailles, (amigas de Marcel Proust), Damour lembra a repercussão do acontecimento na imprensa: Durante a estadia de Einstein, um *leitmotiv* voltava nos jornais: "O Tempo não existe mais!", "O Tempo não existe!", "O Tempo é uma Ilusão", "O tempo é somente um sonho"[10].

Distanciando-se da leitura um pouco rápida dos jornalistas, no entanto, Damour lembra a última frase de *Em Busca do Tempo Perdido*, próxima da concepção de Einstein:

Se ao menos me fosse concedido um prazo para terminar minha obra, eu não deixaria de lhe imprimir o cunho desse Tempo cuja noção se me impunha hoje com tamanho rigor, e, ao risco de fazê-los parecer seres

Une Brève histoire du temps, p. 224. "A física quântica permite entender o que é a matéria e como ela interage. Ela é pouco intuitiva, mas totalmente coerente. As estranhezas não faltam: algumas grandezas só podem ter valores descontínuos; a luz é ao mesmo tempo uma onda e uma partícula; uma indeterminação fundamental impede medir certas grandezas com uma precisão arbitrária; os resultados das medições só podem ser previstos em módulos de uma certa aleatoriedade insuperável; objetos estão simultaneamente em vários estados; certos sistemas são tais que a medida do estado de um dos constituintes influi instantaneamente no estado do outro. Mesmo assim, a física quântica é notavelmente eficiente e funciona extremamente bem." A. Barrau, Pourquoi faut-il concilier relativité générale et physique quantique?, *Futura Science*.

10 T. Damour, op. cit., p. 56.

monstruosos, mostraria os homens ocupando no Tempo um lugar muito mais considerável do que o tão restrito a eles reservado no espaço, um lugar, ao contrário, desmesurado, pois, à semelhança de gigantes, tocam simultaneamente, imersos nos anos, todas as épocas de suas vidas, tão distantes – entre as quais tantos dias cabem – no Tempo.[11]

O tempo ainda existe com certeza, mas não pode estar separado do espaço, o que Proust suspeitava, quando escrevia a seu amigo Armand de Grammond, duque de Guiche, em dezembro de 1921, alguns meses antes da vinda de Einstein a Paris em dezembro de 1921: "Gostaria muito de falar de Einstein com você! Por mais que me escreve que eu derivo dele, ou ele de mim, não entendo uma palavra de suas teorias não sabendo a álgebra. E duvido que ele tenha lido meus romances. Temos, parece, uma maneira análoga de deformar o Tempo."[12]

O tempo absoluto e universal, parecendo coincidir naturalmente com a duração psicológica vivida por todos, estava destronado e substituído por tempos relativos, individuais, que não necessariamente coincidem uns com os outros[13].

O paradoxo dos gêmeos ilustra a relatividade do tempo: o primeiro viajando numa nave espacial com alta velocidade envelhece muito menos do que o irmão que ficou na Terra, já que o tempo passa mais devagar na nave numa velocidade próxima da luz[14].

O tempo relativizado dá lugar ao tempo einsteiniano que, unificado ao espaço, constitui a quarta dimensão do espaço com três dimensões.

Nessas condições, a história de um homem, ou melhor, "a vida de um homem é descrita por um tubo de espaço-tempo"[15], no qual as etapas da vida são superpostas, o que o herói proustiano imaginava com a metáfora das "pernas de pau":

Acabava de compreender por que o duque de Guermantes, a quem admirava, vendo sentado, por haver envelhecido tão pouco, apesar de ter sobre si muitos anos mais do que eu, mal se erguera e quisera permanecer de pé,

11 M. Proust, *O Tempo Redescoberto*, p. 406.
12 T. Damour, op. cit., p. 64.
13 Eugène Minkowski apud T. Damour, op. cit., p. 67.
14 T. Damour, op. cit., p. 52, 67.
15 Thibault Damour, conferência realizada no Institut des Hautes Études Scientifiques, Bures-sur-Yvette, França, em fevereiro de 2010. Disponível em: <https://www.ihes.fr/~damour/Conferences/Damour_amisIHES_fev2010.pdf >.

logo vacilara nas pernas [...] como se os homens se equilibrassem sobre pernas de pau vivas, sempre crescentes, algumas mais altas que campanários, tornando-lhes difícil e perigosa a marcha, e de onde subitamente caem.[16]

Poderia ainda exemplificar com a seguinte passagem:

O passado não só não é fugaz, como também é imóvel. Não só meses após o início de uma guerra é que leis votadas sem pressa podem agir eficazmente sobre ela; não somente quinze anos após um crime que permaneceu obscuro é que um magistrado pode ainda encontrar elementos que sirvam para esclarecê-lo; após séculos e séculos, um sábio que estuda numa região remota a toponímia, os costumes dos habitantes, poderá recolher ainda neles uma ou outra lenda muito anterior ao cristianismo, já incompreendida, talvez até esquecida nos tempos de Heródoto e que, na denominação dada a uma rocha, num rito religioso permanece no meio do presente como uma emanação mais densa, imemorial e estável.[17]

Ou esta, da lavra de Mia Couto:

Germano de Melo para Imani: A nossa relação não foi, contudo, destruída por nenhuma das razões que antes invoquei. Foi destruída muito antes de nos conhecermos, muito antes de termos nascido. O mesmo enredo que propiciou o nosso encontro, tornou possível nosso amor [...] tu serias culpada por seres negra. E eu seria odiado por ser o marido da negra. [...]

Imani para o escritor: Podes gravar, mas não me fotografes. Olha bem para mim, meu neto. Esta criatura que vês à tua frente não é feito de um corpo único. São muitos corpos colados, cada um feito num tempo, cada um vindo de uma terra diferente. O coração é desta aldeia, os braços são de Multimati, as pernas já se esqueceram de onde são. [...] meu corpo é um mundo inteiro.[18]

Essa maneira de descrever a vida de uma pessoa como a superposição de fatias de espaço-tempo interroga a memória ou a rasura – de qual espaço-tempo nos lembramos –, mas não elimina os espaços-tempos sucessivos que nos constituem e que estão sempre lá, mesmo quando não nos lembramos deles. A gênese da pessoa existe, mas é composta de elementos quadridimensionais submetidos aos riscos do contexto que atravessa e que o leva por vias imprevisíveis. Não será, portanto, uma gênese ordenada, mas

---

16 M. Proust, *O Tempo Redescoberto*, p. 406.
17 Idem, *O Caminho de Guermantes*.
18 *As Areias do Imperador* 3, p. 251, 305.

dependendo dos acontecimentos, uma gênese cheia de bifurcações nas quais dominará a não linearidade. Um conflito, uma doença, a morte de um ser querido, um êxito num concurso, uma viagem feliz, o nascimento de um filho, uma mudança de continente serão ocasiões de bifurcações frequentes que farão da vida de uma pessoa uma estrada decifrável a cada etapa.

Por outro lado, se "o espaço-tempo é uma estrutura elástica, que é deformada pela presença no seu seio de massa-energia"[19], a pessoa, unidade de espaço-tempo, estará sofrendo o impacto dos acontecimentos e dos outros na vida dele até ser deformado, o que estranhamente significa ter sido objeto de formação. Será que toda educação ou formação deforma o indivíduo?

Não seria exagerar a aproximação entre o espaço-tempo Universo e o espaço-tempo individual sabendo que uma deformação é possível no espaço-tempo do Universo sob o efeito das ondas gravitacionais, mas que na Terra, constatamos "apenas deformações minúsculas"?[20]

Não, se levarmos em conta a psicologia inventada pelo narrador proustiano, a psicologia no espaço. Na visão proustiana, próxima da concepção einsteiniana do tempo-espaço, o indivíduo constituído pela estrutura elástica do espaço-tempo sofre os impactos dos encontros sucessivos na sua linha do universo ou na sua história. Vejamos como.

Por Qual Mecanismo a Vida de um Homem Pode Ser Deformada?

A psicologia no espaço sugere o lugar da pessoa no universo com quatro dimensões[21]. O narrador proustiano imagina uma nova relação entre os homens, na qual, circulando uns ao redor dos outros, como a Terra ao redor do Sol, eles formam um novo espaço, que aumenta à medida que ocorrem as revoluções ao redor do ser amado, do objeto lido, da estátua ou da pintura admirada.

O aumento das rotações entre o sujeito e o objeto será provocada não mais pela atração ou a gravidade Newtoniana do objeto, mas à intensidade ou à massa de sua relação. As voltas ao redor

---

[19] Ibidem, p. 112.
[20] Ibidem, p. 149.
[21] P. Willemart, *A Escritura na Era do Indeterminismo*, p. 153.

do objeto serão mais ou menos rápidas dependendo da deformação imprimida pelo objeto sobre o espaço-tempo do outro.

Quanto mais o objeto amado ou desejado toma peso ou importância para o sujeito, mais o espaço-tempo será deformado facilitando assim as revoluções mais ou menos rápidas ao redor do objeto. Uma relação cada vez mais densa entre o sujeito e o objeto provoca ao mesmo tempo mais revoluções e uma ligação progressiva a esse objeto. Cada volta é uma fatia de espaço-tempo vivida pelo sujeito. A acumulação das fatias, parecida com as pernas de pau do duque de Guermantes, alça o sujeito a um nível alto que assusta, mas que aumenta sua base, o espaço ocupado, contrariamente ao que descreve o narrador que reduz o espaço. Por outro lado, ao oposto da disposição da Terra ao redor do Sol, as revoluções podem cessar se o objeto cai no esquecimento, embora estes momentos fiquem na memória do amado.

Como Considerar o Manuscrito na Perspectiva Einsteiniana?

Consideremos em primeiro lugar o manuscrito em si. Ele é constituído de várias versões que, como a imagem da pessoa no tubo espaço-tempo, se superpõem, cada uma no seu ambiente. Nenhuma versão será esquecida já que pode ressurgir a qualquer momento e obrigar o autor ou o crítico a reconsiderar sua inclusão ou não no texto publicado. Lembremos da descoberta por Nathalie Mauriac Dyer de uma outra versão de *Albertine*, que levada em consideração, modificaria o resto da narrativa, a qual as edições Gallimard de *Em Busca do Tempo Perdido* preferiram ignorar.

Tomamos por base a hipótese do astrofísico Hugh Everett (1930-1982) que tentava entender a experiência de Schrödinger (1887-1961) sobre a coabitação possível numa caixa de um gato semimorto com um gato semivivo. Fiel à famosa frase de Einstein, "somente a teoria decide o que é observável", Everett inventou a teoria dos mundos múltiplos nos quais ele situa os acontecimentos na sua amplitude de existência e não na amplitude de probabilidades[22], respondendo assim à exigência do respeito do princípio de não contradição.

---

22 T. Damour, *Si Einstein m'était conté*, p. 243.

Nesse sentido, todos os estados do manuscrito existem paralelamente, e ainda que mudem a cada rasura, eles se superpõem uns aos outros. Eles existem realmente ao mesmo tempo no suporte papel ou na tela, mas tanto o escritor quanto o crítico somente percebem apenas uma parte destas numerosas mudanças, assim como o físico que supondo todos os movimentos dos átomos num forno, os distingue pelos cálculos e não pelo o que vê.

Não podemos supor um universo de versões que se superpõem na mente do escritor como eu pensava no início, sabendo que tanto quanto a memória a mente mantém apenas incrustações mnésicas associadas a um grupo de neurônios que revivem apenas na ocasião de uma circunstância nova e de uma aproximação inesperada que surge sob a plume do escritor que a endossa ou não, seguindo seu desejo.

Assim, reconhecemos a complexidade da criação no cérebro que, com seus milhares de neurônios e conexões que interagem entre eles pelas sinapses sob a ação dos acontecimentos vividos, é capaz de sugerir não versões diferentes, mas *insights* que modificarão as versões transcritas no papel ou na tela. Nisso, nossa mente não é parecida com um computador como o sugeria o modelo da mente-computador, tornado dominante nos anos 1970, que comparava o pensamento à um programa informático e o cérebro à um computador; todo processo cognitivo resultaria do "tratamento da informação"[23]. O cérebro não se compara também ao Universo e seus bilhões de galáxias e estrelas que seguem leis encontradas e traduzidas cada vez mais em equações matemáticas por cientistas, que chamarei escrutinadores do céu, desde Aristóteles até Damour, passando por Ptolomeu, Newton, Einstein etc.

Considerando a relação entre o escritor e seu objeto, seja um romance, uma poesia ou uma peça de teatro, como encarar esse objeto na concepção do espaço-tempo com quatro dimensões?

Teremos dois atores, de um lado, o escritor, do outro, os manuscritos superpostos, um girando ao redor do outro. À medida que avançam as revoluções, o manuscrito se adensa ou toma massa, forçando o escritor a girar cada vez mais ao redor do objeto, isto é, a preencher mais fólios – outro nome de fatias de espaço-tempo – e a definir cada vez mais seu objeto, apenas

---

[23] S. Chiche; J.-F. Marmion, *Les Mots pour comprendre la psychologie*, p. 109.

esboçado no início, rasurando, substituindo ou transferindo os achados em outros fólios. Cada fólio datado, como é o caso nos cadernos de Bauchau, constitui uma fatia de espaço-tempo no pensamento clássico, mas no pensamento quântico, as datas não importam, veremos porque em outros capítulos.

Quais são as vantagens desta descrição geométrica em relação à antiga visão na qual o mesmo tempo absoluto corre para todos e constitui apenas uma tela de fundo dos espaços percorridos?

O escritor, embora biologicamente determinado em muitos pontos, escolhe entre a supressão ou o acréscimo da palavra, da frase ou do capítulo, sabendo que está inserido e as vezes entalado em várias redes das quais ele deve escapar como o peixe que tenta se liberar do anzol. Por isso, ele continua revolucionando ao redor do assunto, escolhido ou imposto, e deixa de vez em quando pegadas no manuscrito seguindo seu ritmo de trabalho, pegadas que podem estar ligadas ou não às marcas mnésicas ou psíquicas da mente. Uma zona obscura constituída pelas voltas ao redor do objeto sem efeitos no manuscrito se forma e se aglomera na memória da escritura escapando assim à seleção imediata do escritor. Esta zona obscura é distinta dos insights, vindo do cérebro no sentido que esses elementos constituintes, palavras, frases, gestos, ritmos já são definidos e próximos da memória imediata do escritor. Sua saída da zona escura dependerá de um *insight* do cérebro que os reencontrará e os fará transcrever no manuscrito.

Essa transposição aconteceu nos fólios de 9 v° a 12 v° do Caderno 8 de Marcel Proust que tinham voltado à zona escura como se seu conteúdo tivesse sido esquecido ou esperasse somente um signo para emergir.

Será somente no fólio 40 r° que o narrador, retomando a mesma lamentação do fólio 11 v° (que dizia "nunca mais os braços que poderiam me ajudar se abrirão para mim"), escreve: "A possibilidade de tais horas (a mãe dormindo no quarto do herói com permissão do pai e lendo *François le Champi*) está arrasada para sempre." É somente nesse fólio que o escritor dos fólios de 9 v° a 12 v° (ou o pensamento escrito desses fólios) reencontra a narração, como se estivesse adormecido até então e acordasse cruzando o pensamento do fólio 40 r°, ou como se tivesse percorrido a distância entre o fólio 12 v° e o fólio 40 r° bem antes, e tivesse esperado a trama do deitar para aparecer[24].

---

24 Ver P. Willemart, *A Escritura na Era da Indeterminação*, p. 47.

Aparecendo de repente, a nova frase poderia ser considerada sem ligação imediata com a que antecede, visto os intervalos entre ela na memória da escritura, seja como metáfora dos acontecimentos anteriores, seja se seguimos Rovelli[25] e outros, como resultante do cálculo das probabilidades das revoluções operadas pelo escritor após a frase anterior.

São, portanto, três as consequências desse enquadramento no espaço-tempo einsteiniano:

1. o substituto da rasura será uma condensação das revoluções anteriores;
2. ou não terá nenhum laço com o que ele substitui;
3. ou será o resultado de um cálculo não previsto de probabilidades ignoradas do escritor[26].

A rasura que pode ser assimilada ao esquecimento de uma palavra, uma expressão, até uma frase de um capítulo, não será jamais definitiva e manifesta. Apenas o esquecimento voluntário ou o afastamento provisório de uma fatia de espaço-tempo que representa o rasurado é que poderá voltar com força nas próximas linhas ou em outro capítulo.

O rasurado está sempre lá, pronto para responder ao escritor ou, em outras palavras, as versões anteriores contidas na memória da escritura estarão sempre prontas para modificar o texto do momento, já que as interações entre elas são sempre possíveis.

É como se as rasuras não existissem mais, ou como elas fossem signos de uma mudança e não mais de uma recusa ou de uma denegação da palavra rasurada. Modificamos o sentido da rasura que não corresponde mais a um recalque ou uma denegação, mas a uma escolha que inclui implicitamente a palavra rasurada.

É a quarta diferença na medida em que, para o tempo newtoniano, os espaços do passado estão fechados, a última versão rejeita as anteriores e os rasurados são substituídos.

É provavelmente nesse sentido que eu tinha imaginado o conceito de "memória da escritura", espaço que mantém na memória do escritor as versões do manuscrito, conceito que de

---

[25] C. Rovelli, *Sept brèves leçons de physique*, p. 71.
[26] "Bombardeado com estímulos, nosso cérebro os processa em paralelo e, constantemente, realiza milhares de cálculos e ajustes dos quais não temos nenhuma consciência." S. Dehaene, *Face à face avec notre cerveau*, p. 173.

certa maneira concorda com a ausência do "agora uniforme" da física einsteiniana, segundo a qual "o tempo não corre, sua passagem é uma ilusão e não é irreversível se o consideramos na sua amplidão. O tempo, fundamentalmente reversível, faz corpo com o espaço e não é um dado separado dos acontecimentos"[27].

O espaço-tempo é reversível porque os acontecimentos[28], escritos em tal data, voltam à superfície e são retomados na narrativa. De fato, os acontecimentos sempre estiveram lá, mas o narrador que os reteve lhes dá outra coordenada temporal, ou melhor, lhes dá rigorosamente uma dupla dimensão temporal: $xyzt_1$ e $xyzt_2$, sabendo que xyz representam as três dimensões do espaço no qual surgiu o acontecimento e t, a dimensão temporal. O exemplo do Caderno 8 dado acima comprova essa hipótese.

Ressalva

No entanto, sabemos que qualquer acontecimento é enunciado por um conjunto comportando um significante, um significado ou sua interpretação do momento e, eventualmente, um odor, uma imagem, um som, um sentir mediante a ação das pulsões oral, visual, olfativa ou auditiva.

Será que a memória da escritura conserva o acontecimento integralmente com todas suas nuances ou apenas seu significante?

O narrador dá uma resposta no *Tempo Redescoberto*, quando o herói lembra subitamente diferentes acontecimentos, chamados por críticos de "experiências privilegiadas"[29]:

mas que um som já ouvido, um olor outrora aspirado, o sejam de novo, tanto no presente como no passado, reais sem serem atuais, ideais sem serem abstratos, logo se libera a essência permanente das coisas, ordinariamente escondidas, e nosso verdadeiro eu, que parecia morto, por vezes havia muito, desperta, anima-se receber o celeste alimento que lhe trazem[30].

---

27 T. Damour, *Physique et réalité*, p. 14.
28 *Acontecimento* no sentido físico do termo, que situa uma ação no cruzamento das quatro coordenadas: as três dimensões do espaço e o tempo.
29 J.-M. Quaranta, *Les Expériences privilégiées dans "A la recherche du temps perdu" - et ses avant-textes*.
30 M. Proust, *O Tempo Redescoberto*, p. 214.

A memória da escritura não manterá somente um som ou um odor, pelo menos não no caso de *Em Busca do Tempo Perdido*. O primeiro elemento desencadeador de uma longa cadeia de significantes surgirá aos poucos até aparecer com todas as suas nuances. Basta reler as lembranças suscitadas passo a passo pelo odor aliado ao sabor da madalena[31] para entender. Às vezes, entretanto, um só significante sobrará do "passado" e desencadeará a lembrança.

Até agora, entendemos que todos os acontecimentos estão situados no mesmo espaço-tempo. É o que sublinhava também o astrofísico Schrödinger, o autor da experiência espantosa do gato, simultaneamente morto e vivo: "Pois 'eternamente' e 'sempre' existem somente agora; o único e mesmo agora. O presente é a única coisa que não tem fim."[32]

Sabemos que o narrador proustiano aproxima dois acontecimentos no mesmo espaço-tempo e os coloca fora do tempo.

Como entender essa situação, esse fora do tempo na física pós-einsteiniana, já que o narrador elimina o tempo?

O Fora do Tempo Proustiano Não Quebra o Espaço-Tempo Einsteiniano?

Um minuto livre da ordem do tempo recriou em nós, para o podermos sentir, a pessoa livre da ordem do tempo. E é compreensível que ela, em sua alegria, seja confiante apesar do simples gosto de uma madalena não parecer encerrar as causas de tal alegria. É compreensível que a palavra "morte" perca para ela a significação; situada fora do tempo, o que poderá temer do porvir?[33]

Esse *minuto livre da ordem do tempo* é concebível para a física newtoniana, einsteiniana ou quântica? Sim! Darei dois exemplos.

Projetados fora do tempo, os dois acontecimentos – madalena saboreada com um chá num dia de inverno lembra ao herói a madalena da tia e a cidade de Combray, quando era criança –, se livrariam da prisão da memória da escritura ou do tubo espaço-tempo e viveriam apenas no espaço.

---

31 Idem, *No Caminho de Swann*, p. 71s.
32 Frase famosa de Erwin Schrödinger: "For eternally and always there is only the now; the present is the only thing that has no end."
33 Idem, *O Tempo Redescoberto*, p. 214.

Lembremos do paradoxo dos gêmeos citado acima em que, se a nave conseguisse atingir a velocidade da luz, o tempo simplesmente pararia. Isto é, um relógio girando muito devagar graças à velocidade resulta em um avanço mais lento dos anos, o que equivale à diminuição do ritmo de envelhecimento do gêmeo na nave espacial. Seria uma situação próxima do "minuto livre da ordem do tempo".

Uma segunda analogia decorre da noção de tempo no quadro da gravidade quântica em *loop* (ou "com laços"), teoria recente que tenta unificar a relatividade geral de Einstein com a física quântica do infinitamente pequeno, inventada por Lee Smolin e Carlo Rovelli em 1988:

> A previsão central da teoria da gravidade quântica em laços entende [...] que o espaço físico não é contínuo, não é divisível ao infinito, é formado de grãos, de " átomos de espaço ". Estes grãos são muito pequenos: um bilhão de bilhões menores do que o menor núcleo atômico [...]. São chamados laços ou anéis, porque cada átomo de espaço não está isolado, mas ligado a outros, formando uma rede de relações que tecem a trama do espaço físico como os anéis de ferro de uma proteção de malhas.[34]

Em relação à escritura, é preciso nos perguntar como um acontecimento, que Rovelli nomeia "grão de espaço" ou "átomo de espaço", situado num fólio no t^1 bem antes, chega a outro grão de espaço, o t^0 do fólio que está sendo escrito? Se todos os fólios ou os acontecimentos estão no mesmo "agora", quer num tubo espaço-tempo quer num espaço-tempo quântico[35], como se opera a junção de um com outro?

O narrador proustiano responde pelo cintilar da sensação[36], que surge de repente sob a ação da luz e reúne as duas sensações

---

34 C. Rovelli, *Sept brèves leçons de physique*, p. 51.
35 O qubit no qual o bit é o espaço-tempo e o qubit representa a menor quantidade de informação, a versão quântica do bit de informação. "A informação, esta supermercadoria, não empresta com efeito as *highways* para juntar-se aos apontamentos, como o sugeria uma metáfora errônea [...], mas forma correntes nos oceanos de dados". P. Sloterdijk, *Le Palais de cristal*, p. 200.
36 "[E] eis que repentinamente se neutralizava, se sustinha o efeito desta dura lei, pelo expediente maravilhoso da natureza, fazendo cintilar a mesma sensação – ruído da colher e do martelo, irregularidade semelhante do calçamento, tanto no passado, o que permitia à imaginação gozá-la, como no presente, onde o abalo efetivo dos sentidos, pelo som, pelo contato com o guardanapo, acrescentara aos sonhos da fantasia aquilo de que são habitualmente desprovidos, a ideia da existência, e graças a esse subterfúgio, me fora dado obter, isolar, imobilizar o que nunca antes apreendera: *um pouco de tempo em estado puro*", M. Proust, *O Tempo Redescoberto*, p. 213.

fora do tempo sabendo que, no "agora" ou no "presente" dos astrofísicos, esse cintilar comporta milhares de grãos dos quais apenas alguns chegam aos nossos olhos e interagem entre eles.

Mais tarde, Rovelli chega a eliminar o tempo quando escreve que "o tempo é uma maneira de falar de mudança" ou, em outras palavras, "se não se passa nada, não há tempo"[37], não haverá t^1 nem t^0, mas um remanejamento na constituição do conjunto com laços e com o acréscimo de vários elementos. O contato entre os dois acontecimentos se fará imediatamente sem preocupação de ordem ou de reorganização, sabendo que "cada processo dança independentemente de seus vizinhos com seu próprio ritmo"[38].

Sejamos claros, no entanto, mesmo para a relatividade, não é porque um acontecimento está situado num tempo t^1 que ele é contemporâneo ao t^0 da escritura. Ainda que os dois tempos estejam situados no presente quântico, a distância existe, mas com a velocidade extremamente rápida, eles se aproximam no que nos parece um instante. O que escrevo neste momento e o que escreverei amanhã serão novos objetos de espaços-tempo que entrarão na "valsa" tão logo criados, e poderão se juntar.

Para as duas teorias não há acaso, como Proust parece supor no encontro de dois acontecimentos, mas graças à sua autonomia, cada um "trabalha" fora do tempo e fora de uma ordem preestabelecida para se conectar, coberto por um – digamos assim – acaso, que decorre de nossa ignorância, e que em parte, o cálculo das probabilidades permite vencer[39].

Uma terceira analogia seria comparar esse encontro dos dois acontecimentos fora do tempo ao *Big Bang* ou ao *Big Bounce*[40], no qual em alguns segundos acontece uma série de transformações

---

37 Ver C. Rovelli, *Sept brèves leçons de physique*.
38 Ibidem, p. 52.
39 Ibidem, p. 64. Outra analogia seria comparar o fora do tempo ao tempo do sonho, inacessível às experiências dos físicos – pelo menos até onde eu sei –, no qual numerosos acontecimentos podem ser vividos em um minuto e no qual a quarta dimensão, extremamente condensada e sem ordem cronológica, é totalmente perturbada. S. Freud, *L'Interprétation des rêves*, p. 241.
40 "A grande explosão inicial poderia ter sido um *Big Bounce*, um grande salto: nosso mundo poderia ter nascido de um universo anterior se contraindo sob seu próprio peso, até desmoronar num espaço menor, antes de saltar de novo e recomeçar a se dilatar, para se tornar o universo em expansão que conhecemos ao nosso redor." C. Rovelli, op. cit., p. 57.

que provocam o nascimento do universo[41] ou do multiuniverso[42]. O tempo está lá – alguns segundos ou alguns minutos –, mas os acontecimentos – a emergência dos prótons, dos elétrons, dos nêutrons, etc – se acumulam com tal velocidade, a velocidade c da luz, que o tempo não é levado em conta e esses acontecimentos poderiam entrar na categoria de fora do tempo.

O resultado dessa aproximação é bastante espantoso em *Em Busca do Tempo Perdido*. Não somente a colisão – se posso caracterizar assim o encontro – parece instantânea, mas o segundo elemento parece dotado de tal massa-energia que ele atrai o herói para um mundo diferente, que não é afetado pela morte: "acrescentara aos sonhos da fantasia [...] a ideia da existência e [...] (permite) obter na duração de um relâmpago [...] um pouco de tempo em estado puro"[43].

O tempo em estado puro que está fora do tempo, leva o herói a dar existência a seus sonhos, a ultrapassar a ordem do tempo e a viver um minuto extremamente rico que vê o surgimento do verdadeiro eu, minuto comparável pela sua riqueza ao que se passa no espaço nos primeiros momentos do universo.

O fora do tempo proustiano, o que ele chama de "o espaço" de um minuto, e "o espaço" ele-mesmo compreende no máximo dois eventos.

Temos, portanto, elementos comparáveis nos quais o tempo é reduzido a quase zero num imenso espaço constituído pelo "agora", mas no qual os dois acontecimentos estão quase colados um ao outro neste mesmo espaço como se o tempo não existisse. Os dois acontecimentos proustianos atados pelas partículas interagiriam entre eles a partir de suas sensações idênticas, mas não sem motivo nem por acaso.

Não Seria Uma Nova Maneira de Considerar o Manuscrito?

Será que podemos generalizar a lei proustiana à proposta física e deduzir que as aproximações entre fólios, ou entre acontecimentos de mesma natureza, sofrem o mesmo processo durante

---

41 T. Damour, *Si Einstein m'était conté*, p. 35.
42 S. Hawking, op. cit., p. 155.
43 M. Proust, *O Tempo Redescoberto*, p. 214.

a escritura: a colocação fora do tempo dos acontecimentos, que permite ao narrador aproximar as coisas que ele julga essenciais sem preocupação com a cronologia nem com a ordem? É a sensação para Proust. Como se desencadeia essa aproximação para Flaubert, Bauchau ou outros escritores? Poderia ser objeto de pesquisa da genética.

Quer pela relatividade, quer pela gravidade quântica com laços[44], tanto as campanhas de redações de Flaubert quanto os numerosos ensaios proustianos, os cadernos sucessivamente recopiados de Bauchau, e os manuscritos de outros autores são *vastos conjuntos virtuais*[45] – esse termo é melhor do que a memória da escritura – palpitando de vida e de articulações possíveis, nos quais as instancias de escritor e de *scriptor* da roda de escritura desempenham o papel não de chefe de orquestra, mas de articulador, circulando no conjunto virtual com laços numa grande velocidade para aterrissar no suporte papel ou virtual e ser retrabalhado pelo autor.

E Quanto a Nós, Leitores do Manuscrito?

Se olharmos um manuscrito de longe no seu estado macroscópico, para usar um termo da física, teremos uma visão global e imprecisa, mas coerente e inserida no tempo. Mas, se observarmos os detalhes ou os estados microscópios, aparecerá a desordem sem preocupação de data, o tempo parecerá abolido e as datas em vermelho de Bauchau nos seus cadernos serão tratadas como *trompe-l'œil*.

[44] "O espaço como recipiente amorfo das coisas desaparece da física com a gravidade quântica. As coisas (os *quanta*) não habitam o espaço, habitam umas na vizinhança da outra, e o espaço é o tecido de suas relações de vizinhança". C. Rovelli, "Carlo Rovelli par-delà le visible Mon article 2: Le temps n'existe pas".
"A Gravitação Quântica em Loop (ou Laço) (LQG) é uma teoria que busca expressar a moderna teoria da gravidade (ou seja, a teoria da relatividade geral de Einstein) em um formato quantificado. A abordagem envolve a visualização do espaço-tempo como quebrado em pedaços discretos. Ela é vista por muitos como a alternativa, mais bem desenvolvida para a gravidade quântica fora da teoria das cordas." F. Sérvulo, O Que É Gravitação Quântica em Loop, *Mistérios do Universo*.
[45] O conceito "vastos conjuntos virtuais" não é muito diferente do que Saussure pensava da linguagem que aparece para ele como um campo de possibilidades concretas definidas por e na língua como uma dimensão suplementar e relativamente autônoma da vida. P. Maniglier, *La Vie énigmatique des signes*, p. 189.

Nesse sentido, todos os detalhes do manuscrito são indispensáveis e devem ser minuciosamente transcritos porque poderão ser o eco de muitos outros sentidos que não aparecem na última versão, ecos das hesitações, dos movimentos do escritor e de seu percurso no ato de escrever, que ajudarão o crítico na leitura e na interpretação do texto. Ecos que poderão atingir a essência das coisas que acorda o verdadeiro eu, como sublinhou o narrador proustiano.

Este capítulo mostra que a literatura, tanto quanto a física, leva em conta não somente a experiência física ou psicológica pessoal, mas o imaginário próximo do devaneio, que autoriza nossos autores e os cientistas a imaginarem um real que se torna ou que poderá se tornar realidade.

Um século antes das teorias desenvolvidas por Rovelli e Smolin, o narrador proustiano chega à gravidade quântica em loop ou gravidade quântica em laços na sua concepção *do fora do tempo*. E isso me anima a prosseguir as aproximações entre literatura e ciências.

Essas aproximações se revelam aptas, espero, a perturbar nossas concepções habituais do espaço-tempo e nos encorajam a encarar o estudo do manuscrito de outra maneira.

Genética, Psicanálise e Neurociência[1]

Chegamos a descobrir no capítulo anterior que, dada a concepção de Einstein do espaço-tempo e da psicologia no espaço imaginado por Proust, cada sentença escrita deve ser considerada ou não relacionada com a anterior, considerando os intervalos entre elas na memória da escrita. Seja como a metáfora dos eventos anteriores ou como resultado do cálculo das probabilidades das revoluções efetuadas pelo escritor em torno de seu objeto após a sentença anterior.

Resulta disso que as rasuras já não significam uma recusa ou uma denegação da palavra rasurada, mas a adição ou supressão de um espaço-tempo que, se não for utilizada, volta para o vasto espaço virtual-tempo, outro nome da memória da escritura.

Como tais avanços na genética parecem ter a ver com a relação entre o psíquico e o cérebro, examinaremos neste capítulo como as descobertas recentes sobre o cérebro estão nos movendo na compreensão desses fenômenos genéticos.

Essas descobertas nos encorajam a examinar como elas podem ajudar o geneticista a progredir na compreensão do que está acontecendo no manuscrito, como elas diferem dele ou com ele se parecem.

---

1   P. Willemart, Crítica Genética, Psicanálise e Neurociência, *Manuscrítica*, n. 41, p. 45-53.

A teoria psicanalítica elaborada por Freud, Lacan, Soler e muitos outros, tenta cercar a psique do ser falante e sua relação com o inconsciente, e para Freud, pelo menos, inclui as pesquisas sobre a biologia do cérebro. Mas a teoria no seu conjunto parece se opor à abordagem do cérebro pelas neurociências que dão outro significado à palavra "inconsciente", também chamada de "inconsciente cognitivo", muito próxima do pré-consciente freudiano embora alguns, como Stanislas Dehaene, explique esse conceito mais claramente no seu último livro[2].

Analisarei duas posições diferentes sobre as relações entre psicanálise e neurociências que nos permitirão avaliar com mais precisão a aproximação entre a neurociência e a abordagem dos textos literários por meio do estudo dos manuscritos.

POSIÇÃO DE JEAN-PIERRE BOURGEOIS

Hoje, a neurociência não só observa imagens, mas também olha para os processos eletroquímicos que regem o cérebro, matiz os achados da psicanálise e força-a a rever algumas de suas posições. Se seguirmos o neurobiólogo Jean-Pierre Bourgeois, os dois conhecimentos não se opõem de outra forma senão em seu método:

Não vejo nenhuma contradição epistemológica entre o dizer psicanalítico sobre o aparelho psíquico e o dizer neurobiológico sobre a evolução da sinaptoarquitectonia. As diferenças são apenas metodológicas[3]. No curto espaço de tempo da sessão, o psicanalista "ouve" a experiência do analisando, o sujeito; um discurso global do sujeito, variável (ou não), fluido (ou não), qualitativo, simbólico,

---

2   Quando estamos cientes de uma ideia, nosso espaço de trabalho neural global nos permite falar sobre isso, colocá-la na memória, recordá-la, em suma, usá-la em todas as nossas ações e decisões. Por que nossa consciência é limitada? Por que há tanto processamento inconsciente no cérebro? Porque o espaço de trabalho impõe um gargalo: quando está engajado na representação consciente da informação, não pode, simultaneamente, representar um segundo. Este último deve permanecer em espera, à beira do espaço global – chamamos de preconsciente, seguindo a terminologia proposta por Sigmund Freud em 1900. S. Dehaene, *Face à face avec notre cerveau*, p. 173.

3   A sinaptoarquitectonia cortical é a organização geométrica tridimensional das árvores axonas e dendríticas formando redes neurais, e também a distribuição e flutuações de inúmeros estados funcionais de sinapses. J.-P. Bourgeois, Synaptoarchitectonie, sujets et questions interfaces, em B. Golse; O. Putois; A. Vanier (dir.), *Epistémologie et méthodologie en psychanalyse et en psychiatrie*, p. 51.

manifestando todos os tempos imbricados de sua história. O analista e o analisando não têm nada a ver com sinaptoarquitectonia, sinapses, moléculas, atividades e ruído de fundo neurofisiológico[4].

De fato, as observações do cérebro mostram a complexidade absoluta do agir cerebral que não deve ser de interesse do psicanalista *a priori*:

estados mentais do indivíduo ou do aparelho psíquico do sujeito, como se gostaria, são construídos neste milhar de causalidades, nas redes, muito dinâmicas de genes e epigênese genômica e sináptica, e o fluxo constante de interações com o meio ambiente [...]. Esta é uma pequena visão da complexidade biológica do córtex cerebral que os neurobiólogos enfrentam hoje[5].

A POSIÇÃO DE FRANÇOIS ANSERMET E PIERRE MAGISTRETTI

O neurocientista Pierre Magistretti e o psicanalista François Ansermet se debruçaram em 2004, e provavelmente muito antes, sobre a relação entre psicanálise e neurociência, notadamente em *À chacun son cerveau: Plasticité neuronale et inconscient* (A Cada um Seu Cérebro: Plasticidade Neuronal e Inconsciente), no qual tentam forjar relações entre os dois saberes enquanto notam sua incomensurabilidade primária.

Eles continuam refletindo no coletivo *Neurociências e Psicanálise* (2010) e num outro organizado por Golse, Putois e Vanier (2017), no qual Bourgeois intervém e, finalmente, em dois canais recentes (2018 e 2019) no YouTube.

Tratei dessa contribuição na *Escritura na Era da Indeterminação*:

Embora a psicanálise e a neurociência não tenham um denominador comum, haveria um ponto de convergência entre a inscrição sináptica ou a impressão material no corpo (no ponto de encontro dos neurônios no cérebro), o rastro mnésico (ligado à imagem de um evento provindo da memória) e o significante (forma e sintaxe da linguagem).[6]

Usar o condicional me faz repetir a questão: não haveria coincidência entre o rastro mnésico, a imagem e o significante, apenas

---

4   Ibidem, p. 68.
5   Ibidem, p. 261.
6   P. Willemart, *A Escritura na Era da Indeterminação*, p. 120.

no momento da primeira inscrição quando os três elementos convergem e não mais depois, já que o fator temporal intervém? O jogo muda a ponto de Ansermet concluir:

Através dos mecanismos da plasticidade, a experiência deixa um rastro. Este rastro se apresenta sob a forma de conjuntos de sinapse facilitados, que constituem, assim, o correspondente neural de uma experiência ou de um objeto da realidade externa. A reassociação dos rastros introduz, assim, um grau de liberdade essencial para o surgimento da singularidade.

[...]

Posteriormente, no entanto, esses rastros combinam entre eles para formar novos rastros que não estão mais diretamente relacionados com as experiências ou as percepções iniciais. Estes novos conjuntos de neurônios incluem os anteriores numa forma renovada.

[...]

Por isso, nos deparamos com um paradoxo que implica a plasticidade: a inscrição da experiência, através da reassociação de rastros e do fenômeno da reconsolidação, separa da experiência, criando assim uma descontinuidade. A reassociação dos rastros introduz, assim, um grau de liberdade que é essencial para o surgimento da singularidade.[7]

Ansermet não persevera na sobreposição dos dois saberes como fez em 2004, mas que a sua intersecção se manifesta nos rastros psíquicos, sinápticos e mnemônicos[8]. Ele lembra o conceito freudiano, que particularmente ecoa nessas implicações fisiológicas, de pulsão, definida como um conceito limítrofe entre o psíquico e o somático[9]. A pulsão é um conceito altamente fisiológico porque participa, através de sua tendência à descarga, à regulação da homeostase geral do corpo[10]. Ansermet reencontra assim a raiz de nossa liberdade de agir:

O terceiro paradoxo da plasticidade é o da mudança permanente que produz esse tipo de encadeamento, o que significa que nunca se usa duas vezes o mesmo cérebro, e que se acaba por ser biologicamente determinado para não ser totalmente biologicamente determinado. Nesse sentido, estamos determinados a ser livres, ou geneticamente determinados a não sermos determinados.[11]

7   F. Ansermet; P. Magistretti (dir.), *Neurosciences et psychanalyse*, p. 16-18.
8   Ver *Continuité et discontinuité, entre neurosciences et psychanalyse*.
9   S. Freud, *Métapsychologie*, p. 194.
10 B. Golse; O. Putois; A. Vanier (dir.), op. cit., p. 19.
11 F. Ansermet; M. Arminjon; P. Magistretti, Plasticité neuronale: Les Traces et leurs destins, em B. Golse; O. Putois; A. Vanier (dir.), op. cit., p. 27.

Na palestra ministrada em Paris, em 29 de maio de 2019, "O Sintoma Entre a Neurociência e a Psicanálise", Ansermet retoma alguns dos argumentos de 2010 e, contrariamente a Bourgeois, incentiva os neurocientistas a ingressar no campo psicanalítico num ponto definido, não sem destacar a diferença entre o inconsciente freudiano e o inconsciente cognitivo da neurociência[12]. Pede que eles não procurem o gene de tal doença ou dispositivo mental, como a esquizofrenia, por exemplo, pois as doenças sempre dependem de vários fatores e não de um. Ele procura articular o vivo e o humano, ou como vislumbrar a descontinuidade entre o cérebro completamente regulado[13] e o transtorno inerente ao humano[14], reforçando a queixa do psiquiatra Michel le Moal. Nesse mesmo livro Moal lamenta que "um acúmulo ilimitado de dados e resultados contrasta com um vácuo epistemológico e teórico" na neurociência[15].

[12] O primeiro eixo diz respeito ao fato de que o inconsciente cognitivo opera por mecanismos comuns aos fenômenos conscientes, enquanto o inconsciente freudiano prossegue de uma adimensionalidade específica e que a teoria psicanalítica define como processo primário: um processo marcado pela atemporalidade, a não espacialidade, a ausência de contradição e ausência de negação, com uma tendência à descarga, segundo o princípio do prazer
O segundo eixo é que o inconsciente cognitivo é constituído – através dos processos de plasticidade neuronal – de representações mentais que permanecem em relação direta e em continuidade com as dimensões da realidade externa que participaram em produzi-las: esta é uma grande distinção com o inconsciente freudiano que prossegue ao contrário de uma descontinuidade, em consequência da re-associação de rastros, que também resulta da plasticidade e re-consolidação. O inconsciente cognitivo estaria, portanto, do lado da continuidade, enquanto do lado da descontinuidade encontraríamos o inconsciente freudiano, que, consequentemente, não pode ser considerado como um sistema de memória. F. Ansermet; P. Magistretti (dir.), *Neurosciences et psychanalyse*, p. 195-196. Ver supra p. 12n26.
[13] A expressão "cérebro regulado" se refere ao mecanismo de equilíbrio chamado homeostasia. S. Chiche; J.-F. Marmion, *Les Mots pour comprendre la psychologie*, p. 8.
[14] As pressões ambientais, distúrbios internos, idade, desgaste dos ajustes locais produzem mudanças, por vezes lentas e não percebidas pelo sujeito, em pontos de equilíbrio homeostático; as constantes se movem. É essencial compreender que está sendo estabelecido um novo equilíbrio, resultado de forças opostas, aquelas que se afastam dos mecanismos fisiológicos e aquelas que tentam trazer de volta o equilíbrio inicial. Este estado é chamado de "alostasia" (nível caro de adaptação, além das regulamentações fisiológicas específicas da homeostase). Os ajustes não são mais locais, mas envolvem múltiplos sistemas, dependendo da história do assunto; a necessidade biológica é antecipada. Essa condição custa ao corpo e ao indivíduo. É uma porta de entrada para o estado da doença. F. Ansermet, *Continuité et discontinuité...*
[15] Ibidem, p. 136.

Parece claro que devemos adotar a posição interdisciplinar de Ansermet, e não a de cada um na sua disciplina de Bourgeois, e nos perguntar como as descobertas da neurociência afetam a abordagem genética da literatura.

Não se trata também de encontrar o gene da criação do autor estudado através de seus manuscritos, mas de compreender como vislumbrar a descontinuidade entre o cérebro totalmente regulado e a desordem inerente ao humano manifestada no manuscrito.

Não há dúvida de que há desordem nos manuscritos dos escritores. Basta olhar para os fólios do primeiro capítulo de "Hérodias" (Herodias) de Flaubert, que exigiu um ano de estudos extensos para encontrar a continuação exata e possível (!) dos fólios[16], ou a ordem dos cadernos proustianos, um assunto de controvérsia entre os críticos.

Se olharmos para a escritura de um fólio de Proust, o número de rasuras, senão ainda mais numerosos nas provas devolvidas à editora, prova a desordem não do manuscrito, mas do pensamento do escritor. O escritor intuitivamente sabe o que provavelmente quer. Proust queria construir um romance estruturado como uma catedral[17], mas acaba oferecendo um vestido remendado como o de Françoise[18].

No entanto, sejamos cautelosos com a apreciação do autor de sua própria obra: em uma análise cuidadosa de *Em Busca do Tempo Perdido*, Geneviève Henrot revelou o vigamento não de um edifício, mas de memória[19], estrutura provavelmente ignorada pelo autor.

O escritor muitas vezes tem apenas uma vaga ideia de como vai realizar seu trabalho e o descobre apenas com sua caneta ou o teclado, palavra por palavra, expressão após expressão. A escrita não serve para reproduzir seu pensamento, mas para desdobrá-lo (como diria Deleuze), descobri-lo e ordená-lo numa narrativa; daí

---

16 P. Willemart, *O Manuscrito em Gustave Flaubert*, p. 56.
17 Ver L. Fraisse, *L'Œuvre cathédrale*.
18 Os seres simples que conosco convivem possuindo certa intuição de nossas ocupações [...], eu trabalharia a seu lado, e quase à sua imitação do que outrora fazia: agora muito velha, já não tinha vista para nada; pois, pregando aqui e ali uma folha suplementar, eu construiria meu livro, não ouso dizer ambiciosamente como uma catedral, mas modestamente como um vestido. M. Proust, *O Tempo Redescoberto*, p. 389.
19 Foi no congresso proustiano em Cerisy-la-Salle em 1997. G. Henrot, Poétique et réminiscence, *Marcel Proust* 3, p. 253.

os muitos ensaios ou versões em cadernos ou em fólios. Quanto mais um escritor escurece seu papel ou preenche páginas em seu caderno ou computador, mais chances terão de descobrir seu estilo e seu pensamento que provém de sua escritura.

Como a neurociência fornece aos geneticistas ferramentas ou conceitos para entender melhor a escrita que ocorre no manuscrito?

Devemos retornar aos três tipos de rastros que marcam o escritor em qualquer evento vivido ou percepção provendo da leitura, da sensação, do toque ou do ouvir: a inscrição sináptica ou a impressão material no corpo (no ponto de encontro dos neurônios no cérebro), o rastro mnésico (ligado à imagem de um evento da memória) e o significante (forma e sintaxe da língua), cada um dos rastros sendo anexados à pulsão correspondente. Os rastros são mantidos num dos três níveis enquanto gradualmente perdem seus vínculos com os outros componentes ao longo do tempo. Tudo o que resta, então, é uma imagem, um significante ou uma inscrição sináptica, às vezes ainda a conexão entre os rastros significante e imagético. Mas seja qual for o resto ou o desperdício dessas percepções, o conjunto se verá metaforicamente falando numa esfera, a memória da escritura ou os *vastos conjuntos virtuais* que identifico com o mundo atômico de Rovelli[20], sabendo que adiciono aqui um elemento; a inscrição sináptica.

A rasura pode, portanto, ser entendida como causada pela lembrança inesperada de um desses rastros. O geneticista pode se perguntar de qual rastro se trata.

Para a memória da imagem, será fácil: Proust, com arte sutil e persuasiva, remonta às origens do gozo experimentado comendo a madeleine e a mergulhando várias vezes numa xícara de chá.

Para o rastro-significado, seria necessário voltar aos processos associativos que o fizeram surgir. Raramente, o escritor irá comunicá-lo ao leitor ou ao crítico, pois nem sempre ele se lembra. No máximo, o neurocientista será capaz de saber quais áreas de neurônios são ativadas quando a palavra é falada.

---

20 Para uma hipotética vista muito fina que veria tudo, não haveria tempo que passa e o Universo seria um bloco de passado, presente e futuro. [...] Habitamos o tempo porque vemos somente uma imagem enfraquecida do mundo [...] é desta imprecisão turva do mundo que provém nossa percepção do passar do tempo. C. Rovelli, *Sept brèves leçons de physique*, p. 71.

Para o rastro sináptico, ninguém, nem o autor nem o crítico serão capazes de suspeitar de sua origem, a menos que esteja associada a uma lembrança marcante, portanto a uma imagem de memória que mantendo sua conexão com o evento, tem permanecido no pré-consciente e facilmente será lembrada pelo escritor.

Ao contrário do neurocientista, que deve multiplicar o número de imagens tanto quanto pode para saber como o cérebro reage numa determinada atividade, o geneticista tem a seu favor o trabalho publicado, resultado de anos de trabalho do escritor e, muitas vezes, de todos os manuscritos nos quais ele pode ver os caminhos que se abrem para outros desenvolvimentos ou que terminam em um beco.

Em outras palavras, o geneticista não será capaz de determinar todos os caminhos que levam ao texto, mas descobrirá que as frases ou parágrafos não se alinham um atrás do outro, nem os episódios são articulados entre eles à maneira de um teorema, mas seguem uma lógica não linear, se não caótica, que não será compreendida até o final do romance. Pude demonstrar como o texto publicado de "Herodias" pode ser entendido como a metáfora ou a metonímia de versões sucessivas[21].

Como encarar o manuscrito sob a perspectiva da neurociência? Tanto o geneticista quanto o neurocientista querem saber como o cérebro funciona.

Se nem o psicanalista, segundo Bourgeois, nem o escritor se importarem com a neurociência, o geneticista se preocupará, como Ansermet. Porque, confrontado diretamente com a criação de uma escritura, ele levará em conta a luta do escritor que tenta se libertar das redes manipuladoras do cérebro, que seriam chamadas de algoritmos hoje[22], para estabelecer sua escritura.

Se seguirmos a distinção de Gerald Edelman entre consciência superior e consciência primária[23], a maioria de nossas decisões

---

21 P. Willemart, *Universo da Criação Literária*, p. 47.
22 "uma sequência finita e inequívoca de instruções para chegar a um resultado com base em dados fornecidos". Commission Nationale de l'Informatique et des Libertés (CNIL), *Comment permettre à l'Homme de garder la main?*
23 A consciência primaria é o estado que consiste a ser mentalmente consciente das coisas do mundo, a saber das imagens mentais no presente [...] ela não está acompanha do sentimento de se socialmente definido, implicando o conceito do passado e do futuro. Ela existe principalmente no presente rememorado (compartilhamos esta consciência com os primatas superiores). Pelo contrário, a consciência de ordem superior implica a aptidão a ser consciente de ser consciente, e ela permite ▶
▷ o reconhecimento pelo sujeito pensante de seus atos e afeições. [...] Ao

ficaria dentro da consciência primária, embora também saibamos que elas dependem do inconsciente. Ao substituir uma rasura, ou quando tem uma nova ideia, o escritor não decide sozinho. Impulsionado pelo prazer antecipado[24], por um gozo esperado (*jouissance*, ou *j'ouïs un sens* de Lacan), por seus hábitos (algoritmos que o levam ou que ignora frequentemente), pela tradição literária anterior, por seus próprios escritos, pelas ansiedades de sua comunidade, pelo jogo de palavras, pela sintaxe e pelas ressonâncias da linguagem, ele compõe sua narrativa[25].

O geneticista não pode, portanto, permanecer insensível às contribuições da neurociência, e ainda que sua busca por processos criativos possa imitar o psicanalista – que deve ignorar o ambiente –, ele não pode – não mais do que o analisando –, atribuir as mudanças notadas apenas a um evento biográfico ou histórico da vida do escritor. Em termos ansermetianos, terá que admitir a descontinuidade e a ignorância das causas da mudança ou da atribuição de efeitos a uma determinada causa.

O exemplo da morte no mar do ex-piloto de Proust, Agostinelli, que se tornou um aviador no início da guerra (1914 a 1918), é um exemplo claro. É verdade que essa morte catalisou o evento sobre a personagem Albertine e certamente forçou Marcel Proust a partir de outra base neural para continuar seu novo texto.

Mas, com o aporte da neurociência posso dizer que o gatilho foi causado pela junção dos três rastros que afetaram Marcel Proust; o evento ou a morte de Agostinelli associada ao conceito de sofrimento ressentido enquanto corpo. A junção inicial dos três rastros se dilatou. O significante morte se uniu a Albertine, o significante sofrimento se juntou ao herói Marcel com a lembrança da morte, mas o sofrimento ressentido no momento por Proust ficou incrustado no cérebro como ele dirá mais tarde.

"Depois de muitos capítulos, farei tudo diferente onde Albertine nunca mais será discutida."[26] O estudo dessa frase per-

---

   mínimo, ela exige a aptidão semântica [...] e sob a forma mais desenvolvida, ela necessita a aptidão linguística. G. Edelman, *Plus vaste que le ciel*, p. 24, 168.
24 F. Ansermet; P. Magistretti, *Les Enigmes du plaisir*, p. 29.
25 Do ponto de vista psicanalítico, o escritor tomará suas decisões e escreverá empurrado pelos "elementos da pulsão, ou seja, a re-representação do estado somático [...] 'S' e a representação psíquica da experiência [...] 'R.'" F. Ansermet, *Les Énigmes du plaisir*, p. 51.
26 P. Willemart, *A Escritura na Era do Indeterminismo*, p. 85.

turbadora para o crítico, no livro 54, destaca a difícil separação entre o escritor que sentiu a perda de Agostinelli, quando os três rastros foram sobrepostos, e o autor que superou ou sublimou sua paixão por escrever fazendo de Albertine uma personagem completamente diferente, "a grande deusa do Tempo"[27].

Supomos que o rastro psíquico de sofrimento impresso na mente de Marcel Proust quando o avião caiu, embutido na memória, tornou-se, no romance, a queda fatal do cavalo por Albertine. Mas que vereda entre os dois eventos! Não só esse acidente reúne o que já foi contado sobre a personagem Maria – que se tornou a Albertine do plano de 1913 do caderno 46 antes do acidente de Agostinelli[28] – mas também o presente do choque emocional significado desde a fuga do ex-motorista, como a de Albertine, e o futuro que se seguiu na construção dessa personagem.

A queda fatal de Agostinelli não explica a queda mortal de Albertine, no sentido de que não é a única causa. Em vez disso, eu diria que esta última é sobreposta à primeira, tem relações de vizinhança, quando os eventos podem atrair uns aos outros a ponto de se sobreporem, como o herói aponta quando descobre a partida de Albertine: "E, com efeito, eram todas as inquietações experimentadas na infância, que, ao chamado de nova angústia, haviam acudido para reforçá-la, e amalgamar-se a ela numa massa homogênea que me sufocava."[29]

O narrador insiste em colocar no mesmo plano, sem preocupação com cronologia ou espaço, todos os sofrimentos experimentados, dando assim uma base literária à tese de Ansermet sobre a ligação entre rastros psíquicos, mnésicos e sinápticos, ou entre os inconscientes freudianos e cognitivos: "Evidentemente, o golpe orgânico que tal afastamento produz no corpo, e por esse terrível poder de inscrição que tem, converte a dor em algo de contemporâneo de todas as épocas de nossa vida em que sofremos."[30]

Proust encontra o conceito de "memória escrita" ou de memória virtual, ou de "vastos conjuntos virtuais", mas aplica o conceito à psique, de acordo com Ansermet, ou ao rastro psíquico,

---

[27] M. Proust, *A Fugitiva*, p. 448.
[28] Idem, *Sodome et Gomorrhe*, p. 1239.
[29] Idem, *A Fugitiva*, p. 27.
[30] Ibidem.

aproximando-se ainda mais da teoria einsteiniana e da teoria quântica com loops[31]. O conceito de alguma forma cruza o da ausência de um "agora uniforme" da física einsteiniana para a qual o tempo não passa[32].

A constante mudança do cérebro, resultado de eventos cotidianos de onde quer que venham, favorece as revisões contínuas e explica as rasuras subsequentes. A plasticidade do cérebro acentua a liberdade do escritor cuja arte é devida ao seu esforço mais ou menos árduo para se libertar de seu passado, de sua vida de paixões e de seus hábitos, para se tornar *scriptor* a serviço da linguagem utilizada, de seus personagens e de sua narrativa. O escritor, assim como Picasso pintando frente à câmera de Clouzot[33], terá que destruir constantemente para criar, isto é, para diluir os laços entre os rastros sinápticos e mnésicos e encontrar uma nova expressão de rastro-significante. Esse é um outro modo de definir o conceito de criação.

31 A gravidade quântica com *loops* procura combinar a relatividade geral e a mecânica quântica diretamente sem acrescentar nada. [...] Mas as consequências são radicais: uma modificação profunda da estrutura da realidade. [...] A predição central da teoria com *loops* é, portanto, que o espaço físico não é contínuo, ele não é divisível ao infinito. É formado de grãos, de "átomos de espaço". Estes grãos são muito pequenos: um bilhão de bilhões menores que o menor dos núcleos atômicos. C. Rovelli, *Sept brèves leçons de physique*, p. 50-51.

32 "O tempo não corre, sua passagem é uma ilusão e não é irreversível se o consideramos na sua amplidão. O tempo, fundamentalmente reversível, faz corpo com o espaço e não é um dado separado dos acontecimentos." T. Damour, *Physique et réalité*, p. 14. "As mudanças no tempo sempre estão acompanhadas de espaços diferentes que se sobrepõem ao longo das pernas de pau respectivas. (como as do duque de Guermantes) Como sempre levamos nosso passado conosco, o presente não existe, ou melhor, existe, mas jamais independentemente do passado; faz um com o passado." P. Willemart, *A Escritura na Era do Indeterminismo*, p. 129. Neste sentido, "não é mais possível definir o agora". Ver T. Damour, *Physique et réalité*.

33 Qual um matador confrontando um touro, o artista aproxima-se do seu cavalete. Pablo Picasso, o mais influente artista do século xx, está fazendo arte, e Henry-Georges Clouzot, o famoso cineasta francês (*As Diabólicas*, *O Salário do Medo*), está fazendo um filme. Em 1955, Clouzot conseguiu convencer seu amigo Picasso a fazer um documentário de arte, em que ele registrava o momento da sua misteriosa criatividade. Para o filme, o mestre criou 20 telas usando uma tinta e papel especial. Picasso criou rapidamente fantásticos desenhos em que Clouzot foi filmando no lado inverso da tela, capturando sua criação em tempo real. Quando o artista decidiu pintar a óleo, Clouzot mudou a cor do filme e usou a técnica de animação stop-motion. Pelo contrato, todas as telas pintadas foram destruídas quando o filme foi finalizado. O governo francês declarou em 1984 este documentário um tesouro nacional. H.-G. Clouzot, *Le Mystère de Picasso*.

Foi Flaubert que aconselhou à sua amante, Louise Colet, que queria ser poeta, a não confiar em seus sentimentos para escrever, ou seja, nos rastros mnésicos e sinápticos[34].

A intersecção entre rastros psíquicos, sinápticos e mnésico aumenta as ligações entre a rasura ligada à memória e aos outros dois rastros, deixando aberto o campo para o inconsciente freudiano atemporal e a-espacial.

Levando em conta as descobertas das neurociências, o geneticista saberá distinguir os rastros e como eles se articulam, e por isso, entenderá melhor o mecanismo da escritura e da rasura sem preocupar-se muito com rastros sinápticos que não tem como detectar, nem como o cérebro do escritor funciona.

---

[34] Louise, levar embora *sinistro* e coloca *tranquila* quando se pinta de forma tão magistral, será que somos participantes do quadro. Esta única palavra de sentimentos e de apreciação moral estraga minha impressão [...] a Poesia que é uma maneira *de ver*, alcança seus resultados externos apenas por uma convicção entusiasmada da Verdade. [...]. - bem, você não tem, no mais profundo de ti, (pois não é nem o coração nem a cabeça), mas mais adiante, [...] como um grande lago onde tudo é refletido, onde tudo brilha, um murmúrio perpétuo que quer se espalhar, uma fluidez que quer sair. G. Flaubert, 1853, *Les Amis de Flaubert: Bulletin*, n. 36, p. 33.

A Inteligência Artificial e a Crítica Genética

Como Conviver Com os Algoritmos e a IA?[1]

Numa entrevista à TV Cultura durante o programa *Roda Viva*, transmitido ao vivo no dia 11 de novembro de 2019, o historiador Yuval Noah Harari sugeriu a prática da meditação, não para combater a Inteligência Artificial (IA), mas como um dos meios para uma pessoa explorar sua mente e se conscientizar do número de algoritmos que nos cercam e que tentam nos guiar, muitas vezes sem que a gente saiba, e ver como contorná-los à maneira do judô, aproveitando sua força para evitá-los. Ele ousou dizer que a IA pode ser a maior causa de problemas para o futuro da humanidade. O que ele diria da pandemia do Coronavírus?[2]

---

1   O presente capítulo foi elaborado com base em: P. Willemart, *A Inteligência Artificial (IA) e a Crítica Genética*.

2   "Se as empresas e os governos começarem a coletar nossos dados biométricos em massa, eles podem nos conhecer muito melhor do que nós, e eles podem não apenas prever nossos sentimentos, mas também manipular nossos sentimentos e nos vender para quem quiserem, seja um produto ou um político. A vigilância biométrica fará com que as táticas de *hacking* de dados da Cambridge Analytica pareçam táticas da Idade da Pedra. Uma paralisia coletiva tomou conta da comunidade internacional. Não parece haver nenhum adulto na sala. Esperávamos uma reunião de emergência de líderes mundiais há algumas semanas para desenvolver um plano de ação conjunto. Os líderes do G7 puderam realizar uma videoconferência esta semana, e isso não levou a nenhum plano: Se escolhermos a desunião, não só prolongará a crise, mas provavelmente levará a desastres ainda piores no futuro. Se escolhermos a solidariedade global, será ▶

A entrevista na TV Cultura me fez pensar nas relações entre nossa abordagem da crítica genética e a IA. Vamos primeiro definir esses dois objetos.

Um algoritmo é definido como uma sequência finita e inequívoca de instruções que levam a um resultado baseado em dados de entrada.

A inteligência artificial é uma nova classe de algoritmos, com parâmetros definidos a partir de técnicas chamadas de aprendizagem.

As instruções a serem executadas não são mais reprogramadas por uma pessoa, mas geradas pela máquina que "aprende" com os dados e, automaticamente, em processo contínuo, modifica o programa. Como resultado, sua lógica e seu *modus operandi* estão se tornando cada vez mais opacos e incompreensíveis[3].

Outra definição menos angustiante é esta:

A inteligência artificial é uma disciplina científica e tecnológica voltada para a execução por máquinas (computadores e programas de computador) de processos cognitivos previamente reservados para as habilidades do cérebro humano, nas áreas de compreensão, comunicação (diálogo entre máquinas e com humanos), estruturação da memória, raciocínio crítico, adaptação, aprendizagem em autonomia (*Deep Learning*).[4]

Pergunto em primeiro lugar: já que não podemos evitar os algoritmos, como conviver com eles e com a IA sem perder nossa autonomia, sabendo, no entanto, que o conceito de autonomia também é problemático?[5] Essa será a primeira pergunta, preliminar.

Parece claro que, ao acessarmos a internet pelo smartphone, tablet ou computador, somos emoldurados por uma série de

▷ uma vitória não só contra o coronavírus, mas contra todas as futuras epidemias e crises que poderiam atacar a humanidade no século 21". Y.N. Harari, The World After Coronavirus, *Financial Times*.

3 Commission nationale de l'informatique et des libertés, *Comment permettre à l'Homme de garder la main?*
4 Intelligence artificielle: définition, applications et enjeux, *Youmatter*.
5 Deixarei para outro momento a discussão sobre o grau de autonomia em nossas decisões. O tema se relaciona a um longo debate filosófico que envolve nossa psique, incluindo o inconsciente e o registro do simbólico, no qual vivemos. Para dar uma ideia do problema a que me refiro, tomo o exemplo do Brexit, concluído no final de janeiro de 2020, para questionar se manifesta uma independência em relação a Bruxelas e à União europeia ou uma submissão acentuada ao Parlamento britânico.

algoritmos que nos avaliam e que pretendem conhecer nossos sentimentos, nossa orientação sexual, nossos gostos, nossas aspirações, e nos sugerem livros, viagens, hotéis e produtos[6], tomando por base a crença ilusória de que nossas aspirações passadas serão as do futuro[7].

Em segundo lugar, pergunto se a inteligência artificial pode nos ensinar algo sobre os processos de criação dos escritores. Haveria semelhanças entre a abordagem do cérebro, a do geneticista, e a do pesquisador em inteligência artificial?

Primeira Pergunta:
Como Conviver Com os Algoritmos Sem Perder Nossa Autonomia, Bastante Ameaçada Desde o Advento da IA?

Paul Vacca em *Proust Contra Algoritmos* desafia os engenheiros da IA.

Os codificadores seriam inspirados se obrigassem seus robôs a ler Marcel Proust, programando *Em Busca do Tempo Perdido* na sua máquina *learning*[8]. Ao ler Proust eles aprenderiam que o desejo não responde a um algoritmo, muito menos àquele que parece nos constituir, mesmo com uma massa infinita de dados sobre nós[9].

A declaração de Swann: "E dizer que eu estraguei anos inteiros da minha vida, que desejei a morte, que tive meu maior amor por uma mulher que não me agradava, que não era o meu tipo"[10], enfatiza a defasagem entre desejo e amor ou entre desejo e suas atitudes e preferências na vida amorosa.

Assim como Swann, muitas vezes não sabemos o que desejamos e escolhemos objetos de desejo que não correspondem àquilo que nosso eu profundo aspira.

A IA pretende saber quem somos por meio dos algoritmos, que em última instância nos definiriam. Ela tem por base

---

[6] Entrevista com Pam Steager, publicada em: P.C. Mello, Pessoas se Deram Conta de Que Estão Sendo Manipuladas Maciçamente, Diz Pesquisadora, *Folha de S.Paulo*.
[7] P. Vacca, Comment Proust peut sauver votre vie numérique, *Medium*.
[8] Utilizada em pesquisas sobre processos de leitura, a aprendizagem por máquinas (*machine learning*) registra o movimento dos olhos durante a leitura e a duração desses movimentos, em diferentes trechos de um texto.
[9] P. Vacca, op. cit.
[10] M. Proust, No Caminho de Swann, *Em Busca do Tempo Perdido*, p. 455.

a premissa de que somos repetidores de padrões e que nossas escolhas no futuro podem ser previstas a partir da análise de dados do passado. Isso é verdade?

Nem sempre, felizmente. Do mesmo modo como podemos escapar de hábitos, preconceitos e questionar nosso modo de vida, podemos pensar e fazer escolhas de maneira não indicada pelo passado. Não estou me referindo à educação de crianças e adolescentes, mas a adultos que estão profundamente enraizados na vida, dos quais mencionarei apenas três categorias: os analisandos (isto é, os que fazem psicanálise ou o divã), os artistas e os apreciadores da arte (literatura, poesia ou teatro, por exemplo).

Analisandos, artistas e apreciadores da arte têm a oportunidade de deixar seus verdadeiros desejos de lado e abrir portas até então trancadas?

Imaginemos um analisando que aprendeu a transformar algo que bloqueava seu desejo, por exemplo, a crença: "Eu sou de tal classe social e não posso praticar a profissão de um camarada mais rico e mais culto". Uma vez que ele entende a relação contingente e não necessária entre seu nome e sua classe social, ele daria um passo e embarcaria para uma nova formação que lhe permitiria obter um diploma não previsto antes.

O escritor, por outro lado, desenvolvendo sua escritura em seus rascunhos, distancia-se cada vez mais de seus desejos mais visíveis e gradualmente encontra um desejo profundo que lhe vem de diferentes maneiras: seja ouvindo seus sonhos, como Proust e Bauchau, ou seguindo seus personagens, que mostram um caminho diferente do originalmente planejado, ou ainda, sob a influência de um leitor privilegiado, de uma leitura incrível ou de um acontecimento. A queda do avião de seu ex-motorista e amante não consensual em 1914, Alfred Agostinelli, parece ter sido um fato que encorajou Proust a refazer e recolocar no romance sua personagem Albertine, por exemplo.

Desenrolando seu manuscrito mental e transcrevendo-o no suporte, seja no papel ou na tela de seu computador, o escritor se torna *scriptor*, ou seja, o instrumento de sua escritura, pois excede seus primeiros projetos e se torna porta-voz tanto de seu desejo profundo, inacessível aos algoritmos cotidianos, como das ansiedades e alegrias da comunidade ao seu redor.

Os leitores de romance, conto ou poesia, e os espectadores de uma tragédia ou comédia sofrerão os efeitos da arte de outra forma, muitas vezes sem perceber o que o Google provavelmente veria antes deles, embora a operadora não seja capaz de prever as constantes mudanças de gosto provocadas por leituras ou espetáculos.

O romancista certamente contribuirá para essas mudanças forçando seu leitor a pensar diferente diante de uma surpresa, um fim impensável, uma transformação, brutal ou não, de personagens. O romancista também pode criar um enigma, como é o caso de Swann-Odette, em Proust, e o que acontece na maioria dos romances policiais, ou ainda no romance de Kazuo Ishiguro, *The Remains of the Day* (Os Vestígios do Dia), em que, sob o pretexto do relato de um mordomo, o autor força o leitor a rever a história da relação entre a Inglaterra (lordes Halifax e Darlington), a França (Chamberlain), os Estados Unidos (senador Lewis) e a Alemanha pré-nazista (Von Ribbentrop, notavelmente sobre a influência antissemita no período entreguerras). É quase certo que, pelo fato de refletir a visão singular do escritor, a maioria dos romances tira o leitor da rotina intelectual[11].

Por outro lado, a profundidade e os resultados das mudanças operadas pela leitura ou por um espetáculo são mais difíceis de mensurar. A distância entre o divã, quando se trabalha diretamente sobre o inconsciente do analisando, e o livro, que toca o leitor em níveis provavelmente mais superficiais, é enorme.

Nesse sentido, identificarei mais facilmente reviravoltas de gosto e de modos de pensar no escritor, no artista e no analisando e menos perturbações dessa natureza no leitor e no espectador, minimizando o efeito da "peste do teatro" sugerida por Agostinho de Hippone, e depois por Artaud[12].

Levando em conta ou não o inconsciente (sonhos e lapsos), a roda de leitura ilustra essa trajetória, que também poderia ser aplicada à meditação[13].

Lutar contra os algoritmos parece, portanto, um trabalho de Sísifo. Eles sempre estarão lá e nos colocam armadilhas constantemente, reunindo informações por meio de nossas pesquisas

---

[11] Pois o estilo para o escritor como a cor para o pintor é um problema não de técnica, mas de visão. E a revelação impossível por meios diretos e conscientes da diferença qualitativa decorrente da maneira pela qual encaramos o mundo, diferença que sem a arte seria o eterno segredo de cada um de nós. M. Proust, *O Tempo Redescoberto*, p. 240.
[12] P. Willemart, *Psicanálise e Teoria Literária*, p. 24.
[13] Ibidem, p. 25.

no Google, no Youtube, no Facebook ou no Instagram. Sabendo discernir suas injunções e desconfiando de sua importância, devemos distanciar-nos, vivendo nosso desejo segundo direções apontadas pelas artes, pela análise, pela meditação e leitura, evitando assim a repetição detectável de nossas ações mais banais.

Especialmente para o escritor que não necessariamente irá diminuir o tempo dedicado a esses três modos contemporâneos de comunicação, adotar uma distância crítica possibilita um uso mais consciente dessas ferramentas, até para integrar ou recusar as contribuições desses meios na escritura.

Sintetizando a resposta à primeira pergunta, direi que a análise e a escritura são fatores essenciais e eficazes para que as pessoas se distanciem dos algoritmos. A meditação, defendida por Harari[14], é outro meio não menos importante, e a literatura, o teatro e as artes ao alcance da grande maioria podem ser de grande ajuda.

Ressalva

Dito isso, não menosprezo a utilidade dos algoritmos, pelo contrário. Sem a IA, não teríamos o GPS, os *chatbots*[15] cada vez mais aperfeiçoados, as traduções imediatas das conversas e dos textos em muitas línguas, os carros automáticos, as facilidades para gerir uma cidade[16], os diagnósticos da medicina[17], as melhorias no ensino[18], proteger as orcas[19] etc. Entretanto, um perigo ameaça a adoção exagerada da

14 A prática de meditação pela técnica Vipassana, que significa introspecção na língua pali da Índia antiga, pressupõe a observação de sensações do corpo e de reações mentais a essas sensações. Y.N. Harari, *21 Lições Para o Século 21*, p. 379, 385.
15 T. Calvi, Google AI présente Meena..., *ActuIA*.
16 A cidade de Amsterdã tem usado algoritmos para detectar e, assim, agir contra a violência doméstica, prevê risco de despejo por meio de algoritmos e quer empregar *big data* para reduzir a desigualdade social. R. Balago, Amsterdã Usa Algoritmos ..., *Folha de S.Paulo*.
17 R. Cutait, Inteligência Artificial, Medicina e Médicos, *Folha de S.Paulo*.
18 Oferecer um aprendizado mais eficaz aos alunos, treinadores e organizações é o objetivo da nova parceria entre o Teach on Mars, especialista em aprendizagem móvel, e o Inria. A colaboração entre as duas entidades envolverá a integração de algoritmos inteligentes no coração da solução Teach on Mars para fortalecer as capacidades de treinamento e tornar as estratégias de treinamento mais operacionais, ao mesmo tempo em que reduz o custo de Currículos. T. Calvi, Mobile Learning, *ActuIA*.
19 T. Maubant, Intelligence artificielle pour le bien collectif, *ActuIA*.

IA segundo Sylvain Duranton, pois dirigentes de empresas e fanáticos de IA, esquecem que sem investir na formação do homem, a IA empobrece a sociedade[20].

Segunda Pergunta: A Inteligência Artificial e a Crítica Genética São Parecidas na Sua Procura Por Processos de Criação?

Nossa descrição do cérebro não é histórica, geográfica ou por imagens; não é uma descrição do objeto cerebral, mas uma análise das consequências de sua atividade no desenvolvimento de manuscritos e nesse sentido pode ser histórica. Não temos acesso direto aos cérebros dos escritores, mas apenas aos frutos de sua atividade na escritura, como se as imagens cerebrais correspondessem aos fólios dos manuscritos, sabendo, no entanto, que muitos fólios "mentais" não são transcritos. Portanto, só podemos imaginar os processos de escritura a partir de nossas observações, de nossas aproximações entre fólios, efeitos em si de sua transcrição e classificação.

As máquinas que eu inventei, as rodas de escrita e leitura, bem como a cadeia de conceitos[21] criada pouco a pouco são ape-

20 E vejo muitos líderes empresariais se comportando como burocratas do passado. Eles querem tirar humanos caros e antiquados do circuito e dependem apenas da IA para tomar decisões. Eu chamo de "o estado mental humano zero". [...] Cidadãos de economias desenvolvidas já temem "algocracia". Setenta mil pessoas foram entrevistadas em uma pesquisa recente. Mais de 75% das pessoas disseram estar muito preocupadas com o impacto da IA na força de trabalho, na proteção da privacidade, no risco de uma sociedade desumana. Desenvolver algocracia cria um risco real de uma reação severa à IA em empresas ou na sociedade em geral. "Human plus AI" é nossa única opção para trazer os benefícios da IA para o mundo real. E, no final, as organizações vencedoras investirão em conhecimento humano, não apenas em IA e dados. Recrutamento, treinamento, recompensa de especialistas humanos. S. Duranton, *How Humans and AI Can Work Together to Create Better Businesses*.
21 Para introduzir o cinismo transcendental, Kant, fiel ao seu princípio do paralelismo entre o empírico e o puro, trata em primeiro lugar de esquemas de conceitos sensíveis e de conceitos sensíveis puros (ou seja, matemática). O esquema é "a representação de um processo geral de imaginação" (inverso ao de reflexão) "para fornecer a um conceito sua imagem". Sua função é resolver o aporia da realidade dos conceitos genéricos. No caso dos conceitos matemáticos, o esquema identifica-se com a regra da construção de seus referenciais. Mas no início da *Metodologia* (disciplina da pura Razão no uso dogmático), sobre o que fundamentalmente opõe à filosofia como conhecimento racional por conceito (uso discursivo da razão) e as matemáticas como conhecimento racional por construção de conceito (uso intuitivo do entendimento), Kant faz a observação profunda ▶

nas abordagens que verificam certos caminhos de criatividade dos escritores sem serem absolutamente verificáveis. Pensar nos meios usados pelos engenheiros de inteligência artificial (IA) para ensinar às máquinas como elas podem nos substituir e muitas vezes até mesmo chegar à nossa frente em certas atividades me faz refletir sobre o que ainda vamos encontrar.

Yann LeCun, francês que pesquisa IA, mostra como ele se esforça para construir máquinas, inspirando-se nos processos de criação de nossa inteligência, sabendo, no entanto, que essas máquinas não pensam. Embora, por inumeráveis cálculos, sejam capazes de derrotar o homem, por exemplo, no xadrez ou no jogo japonês GO[22], elas nunca chegarão à inteligência do homem nem a dominá-lo[23].

Os processos de criação usados para construir a máquina não são inferências baseadas no raciocínio, mas são fundamentadas nas descobertas de vários cientistas, que estudaram os mecanismos do cérebro ou da nossa inteligência.

O psiquiatra e neurobiólogo Eric Kandel, Nobel de Fisiologia ou Medicina em 2000, analisou a rede neural que impulsiona a mudança comportamental da Aplysia, um pequeno molusco de 18.000 neurônios, muito conhecido no mundo dos biólogos[24].

O americano David Hubel junto com o austríaco Torsten Wiesel, Nobel de *physiologie* ou medicina em 1981 analisou a visão no gato.

Da Aplysia ao gato, estamos bem longe da inteligência homem, mas vou me deter apenas no primeiro.

▷ de que "ao construir um conceito, se sai na direção de propriedades que não são encontradas neste conceito, mas ainda pertencem a ele". E acrescenta que é precisamente este jogo entre "não estar lá" enquanto "pertence a ele" que é a condição de possibilidade de julgamentos sintéticos porque "a construção adiciona o diverso que pertence ao esquema" e "consequentemente ao conceito". J. Petitot, *Physique du sens*, p. 62.

22 Trata-se do Deep blue da IBM, que venceu no xadrez o campeão Garry Kasparov em 1997, da máquina Watson da IBM, que obteve vitória sobre dois campeões no jogo Jeopardy, em 2011, ou ainda da AlphaGo da Google que venceu o campeão do jogo de GO, Lee Sedol. Y.N. Harari, The World After Coronavirus, *Financial Times*.

23 Y. LeCun, *Quand la machine apprend*, p. 364. Ele compartilhou o prestigioso prêmio Turing de 2018, equivalente ao Nobel da computação, com dois colegas, especialistas em aprendizagem profunda, os canadenses Yoshua Bengio e Geoffrey Hinton.

24 Ibidem, p. 82. Ansermet também se refere a essa descoberta em F. Ansermet; P. Magistretti, *À chacun son cerveau*, p. 90.

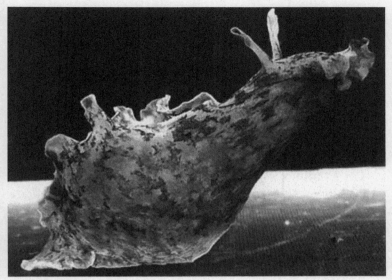

FIGURA 1. *Aplysia*

O que é a experiência com a Aplysia? Um choque elétrico é dado em sua cauda (estímulo incondicional) que causa a retração reflexo da brânquia; um estímulo condicional representado por um discreto fluxo de água no sifão do molusco localizado na parte dorsal o acompanha. Após algumas sessões de condicionamento, durante as quais o choque elétrico é precedido pelo jato de água, [...] a Aplysia responde com uma retração maciça da brânquia para a aplicação unicamente do jato de água no sifão.[25]

Assim, Kandel demonstra que comportamentos inteligentes (que correspondem a mudanças fora da rotina) emergem de uma rede de unidades simples interagindo, alterando as conexões entre eles[26]. Mudança significa "a capacidade do indivíduo de formar associações entre eventos"[27].

Em outras palavras, a repetição de um simples gesto por um agente externo desperta uma nova conexão ou associação que

25 Y. LeCun, *Quand la machine apprend*, p. 62.
26 Ibidem, p. 83.
27 Ibidem, p. 60. Sabemos que existem dois tipos de conexões entre neurônios ou grupos de neurônios: aqueles por sinapses e aqueles pelas vigas de fibra que compõem a matéria branca (Duffau, Youtube). Mas Kandel e Magistretti, que o aceitam de volta (65), deixam claro que é memória ou traços sinápticos, sabendo que sinapses são ligações entre neurônios ou grupos de neurônios enquanto a matéria branca é disseminada no cérebro interno. Como estudos de matéria branca enfatizam sua função de transmitir informações, mas ainda não comentam sobre seu papel exato na aprendizagem, vamos nos limitar a sinapses

muda o cérebro materialmente falando, ou seja, na sua química, e "constitui uma forma de memória duradoura [...] associada ao estabelecimento de um traço mnésico [...] associado ele mesmo a mudanças estruturais e funcionais nas sinapses e na sua eficácia"[28].

Os robôs serão, portanto, construídos a partir de um processo criativo baseado em um mecanismo de insistência que, ao ser repetido – as mesmas imagens lhe serão apresentadas de todos os ângulos possíveis –, criará uma memória, possibilitando o reconhecimento de objetos e uma ação adequada.

Por exemplo, ao ver que depois do "com", escrevo "um abraço" ao terminar uma mensagem, o Google me apresentará "um abraço" depois de todos os "com" escritos no final da mensagem, constatação que todos já fizeram, acredito[29].

Como esse processo nos ajuda a compreender os processos de criação do escritor?

A descoberta de Kandel ressalta a importância dos fatores externos no desenvolvimento do homem, (mas que salto! De um molusco até a mente!) e gera a constatação de que "Muitos traços são essencialmente determinados pelo meio ambiente, e pouco por genes. Um ser vivo é resultado de um confronto entre um patrimônio genético e uma interação com o meio ambiente"[30].

Entretanto, enquanto a instabilidade do meio ambiente parece clara para todos: uma criança nascida no Brasil não terá os mesmos confrontos do que a criança nascida na Bélgica, a instabilidade do cérebro é menos admitida; a maioria acredita facilmente que o cérebro nasce com as mesmas funções para todos, o que pode ser parcialmente verdadeiro[31].

28 Ibidem, p. 64, 69, 81.
29 Este processo não deve ser confundido com um atalho frequentemente usado por *smartphones* ou *tablets* para encurtar a digitação, mas é uma previsão do futuro com base no passado.
30 H. Seitz, *Comment l'ADN détermine le vivant* IGH. Embora o estudo de gêmeos criados em meios diferentes nuance a tese de Seitz, as semelhanças são muitas vezes limitadas a alguns gestos e atitudes aparentemente de pouca importância.
31 A cada segundo, nosso cérebro muda de acordo com as experiências emocionais, psíquicas e cognitivas que vivemos. Trata-se de um processo fisiológico de adaptação do sistema sujeito à influência de fatores ambientais, genéticos ou epigenéticos. Além dessa plasticidade neuronal e sináptica, o cérebro também é capaz de neurogênese ao longo da vida. Duas áreas são afetadas: o giro dentado do hipocampo, uma área envolvida na memória, que produz cerca de 700 neurônios por dia, e a área subventricular. A neurogênese adulta é um processo altamente sensível ao envelhecimento, que pode estar ligado ao início de doenças neurodegenerativas. No ▶

O cérebro, altamente maleável sob a influência da aprendizagem, modifica não apenas as conexões entre unidades ou sinapses, mas também suas funções. Isso permite que LeCun diga que "a função emerge como resultado do aprendizado [...] e não, por exemplo, através da pré-programação genética de um 'órgão de visão' no cérebro"[32].

LeCun lança uma hipótese decorrente da primeira e minimiza ainda mais a influência do patrimônio genético.

A existência possível de um "'algoritmo de aprendizagem universal' do córtex dá esperança aos cientistas que [...] buscam um princípio organizador único subjacente à inteligência e ao aprendizado"[33].

É possível encontrar esse algoritmo, cujas condições e ordens fariam parte do pré-cabo (cérebro ao nascer) e tornar o cérebro capaz de receber qualquer informação, classificá-la, compreendê-la e colocá-la de volta em seu contexto, ou seja, na vida?

Esse algoritmo faria de nosso cérebro um objeto extremamente maleável pronto para receber todas as informações quaisquer que sejam, boas ou ruins, independentemente de seu lugar de nascimento ou de seus ascendentes, mas não de sua constituição inicial.

Esse pré-cabo, se for confirmada sua existência, corresponderia a um pré-simbólico lacaniano, no sentido de que nosso cérebro está pronto para corresponder ou entrar em estruturas existentes, como as da linguagem, do sistema de parentesco, das estruturas sociopolíticas e educacionais etc.

Concordo com o pré-cabo ou pré-simbólico. A hipótese de LeCun vai na mesma direção de Luc Montagnier, sobre a potencialidade e a dinâmica do DNA[34], e a de Hugues Duffau, o neurocirurgião que opera seus pacientes acordados e que diz ter encontrado a base biológica dessa disponibilidade: "Uma única

▷ hipocampo, ela desempenha um papel nos processos de aprendizagem e memória (discriminação fina entre duas situações próximas, memória espacial, de trabalho, de medo e até episódico). Quanto à neurogênese olfativa adulta, desempenha um papel nas aprendizagens olfativas (aprendizagens perceptivas, memorização de novos odores, representação olfativa, discriminação fina entre diferentes cheiros próximos). N. Martin; A. Beauchamp, Plasticité cérébrale: Le Cerveau, c'est fantastique (podcast La Méthode Scientifique), *Radio France*.

32 Y. LeCun, *Quand la machine apprend*, p. 364.
33 Ibidem.
34 Entrevista com Luc Montagnier, publicada em: D. Donnier, *Pistes de sortie de l'autisme*.

estrutura não varia de pessoa para pessoa: o conjunto apertado de fibras na base do cérebro, que se espalha como um leque no córtex. Nós o chamamos de 'cérebro mínimo comum'"[35].

Após seus experimentos, e mais de quinhentos pacientes operados, Duffau sustenta ao mesmo tempo a originalidade absoluta de qualquer cérebro e um cérebro comum mínimo.

*Em Que os Estudos Sobre o Cérebro
nos Ajudam a Entender o Trabalho do Escritor?*

Se "a inteligência humana não for generalista"[36], a ação de escrever ou de pintar criará no cérebro não hábitos, mas "zonas [...] com uma arquitetura específica dedicada a essas tarefas" que também resultarão de uma atitude firme do escritor, tal como pensa Dominique Rollin:

Você não dirige nada além de uma forte disciplina pessoal do trabalho. Uma vez que você está duramente amarrado à balsa de sua escolha, você tem que confiar nos deuses. O movimento que o leva até aqui ao invés de outro lugar deve ser considerado o indicador irresistível das rotas.[37]

Ou ainda, como Valéry, insistindo na obra imensurável do escritor numa apresentação do Museu de Literatura em 1937:

As páginas trabalhadas, rasuradas por alguns dos maiores escritores do século passado, na esperança de deixar claro que sua glória foi comprada por um trabalho duro, mais sustentado do que qualquer outro, sem limitação de horário, nem feriados, nem aposentadoria, nem relaxamento da mente. Talvez fosse bom numa época dominada pela noção de trabalho mensurável tornar muito sensível a existência e a dignidade do trabalho que não tem medida.[38]

*Como os Processos de Insistência Descobertos Por Kander
nos Ajudam a Compreender os Processos de Criação do Escritor?*

À força de escrever, o escritor adquire hábitos usando as mesmas palavras ou metáforas para descrever uma situação. Em Bauchau,

35 E. Sarget, Hugues Duffau: Le Cerveau se répare lui-même, *L'Express*.
36 Y. LeCun, *Quand la machine apprend*, p. 363.
37 R. Ceccatty, A propos de "Les Pas de la voyageuse", *Le Monde des livres*, p. 22.
38 P. Valéry, Le Musée de la littérature, *Œuvres complètes*, p. 1147.

as imagens obsessivas da rocha e da onda que se quebram e se dissolvem[39]; em Proust, o despertar, os vestidos dos personagens ou a insistência em oposições: sensação e inteligência, criação e hábitos. Esse uso das imagens ou das oposições, ausente no início da escritura, lhe dá cada vez mais facilidade para escrever.

Essa repetição na forma de escrever cria uma abordagem particular da escritura que levará o nome de "estilo" ou de montagem na arte cinematográfica[40]. O estilo, e não a repetição de uma sintaxe, corresponderia ao uso de certas expressões ou palavras às quais o escritor muitas vezes retorna, provavelmente sem perceber.

Assim como as máquinas autoaprendem enquanto treinam, o escritor constrói seu estilo ou sua forma. É uma das semelhanças entre a inteligência humana e a máquina colocada em prática por LeCun, provavelmente sem que ele saiba.

A insistência, portanto, não só virá de fora, como na experiência de Aplysia, mas de um fator interno formado aos poucos ao longo de anos de escritura. Em outras palavras, o escritor (e todos aqueles que escrevem regularmente) cria algoritmos aos quais ele obedece e que o leitor também perceberá.

O apelo à repetição enriquecedora de fora ou interna confirma qualquer pedagogia ou esforço de criação literária ou artística.

A descoberta fundamental de Kandel valida assim a aprendizagem na escola. Todas as estruturas educacionais que destacam a contribuição do outro para o desenvolvimento do indivíduo, e os achados da psicanálise com base principalmente na transferência por meio do discurso do analisando e do analista.

O método de aprendizagem de LeCun revela outros recursos que podem nos ajudar a entender como a inteligência humana funciona, notadamente a rasura. Muitas vezes, tentei entender o motivo da rasura no processo da escritura[41].

---

[39] J. Poirier, Le Rocher et la vague, em M. Quaghebeur; A. Neuschäfer (dir.), *Les Constellations impérieuses d'Henry Bauchau*, p. 261-272.

[40] "A montagem é o estilo. Um cineasta que não monta ele mesmo é traduzido numa língua estrangeira". Ver J. Cocteau et al., *Entretiens sur le cinématographe*.

[41] "Cada substituição da rasura causará uma nova causa, novos efeitos e outra leitura", P. Willemart, Critique génétique et astrophysique, *Marcel Proust aujourd'hui*, v. 16, p. 51. "Em outras palavras, um novo campo de batalha se abre em cada rasura entre as três forças: o já escrito, o passado, incluindo as origens biográficas, e o futuro projetado. Qual vai vencer?" Ibidem, p. 90. "O pacto implicado neste julgamento age como uma rasura ou, no mínimo, uma

Há duas maneiras de considerar o erro ou a rasura para o robô. A primeira consiste em reduzir progressivamente os erros que faz o sistema: aprender é reduzir gradualmente os erros que o sistema comete. Ele está tentando, ele erra, ele se ajusta. Cada ajuste dos parâmetros esmaga os valores anteriores desses parâmetros[42]. O robô aprende a saber para onde está indo, mas para isso "esmaga" os erros ou rasuras que o impedem de atingir o objetivo.

Em literatura, pode-se pensar que as rasuras permitem que o texto se reajuste, mas tendo em vista o quê? O escritor muitas vezes não sabe para onde vai na redação. Ele tem uma ideia em mente que só se materializará por meio de seus personagens e das situações descritas. Seus erros ou as rasuras serão justificados em relação a um desejo não muito visível no início. Portanto, não há uma perspectiva teleológica[43].

O escritor não sabe para onde ele vai, assim como não sabe como chegar lá, senão escrevendo. As rasuras não são relegadas ao nada, uma vez que as palavras ou expressões rasuradas às vezes voltam. Quantas vezes Flaubert não repete a mesma palavra rasurada para reintroduzi-la no texto na próxima escritura ou na versão seguinte[44].

O que provoca o esmagamento dos erros ou a rasura? Aprender envolve criar sinapses, removê-los ou modificar sua eficácia. Na abordagem mais popular do aprendizado de máquina, são construídas redes neurais artificiais, cujo procedimento de aprendizagem muda as conexões entre elas[45].

A rasura, que no manuscrito remove a conexão entre duas palavras, duas ideias, duas frases, corresponderia à remoção de sinapses no cérebro. A retomada da palavra rasurada reintroduz

bifurcação inesperada ou, melhor ainda, um retorno imprevisível ao campo do Outro." Idem, p. 123.

42 Y. LeCun, *Quand la machine apprend*, p. 122.

43 Gianfranco Contini lembra que "a última vontade do autor" está em crise pela perda da "dimensão teleológica" da obra de arte, e que cada fragmento de texto é nele mesmo potencialmente portador de poesia, já que representa uma aproximação do valor poético. O valor de um texto não reside, portanto, no seu estado final, mas no seu "*devenir œuvre*". P. Italia, Aux origines de la critique des paperasses, *Genesis*, n. 49, p. 57.

44 *Ces montagnes [pareilles à des pans de mur]* <*penchées comme des pans de murs*>, G. Flaubert, fólio 541v°. *Hérodias* apud P. Willemart, *O Manuscrito em Gustave Flaubert*, p. 65, 105. Colchetes [ ] indicam rasura e < > indicam acréscimo.

45 Y. LeCun, *Quand la machine apprend*, p. 20.

a conexão, mas de outra forma, provavelmente influenciada pelas palavras surgidas depois e que requerem a palavra reintroduzida.

A segunda maneira de considerar os erros para o robô não é mais esmagá-los, mas reintegrá-los. Basta que a curva dos pontos flexíveis de aprendizagem passe por eles: "Testar um polinômio de grau 8 ou 16 para fazer a mesma tarefa, ou seja, vincular os 9 pontos de aprendizagem. Meu modelo é tão flexível que eu vou ser capaz de passar a curva precisamente através de todos os pontos."[46]

Quais São os Pontos do Aprendizado no MS?

Os pontos de aprendizados pelos quais passa o escritor são as passagens que não mudarão mais durante a escritura e definirão o estilo do autor, já que seu estilo não é reconhecido em todos os rascunhos. O escritor procura continuamente o autor (ver a roda da escritura) e provavelmente consegue inicialmente em algumas passagens e não em outras. Seu estilo será gradualmente construído por meio da rede de personagens, das memórias anexadas ao episódio, dos fólios escritos sobre o assunto e da sintaxe, o último bastião da escritura, de acordo com Mallarmé.

Rasurar consistirá não em encontrar a curva certa ou a linha certa da história, que só existirá no final, mas em definir cada ponto, que oferecerá várias pistas que encantarão o leitor-geneticista[47]. Passar por todos os pontos é o método, ou melhor, a arte do *scriptor* que saberá como ligá-los, muitas vezes na ignorância do escritor. Quanto menos pontos deixados de fora, menos rasuras haverá, mais o estilo se afirmará. Quanto mais pontos não encontrados ou perdidos houver, mais rasuras e manuscritos haverão.

Além disso, dado o número crescente de pontos a serem conectados, LeCun propõe não apenas uma curva, mas ondas

---

46   Ibidem, p. 152.
47   Fólio 553v., p. 137: *Là, une jeune fille de dos, sous un parasol- sa convoitise s'alluma<elle se baisse, elle se redresse, sa taille.* Fólio 570v- p. 167 *mais rien que la taille qui se courbait, se relevait.* Na margem do mesmo fólio: *mais chaque fois qu'elle se baissait, il voyait sa taille.* Fólio 569v- p. 173. *Mais il voyait des hanches à la nuque toute sa taille qui [se courbait] <s'inclinait>* Fólio 551- p. 176 *Mais il voyait des hanches à la nuque toute sa taille qui s'inclinait.* Fólio 614v- p. 187 *Mais il voyait des hanches à la nuque toute sa taille.*Fólio 588v- p. 194 *Mais il voyait des hanches à la nuque toute sa taille* (Última versão). G. Flaubert, fólio 541vº. *Hérodias* citado por P. Willemart, *O Manuscrito em Gustave Flaubert.*

na forma de W ou M[48] que coletam os pontos, os conectam[49] e desencadeiam uma ação do robô.

No manuscrito, o sentido será deduzido a partir da morfologia desenhada pelos pontos ou pelas decisões do autor (ver um fólio). Insistindo na predominância da forma, chegamos à morfodinâmica defendida por Jean Petitot após René Thom, o autor da teoria das catástrofes.

No entanto, a resolução final do ponto após cada rasura, dando um sentido à nova palavra, é uma decisão do autor. Em nome de que o autor decide? Como disse acima, ao contrário do robô que imediatamente define a ação a ser tomada, o autor muitas vezes não o sabe, ou tem uma vaga ideia ou deixa a decisão para seus sonhos ou seus personagens, como Bauchau[50].

Cada uma de suas decisões é um desafio que aposta no encontro com o que vem antes e o que virá, mas que pode ser reformulado a qualquer momento, se necessário. Essa é uma das grandes diferenças entre o robô e o escritor; por um lado, o limite das possibilidades compensado pela segurança do caminho a seguir do robô – na condução automática de um carro, por exemplo –, e, por outro lado, a expansão ilimitada dos recursos combinada com a incerteza do autor.

Diante do número quase infinito de pontos, sustentarei a formação de vários polinômios ou de várias letras que se envolvem

[48] "Quanto mais termos você adicionar ao polinômio, mais flexível será a curva por ele desenhada, mais será possível desenhar ondas para passar por todos os pontos. Um polinômio grau 2 é uma parábola inclinada para cima ou para baixo. Com 3 pontos, podemos sempre encontrar um polinômio que passa por esses 3 pontos. Um polinômio grau 3, por exemplo, pode ter uma curva ascendente e uma cavidade. Com 4 pontos, podemos sempre encontrar um polinômio que passa por esses 4 pontos. Uma curva de 4 graus é ainda mais flexível, pode ser em forma de W, em forma de M, ou ser plana no topo. Ela passa por 5 pontos. Grau 5, é ainda mais complicado... passa por 6 pontos etc." Y. LeCun, *Quand la machine apprend*, p. 145.

[49] O erro de aprendizagem aumenta gradualmente com o número de exemplos. Uma questão de bom senso: quanto mais pontos houver, menos provável é que uma parábola (ou outro polinômio escolhido pelo engenheiro) passe por todos os pontos. No conjunto de validação (para registro, consiste em exemplos que a máquina não viu durante o aprendizado), o erro diminui lentamente à medida que o número de exemplos é aumentado. Para qualquer sistema, o erro de aprendizagem, que os especialistas chamam de erro empírico, é menor do que o erro de validação. Ibidem, p. 152.

[50] "O pensamento não preexiste à sua pré-formação verbal e à sua inscrição na materialidade do texto para quem escreve [...] escrever confunde o fantasma da ideia preexistente." Fénoglio, I, Fête des champs du marais, *Genesis*, 27, 2007, p. 104.

quase a assemelhar essas representações às do campo quântico composto por múltiplos grãos de átomos de espaço conectados uns aos outros, imaginado por Carlo Rovelli[51].

No entanto, assim como o campo quântico é resultado de cálculos inacessíveis ao público em geral, assim nosso cérebro ou o autor – assumindo que a instância do autor trabalha sem o conhecimento da instância do escritor – será baseado em inúmeros cálculos[52] que tratariam tanto o passado do manuscrito quanto do seu futuro, para decidir se substituirá ou não a rasura.

Stéphane Mallarmé (1842-1898) não exclui os cálculos necessários para construir um poema que, no entanto, não deve ser confundido com os andaimes, que são as versões na procura da definição do poema, a busca da fórmula certa que só será descoberta na última versão.

Evitar alguma realidade de andaimes, que tem permanecido em torno desta arquitetura espontânea e mágica, não implica a falta de cálculos poderosos e sutis; mas nós os ignoramos, eles mesmos se tornam misteriosos de propósito. [...] A estrutura intelectual do poema se esconde e se encaixa no espaço que isola as estrofes entre o branco do papel; silêncio significativo que é menos bonito para compor, do que versos.[53]

O algoritmo existiria para a escritura, mas só apareceria no final do romance ou do poema, embora para o autor, que é a instância que decide, o algoritmo existe, se torna "misterioso" e gradualmente se revela a cada decisão e aparece completamente na última versão, se seguirmos Mallarmé.

Em outras palavras, o algoritmo não existe para a arte em processo, pois só se revelará no final da jornada; o exercício da arte é uma luta contínua contra os algoritmos existentes.

O cérebro seria capaz de refazer a cadeia de cálculos necessários para tomar a decisão e levar em conta as pulsões que

---

51 A previsão central da teoria do *loop* é [...] que o espaço físico não é contínuo, não é infinitamente divisível, é composto de grãos, de "átomos espaciais". Esses grãos são muito pequenos: um bilhão de bilhões de vezes menor que o menor dos núcleos atômicos. [...]. A teoria descreve seus átomos espaciais matematicamente e corrige as equações que determinam sua evolução. São chamados de *loops*, ou anéis, porque cada átomo de espaço não é isolado, mas conectado aos outros, formando uma rede de relacionamentos que tecem o tecido do espaço físico como anéis de ferro de um casaco de malhas. C. Rovelli, *Sept brèves leçons de physique*, p. 51.
52 Ver supra p. 12n26.
53 S. Mallarmé, *Œuvres complètes*, t. II, p. 659.

atravessamos? Parece impossível. O resultado aboliria os conceitos do inconsciente tanto quanto da intuição? Mas será que um dia poderemos calcular emoção, sentimento e desejo?

Para eventualmente refazer o caminho da criação, o cérebro-escritor deve superar as passagens da primeira para a segunda versão, da primeira versão para a terceira e assim por diante. Todavia, a progressão, se houver, não é linear. Pelo contrário, se entendermos a hipótese de LeCun e Duffau de que o cérebro responde a uma situação, embora não a cria, os eventos e circunstâncias em torno do artista ou escritor desempenham um papel fundamental na criação de versões.

Enfatizo este ponto que é consistente com o que penso sobre o papel de porta-voz da comunidade do escritor. Sua qualidade primária será baseada em sua abertura para o mundo em que vive e não em um presente intrínseco ou em um DNA privilegiado.

No entanto, como a primeira camada da máquina revela suas características só depois ou por "repropagação"[54], assim a primeira versão do manuscrito revelará apenas depois suas características essenciais que, muitas vezes, são respostas imediatas ao ambiente, que quase automaticamente criam uma área de neurônios propícios à criação, verdadeiro começo de escritura.

Precisaria verificar a hipótese nas pesquisas e comparar a primeira e a segunda versão de qualquer romance ou poema para ver se aparece uma forma integradora das inovações, prenuncio de estilo em formação do autor.

Resumindo:

1. Não temos acesso direto aos cérebros dos escritores, mas apenas aos frutos de sua atividade na escritura, contrariamente aos robôs.
2. Parecido com a máquina que autoaprende pela insistência, o escritor constrói seu estilo ou sua forma repetindo processos de criação. O estilo é nada mais do que a soma dos algoritmos que criados aos poucos se lhe impõem. O algoritmo não existe para a arte em processo, pois só se revelará

---

[54] As primeiras camadas podem ser vistas como extratores característicos. No entanto, ao contrário dos métodos convencionais, este extrator de recurso não é projetado "à mão", mas é produzido automaticamente por aprendizado. É isso que faz o charme das redes multicamadas impulsionadas pela retropropagação. Y. LeCun, *Quand la machine apprend*, p. 191.

no final do processo. O exercício da arte é uma luta contínua contra os algoritmos existentes.
3. Ninguém nasce escritor, mas a ação de escrever, pintar, esculpir, inventar melodia, criará no cérebro "zonas [...] com uma arquitetura específica dedicada a essas tarefas". A qualidade primária será baseada em sua abertura para o mundo em que vive e não em um presente intrínseco ou em um DNA privilegiado.
4. Cada novo evento repercute aleatoriamente em todas as redes neuronais para o escritor e não numa rede determinada como no robô.
5. No manuscrito, as rasuras não são "esmagadas" como os erros no robô, pois as palavras ou expressões rasuradas voltam inteiras ou metaforizadas. Rasurar não consiste em encontrar a curva certa ou a linha certa da história, que só existirá no final, mas em definir cada ponto da curva.
6. Na literatura, o sentido será deduzido a partir de uma morfologia desconhecida que ligará o número de pontos no manuscrito, enquanto o robô sabe o caminho de antemão. Para o robô, o limite das vias possíveis será compensado pela segurança da via a seguir, enquanto o escritor deve combinar vias possíveis com a incerteza do autor.

Anexo 1

A descoberta de células-tronco, células indiferenciadas que, sob a influência de diversos fatores, se diferenciam em neurônios de vários tipos, uma das quais é aprender[55], é outra maneira de dizer que a função é determinada pelo feixe de sinais que chega a ela e não pela região que a hospeda.

Essa posição atenua os debates da década de 1990 sobre os genes associados, por exemplo, à homossexualidade[56], ao autismo[57] e ao envelhecimento[58].

Deve-se notar, no entanto, que os debates sobre o gene do autismo permanecem, apesar da posição clara de Jordan. Dividido

---

55 F. Ansermet; P. Magistretti, *À chacun son cerveau*, p. 80.
56 Ver F. Moll-François, Pourquoi chercher le gène de l'homosexualité?, *Technology Review*.
57 Ver B. Jordan, *Le Gène introuvable*.
58 Ainda não foi identificado um gene responsável pelo envelhecimento. Y. Agid, *Je m'amuse à vieillir*, p. 118.

entre aqueles que acreditam ter encontrado esse gene[59] e aqueles que argumentam que todos têm um gene adormecido do autismo, eu preferiria adotar a hipótese de Luc Montagnier, descobridor do vírus da AIDS. Ele não afirma o potencial genético dos pais, mas é como um gatilho que pode vir do ambiente, como as ondas eletromagnéticas crescentes que nos cercam, ou circunstâncias, tais como uma vacina mal aplicada. Se detectado no início, o autismo pode ser reversível. A predisposição ao autismo não é a causa, quase nunca; você precisa de um gatilho, o que mostra que o DNA é muito dinâmico[60].

A opção de Montagnier torna possível dizer que nenhum homem nasce artista ou escritor sem um ambiente favorável. Mozart seria o famoso músico que conhecemos sem seu pai, um músico, que o coloca na frente de um piano a partir dos três anos de idade? A criança precisa do Outro, que engloba todos os entes queridos, para se desenvolver, verdade em La Palisse, consolidada pela descoberta de Kandel[61].

Anexo 2

LeCun sabe que imitar o cérebro humano envolve contar com dados fundamentais como a inclusão de emoções nas máquinas, o que é difícil. Sem a busca de prazer ou do gozo, a maioria de nossas ações não teria sucesso. A sólida disciplina de trabalho de

---

59 Em 2003 e novamente em 2006, identificamos os primeiros genes envolvidos no autismo. Uma carta vermelha é como a mutação encontrada em Gabin, o garoto que tem uma mutação em um gene chamado SHANK3 aparece na tela. Esta mutação quebra a proteína que é codificada pelo gene. No entanto, essa proteína desempenha um papel crucial no estabelecimento de sinapses, esses espaços de conexão entre os neurônios. E o terceiro argumento é que encontramos outras crianças como Gabin, que tinham autismo muito grave e sofreram mutação neste gene. Esse tipo de mutação nunca foi encontrado em pessoas "neurotípicas", ou seja, pessoas não autistas. É esse pacote de argumentos que nos diz que encontramos um gene envolvido no autismo. T. Bourgeron, À la recherche des gènes de l'autisme, *The Conversation*.

60 Entrevista com Luc Montagnier, publicada em D. Donnier, *Pistes de sortie de l'autisme*.

61 Seria difícil encontrar uma criança prodígio nascida em condições socioculturais mínimas. Todas as crianças admitidas no programa *Prodiges* do Canal 2 da França vêm de uma formação sociocultural que lhes proporcionou a base essencial através da escola, do conservatório ou de uma escola de dança.

Rollin presume vontade ou desejo. Ainda assim, será necessário que o escritor queira escrever.

Indo na mesma direção, Duffau insiste na conexão óbvia entre muitas redes: linguagem, emoção, cognitivo, comportamento, afeto, memória, redes que são impossíveis de separar, como se ensinava anteriormente sob a égide de Broca[62] e da teoria locacionista. Ele faz questão de dizer que um derrame não atinge uma área do cérebro, mas como um tijolo na lagoa, tem repercussões na maioria das redes.

O que LeCun dirá diante desta evidência? Responde que não tem dúvidas de que as máquinas um dia terão emoções, mas que os engenheiros de IA ainda estão longe disso[63].

Tocamos aqui em um problema crucial levantado tanto por Harari quanto por Houdé, que não hesita zombar da IA:

Saiba que o que hoje é chamado de aprendizado de máquina profundo e multicamadas, o "*must* da IA" contemporânea pelo qual se orgulham em todos os lugares, é biologicamente inspirado pelo córtex visual apenas! Yann LeCun, fundador desta nova IA, é especialista em visão artificial. Reconhecidamente, este córtex já é complexo, mas não tem realmente nada a ver com a inteligência do cérebro humano, que é distribuído em seis lóbulos: occipital (visão), temporal, (audição, memória, linguagem), parietal (coordenação espacial, matemáticas), frontal (lógica, tomada de decisão, controle inibidor), insular e límbica (consciência de se, emoção).[64]

Harari concorda com o psicólogo Houdé quando adverte que

muita gente, inclusive muitos cientistas, tende a confundir a mente com o cérebro, mas são coisas muito distintas. O cérebro é uma rede material feita de neurônios, sinapses e substâncias bioquímicas. A mente é um fluxo de experiências subjetivas, como a dor, o prazer, a raiva e o amor. Contudo, até agora, não temos nenhuma explicação para o modo como a mente emerge do cérebro[65].

---

62 Paul Broca (1824-1880) encontrou essa área do cérebro. A localização da área de Broca é no lobo frontal do cérebro, a função dela é atuar como centro do discurso (outras áreas do cérebro também influenciam a fala, área de Wernicke e o córtex motor) *Wikipedia*. S. Dehaene faz também dessa zona do cérebro o suporte da linguagem, mas associada a outras cartas de neurônios. *Face à face avec notre cerveau*, p. 59.
63 Y. LeCun, *Quand la machine apprend*, p. 367.
64 O. Houdé, *L'Intelligence humaine n'est pas qu'un algorithme*, p. 57.
65 Y.N. Harari, *21 Lições Para o Século 21*, p. 383.

Mesmo que as máquinas sintam a necessidade de energia assimilada à fome ou ao sentimento de fracasso ou sucesso que provocaria medo ou alegria[66], elas só o farão impulsionadas por um desejo do engenheiro que as manipula: "máquinas inteligentes só se esforçarão para dominar a humanidade se construirmos explicitamente esse desejo nelas. Por que faríamos isso?"[67]

O escritor, contrariamente ao robô, vive suas emoções, as traduz e transfere muitas delas para suas personagens. Cada novo evento é como um tijolo na lagoa e suas ondas repercutem em todas as redes.

---

[66] Y. LeCun, *Quand la machine apprend*, p. 368.
[67] Ibidem, p. 370.

A Inteligência Artificial Pode Concorrer Com a Arte?[1]

No capítulo anterior, ousei dizer que "os pontos de aprendizagem no manuscrito que correspondem aos pontos pelos quais a curva do algoritmo passa são os trechos que não mudarão mais durante a escritura e que definem o estilo do autor".

Para imitar o estilo de um autor, o sistema de inteligência artificial, chamado de processamento ou tratamento de linguagem natural (PLN, ou *natural language processing* ou NLP), faz uso de recursos de gramática e de sintaxe, identifica relações entre palavras, sonoridades etc.[2] Aplicado às artes e à literatura, o princípio possibilitaria que um robô inventasse um conto à maneira de Flaubert, uma pintura à maneira de Rembrandt ou uma melodia à maneira de Bach?

Já foi tentado para Rembrandt, Bach e outros, mas o robô só pode iniciar sua invenção a partir da tela já pintada ou da melodia de Bach já composta. Trata-se de imitação e não de criação. Por isso, pergunto: será que o robô pode inventar um estilo, sem passar pela imitação?[3] Pode capturar a riqueza da construção

---

1 Ver P. Willemart, Inteligência Artificial (IA) e Arte, *Signum*.
2 Ver o verbete Processamento de Linguagem Natural, da Wikipedia. Disponível em: <https://pt.wikipedia.org/wiki/Processamento_de_linguagem_natural>.
3 G. Rozières apud L. Sacco, Hawking et le multivers, *Futura Sciences*.

do manuscrito do escritor ou do compositor ou dos ensaios do pintor? Nada é menos certo.

A COMPOSIÇÃO MUSICAL

O compositor e diretor do Laboratório de pesquisa da Tecnologia e Criador do Spotify, François Pachet, atesta a necessidade de um compositor no caso da criação musical:

Mesmo no modo automático, é uma criação, com um compositor que faz escolhas de estilo, produção, mixagem... Continua sendo o compromisso artístico de um autor. Não estamos tentando substituir músicos por autômatos [...] Mas todas essas tentativas sempre levam à mesma pergunta: A inteligência artificial pode competir criativamente com o homem? A máquina pode criar emoções com sua arte?[4]

No entanto, David Cope, professor de musicologia da Universidade da Califórnia, relata uma experiência contrária. Ele criou o programa *Experiments in Musical Intelligence* (EMI) que consegue compor como Bach, Chopin, Rachmaninov, Stravínski, ou seja, a máquina detecta e segue as regras de composição ou os algoritmos desses compositores, a ponto de os ouvintes confundirem Bach e EMI, no decorrer de uma experiência de confronto na Universidade de Oregon. EMI segue três regras fundamentais: 1. desconstrução (analisar e separar em partes); 2. assinaturas (comunalidade – reter o que significa estilo); 3. compatibilidade (recombinância – recombinar em novas obras[5]).

Auditores experimentados dizem ter sentido a mesma emoção ouvindo a composição original ou artificial[6]. A máquina é, portanto, capaz de despertar a emoção, entretanto imita o estilo do compositor. É o que confirma Bernard Ourghanlian, diretor técnico e de segurança da Microsoft na França.

O computador aprende com dados, por isso é baseado em trabalhos existentes. Mesmo que aprenda, é inspirado a uma reação. Ele é capaz de filmar conteúdo preditivo de forma inteligível,

---

4 B. Manenti, Musique: Demain, ce sont les robots qui créeront les tubes, *Nouvel Observateur*, 27 sept. 2016.
5 Ver D. Cope, *Experiments in Musical Intelligence*.
6 Y.N. Harari, *Homo Deus*, p. 27.

ele consegue gerenciar conteúdos em ambientes enormes e que excedem três dimensões, onde o ser humano se perderia. Mas ele não inventa nada.

E se a máquina conseguir inventar um espetáculo, ele fica sem graça, escreve Manenti.

De fevereiro a março de 2015, o musical *Beyond the Fence* foi realizado em Londres, o primeiro criado inteiramente por uma máquina.

Da música à letra e ao roteiro, tudo saiu de um computador da Universidade de Cambridge que peneirava centenas de peças de sucesso... para dar à luz a um show "desbotado, inofensivo e agradável como uma bebida quente", de acordo com o jornal *The Guardian*.[7]

Especialistas em música também rejeitam a invenção do programa informático Emily Howel, derivado do EMI. Acusam a máquina de ter escolhido na obra de Chopin e de Mozart, por exemplo, trechos que embaralhou para apresentar sua invenção e de repetir muito os mesmos temas[8].

No entanto, o criador da EMI também inventou a máquina ANNIE que não é mais baseada em regras pré-determinadas, mas compõe de acordo com os dados introduzidos do mundo exterior[9]. Em outras palavras, a máquina age como todos os compositores humanos, que também se inspiram das criações de seus antecessores[10].

A escuta dos autores do passado ou contemporâneos, que configura para o ser humano uma vasta memória musical e para o robô uma soma incalculável de algoritmos, produziria "o salto, o *insight*, o lance de dados genial que quebra um paradigma e instaura uma nova forma?"[11]

Diria que não, nem para o compositor nem para o robô. Ainda que dê um salto genial, faltará ao robô uma dimensão vivida somente pelo ser humano, definida e comentada pelo narrador proustiano quando falava do talento. Um texto será lido na medida em que tocará

---

7   B. Manenti, op. cit.
8   Ver D. Cope, op. cit.
9   Y.N. Harari, op. cit., p. 29.
10 E. Szklarz, Um Computador Sentimental Como Mozart, *Superinteressante*.
11 F. Bosco, A Segunda Morte do Autor, *Revista Cult*.

a vida instintiva do público [...] Para chegar à vida instintiva, o artista deve suprimir qualquer ruído externo e se colocar na escuta da vida, mas de uma maneira extremamente atenta como se escutasse um deus que fala. O instinto fala e anuncia e, tal um oráculo, exige a escuta. O talento consiste em ter a disposição necessária para, exercendo a pulsão do ouvir de uma maneira muito fina, perceber a mensagem. Não se trata, portanto, de estilo nem da oposição a uma escola anterior, mas de uma capacidade muito aguçada de entender uma mensagem lançada *à la cantonade* que o escritor capta[12].

Ainda que o robô do Google possa deduzir aspirações e desejos de quem escreve mensagens, lê blogs e compra produtos por internet, mesmo que consiga reunir informações das demandas de vários internautas nunca saberá captar a dimensão inconsciente ou não dita dos desejos de uma comunidade. O toque genial do artista, pelo contrário, que se deixa mover pela pulsão que invoca, com sensibilidade sutil, irá escutar ou captar de algum modo os chamados da comunidade e poderá responder, mesmo sem reconhecer explicitamente a dimensão inconsciente[13].

A ARTE LITERÁRIA

A subsidiária asiática da Microsoft tem trabalhado para desenvolver e aperfeiçoar uma IA capaz de escrever poemas correspondentes a uma imagem apresentada a ela.

Os pesquisadores Bei Liu e Jianlong Fu da Microsoft Research da Ásia, juntamente com seus colegas, apresentaram os resultados de seus experimentos em torno da inteligência artificial, capaz de assumir o controle da criação poética automática, na conferência de 2018 da Association for Computing Machinery's Multimedia em Seul, na Coreia do Sul.

Simplificando, trata-se de gerar linguagem poética em resposta à informação apresentada na forma de uma imagem. O desafio é duplo: primeiro, a inteligência artificial deve ser capaz de "ver" a imagem. A pesquisa nessa área já está bem avançada para que as máquinas possam descrever os elementos visuais e, assim, facilitar sua indexação e pesquisa.

Em seguida, a máquina deve atravessar uma lacuna: compor um texto que não seja descritivo ou somente descritivo, mas poético. Torná-lo

---

12 P. Willemart, Le Mystère du temps creusé au fond d'un être, *Marcel Proust aujourd'hui*, v. 13, p. 41-42.
13 No entanto, há projeto de integração entre compositores e robôs como o da Universidade de Nice (França) como o projeto Music IA.

poético a partir de uma sugestão de temas, a partir da prospecção desencadeada por uma imagem, é atividade complexa, mas viável para os recursos atuais das inteligências artificiais.

Diante dessas dificuldades, os pesquisadores permitiram que a máquina fizesse sua criação em verso livre, para evitar muitas restrições, como métricas e rimas. [...] É importante ressaltar que não definimos o que é poesia, disse Bei Liu. "Tentamos fazer com que a máquina aprendesse tanto poemas quanto textos não poéticos, para que pudéssemos distinguir se as frases geradas correspondiam ou não a um estilo poético", diz o pesquisador.

Os resultados são encorajadores, mas ainda longe do que um ser humano pode criar, é claro. Mas Bei Liu tem um texto favorito, correspondente à imagem:

O sol está brilhando
O vento move árvores nuas
Você dança

FIGURA 2.

O objetivo desta pesquisa não é substituir os poetas, esclarece a equipe, mas poder, a longo prazo, aproveitar as contribuições da inteligência artificial, e fazer com que a IA assuma o comando de tarefas redundantes de profissões criativas.[14]

Os criadores reconheceram a pobreza do poema, constatação que reforça o argumento do narrador proustiano. Até hoje, nenhum robô consegue criar obras musicais ou literárias na dimensão humana. Sem inconsciente nem pulsão invocante, o robô não consegue responder aos anseios da comunidade criando algo original. Grosso modo, trata-se da falta de subjetividade da máquina.

Na segunda parte do capítulo, gostaria de reforçar o argumento proustiano interpretado à luz da teoria lacaniana e mostrar o que parece óbvio para a maioria dos geneticistas: o quanto é complexa a criação literária, e as dificuldades que encontraria a máquina, tomando como exemplo o conto "Herodias" de Flaubert.

14   A. Oury, Ce robot-Rimbaud écrit des poèmes, inspiré par une image, *Actualitté*.

Três Obstáculos Para Vencer

Primeiro Obstáculo: A Complexidade das Palavras

Sem saber o que é o estilo de Flaubert, o robô poderia tentar apreender esse estilo de três maneiras: percorrendo o que deu origem aos manuscritos, seguindo passos do escritor, tais como leituras, viagens e demais experiências; lendo todos os manuscritos, tal como faz o crítico genético; ou se concentrando somente nos textos publicados do autor.

No primeiro caso, ele deveria ler a Bíblia e os livros sobre o Oriente consultados por Flaubert. Mas muitos livros são apenas acessíveis em bibliotecas até hoje e não constam na Nuvem (Cloud). O armazenamento de dados seria incompleto.

Se percorrer os manuscritos, o robô utilizará a aprendizagem da máquina, método chamado aprendizagem profundo[15]. O engenheiro carregaria o robô com todas as informações numa primeira etapa. Numa segunda etapa, o robô traçaria as trajetórias entre o texto publicado e as informações acumuladas no manuscrito, tentando encontrar relações, segundo possibilidades da inteligência artificial, tais como similaridade das formas, e de modo muito mais limitado, relações do eixo semântico, e determinar,

---

[15] As técnicas de aprendizagem profunda (*deep learning*) constituem uma classe de algoritmos de aprendizagem de máquina, que possibilita:
    1. Usar diferentes camadas de unidade de processamento não linear para extração e transformação de características; cada camada insere a anterior; algoritmos podem ser supervisionados ou não, e suas aplicações incluem reconhecimento de modelo e classificação estatística;
    2. Trabalhar com aprendizado com múltiplos níveis de detalhes ou representação de dados; em diferentes camadas, passamos de parâmetros de baixo nível para parâmetros de nível superior, onde diferentes níveis correspondem a diferentes níveis de abstração de dados. Essas arquiteturas permitem que os dados sejam "significativos" dando-lhe a forma de imagens, sons ou textos. O aprendizado profundo usa camadas ocultas de redes neurais artificiais, as "máquinas Boltzmann restritas", e séries complexas de cálculos de propostas. Algoritmos de aprendizagem profunda se opõem a algoritmos de aprendizagem rasos devido ao número de transformações feitas nos dados entre a camada de entrada e a camada de saída, onde uma transformação corresponde a uma unidade de processamento definida por pesos e limiares. Wikipedia. A maioria dos modelos modernos de *deep learning* são baseados em redes neurais artificiais, especificamente, redes neurais convolucionais (CNN), embora também possam incluir fórmulas propostas ou variáveis latentes organizadas em camadas em modelos geradores profundos como os nós em redes de crenças profundas e máquinas Boltzmann profundas (Wikipedia). A operação que calcula os milhões de neurônios números 1 que detectam as linhas verticais, é uma "convolução". Y. LeCun, *Quand la machine apprend*, p. 200.

em seguida, o que os engenheiros, construtores de robôs, chamam de curva[16]. A curva liga os pontos de chegada do aprendizado, isto é, as palavras ou as passagens que não mudarão mais durante a escritura, pontos que os estudiosos do manuscrito chamam de invariantes. O aumento de invariantes será facilmente constatado nos fólios do início do conto de Flaubert no capítulo anterior.

O conjunto dos pontos definirá o estilo do autor[17]. A partir daí, a máquina trabalharia sozinha até conseguir deduzir um modelo ou articular regras para compor um conto à maneira de Flaubert, seguindo os passos destacados por nós a seguir. A dificuldade maior seria não somente determinar as frases subjacentes ou representadas no texto publicado[18], mas sobretudo a articulação com as variantes nos manuscritos.

Trabalhando somente com os dados do conto publicado e com a ajuda de "um extrator de características"[19], que detecta apenas as formas, a máquina captaria as características essenciais do texto publicado ou seu estilo, que o diferencia de outros autores como Stendhal, Balzac ou Hugo – etapa complicada devido ao grande número de objetos ou palavras e à complexidade da sintaxe. Em seguida, armado do conjunto de qualidades do estilo de Flaubert, a máquina poderia não construir um algoritmo, mas deduzir os algoritmos de Flaubert, isto é, os passos que o autor executou para chegar a seu estilo. Como algoritmo significa uma sequência finita de ações executáveis que visam obter uma solução para um determinado tipo de problema, o manuscrito do conto *Hérodias* seria de grande valia porque mostra as enormes dificuldades para redigir o conto. Mas ignorando o manuscrito, o robô seria capaz de encontrar os passos que levaram à última versão do conto?

---

16 Ibidem, p. 368-369.
17 Rasurar consistirá para o escritor não em encontrar a curva certa ou a linha certa da história, que só existirá no final, mas em definir cada ponto, que nos rascunhos, oferecerá várias pistas. Passar por todos os pontos é o método, ou melhor, a arte do *scriptor* que saberá como ligá-los, muitas vezes na ignorância do escritor; quanto menos pontos deixados de fora, menos rasuras haverá, mais o estilo se afirmará. Quanto mais pontos não encontrados ou perdidos houver, mais rasuras e manuscritos haverá.
18 Analisei uma frase do texto publicado que representa ou sub entende uma série de sequências do manuscrito. P. Willemart, *Universo da Criação Literária*, p. 47.
19 Um extrator de características detecta a presença de motivos distintivos na imagem de entrada e manda sua saída para um classificador treinado. Y. LeCun, op. cit., p. 113, 119.

Não se trata de entender a lógica que sustenta o texto, já que a máquina não raciocina, mas ajudado por seu imenso potencial de cálculos, ela definiria as múltiplas escolhas de Flaubert após cada frase, parágrafos e capítulos. Se considerar as palavras e expressões apenas como objetos, isto é, como unidade unívoca de sentido, a máquina agiria como o robô que reúne as características de uma faca e que a distingue de uma colher. No entanto, aqui, não se trata somente de fabricar um objeto, mas de inventar um texto no qual cada palavra pode ter vários sentidos.

O texto publicado tem a vantagem sobre o manuscrito, cheio de dúvidas e hesitações, de ser constituído por uma série de conclusões lógicas articuladas e reconhecidas pelo autor. Bastaria teoricamente entender a lógica do texto publicado para imitar o estilo de Flaubert. O robô conseguiria reproduzir um texto parecido graças às camadas sucessivas que lhe permitem retroagir à medida que lê o texto e encontra os algoritmos do conto?[20]

Isto é, à medida que avança na sua leitura, o robô deveria reler o que foi escrito após cada acréscimo e proceder da mesma maneira que age quando escrevo no tablet. Se escrever "jun", por exemplo, aparece imediatamente "junto" ou "Júnior", se acrescento o "i", "Juni", aparece "Junina" ou "Júnior". O robô Google, que conhece todas as palavras começadas por "jun", escolhe algumas que uso normalmente. Se eu escrevo uma palavra inteira: "feliz", o Google lembra das mensagens anteriores e sugere "aniversário" seguido de "cara". Assim funciona o método das camadas sucessivas que retroagem para definir a palavra certa a partir de uma ou várias letras, primeiro passo para reconhecer ou sugerir uma palavra inteira[21]. Imaginemos os cálculos exigidos para uma frase, um parágrafo ou um capítulo! Para imitar o estilo do conto, o robô deveria levantar o contexto de cada uma das 9580 palavras do conto.

Duvido que funcione, porque ainda que o " polinômio ou a curva que liga os pontos de aprendizado esteja correta, o robô não entenderá o porquê. Ele seria parecido com um aluno que "decora as tábuas de multiplicação sem entender como multiplicar"[22].

20 As camadas sucessivas são uma versão treinada do extrator de características. É a vantagem decisiva das redes multicamadas: elas aprendem automaticamente a representar o sinal de maneira adequada. Ibidem, p. 184.
21 São os transformers treinados enquanto auto-encoders mascarados. Y. LeCun, *ActuIA*, p. 13.
22 Ibidem, p. 156.

Segundo Obstáculo: A Sintaxe Inovadora de Flaubert

Supondo que a máquina mapeie as 9580 palavras do conto, ela não atingiria a sintaxe particular que define o estilo de Flaubert. No decorrer da composição, o escritor procura continuamente o autor[23] e consegue encontrá-lo inicialmente em algumas passagens e não em outras. *Madame Bovary*, seu primeiro romance, segundo Proust[24] ainda tem frases que imitam o estilo de seus predecessores. Escrevendo, Flaubert constrói seu estilo gradualmente por meio da rede de personagens, das memórias anexadas aos episódios, dos fólios escritos sobre o assunto, elaborando uma sintaxe própria.

Como definir o estilo de Flaubert? Ou seja, quais são os algoritmos que o escritor forjou aos poucos e que o robô deveria encontrar? Respondendo a um crítico da época, que menosprezava o autor de "Herodias", Proust descreve o novo estilo de Flaubert não pela disposição das palavras no contexto e na frase, mas

pelo uso inteiramente novo e pessoal que ele fez do passado definido, do passado indefinido, de alguns pronomes e de certas preposições, [renovando] nossa visão das coisas quase tanto quanto Kant, com suas Categorias, [renovou] as teorias do Conhecimento e da Realidade do mundo exterior[25].

Proust define assim vários dos algoritmos seguidos por Flaubert. Não vejo como um robô poderia imitar a complexidade deste estilo salvo se, usando os mecanismos da máquina Annie de Pope, ele misturasse algumas frases que usam o imperfeito e o perfeito, outras com preposições na sua narrativa.

Terceiro Obstáculo: A Dificuldade da Escuta

Sabemos que o autor é antes de tudo um *scriptor* a serviço da língua e das estruturas sociais das quais ele emerge e, sendo em parte "instrumento", ou seja, em posição de objeto, está submisso à linguagem que ele não domina por completo na sua escritura. Não há uma interpretação única e definitiva de um texto literário, pois cada um encontrará uma interpretação adequada com sua

---

23 P. Willemart, *A Escritura na Era da Indeterminação*, p. 69.
24 M. Proust, *Contre Sainte-Beuve*, p. 588.
25 Ibidem, p. 586.

abordagem e com seu tempo. O robô não dará conta, portanto, de todas as camadas de interpretação do texto e, provavelmente, enxergará apenas a lógica incluída pelo seu inventor, o engenheiro, tanto quanto o fotógrafo "realiza algumas das virtualidades programadas"[26] no seu aparelho de fotografia, e não o que ele deseja. Dificilmente, a máquina contemplará o sentido poético, isto é, o sentido metafórico do texto. Dou vários exemplos.

A máquina não poderá relacionar "o guarda-sol com bolas", que aparece desde o plano, no fólio 708 até o fólio 722, emblema que definia a moeda cunhada sob Agripa I – inimigo de Antipas apesar der ser irmão de Herodias, mulher de Antipas – com o guarda-sol segurado por Salomé na primeira parte do conto. O guarda-sol passaria desapercebido e considerado como um objeto qualquer nas mãos da filha de Herodias e não simbolizaria o desejo de Antipas e de Herodias de obter a realeza. A densidade do palavra "guarda-sol" sumiria numa narração linear e impediria o anúncio do advento de Calígula, como imperador, e de seu amigo, Agripa I, como rei de Jerusalém[27], assim como "o exílio para a Espanha do casal Antipas e Herodias, onde terminaram a vida no mais profundo esquecimento"[28].

Numa narração linear robótica, sumiria também o efeito metafórico da última parte da frase do início do conto. A cidadela,

[26] V. Flusser, *Filosofia da Caixa Preta*, p. 83.
[27] O tempo da História alcançado pela ficção relê a narração de um outro modo e convida o leitor a negativizar a pretensão de Herodías, presa na sua própria armadilha. Cada aparição de Salomé, marcada pelo olhar do tetrarca, simboliza a perda do poder do casal que ambiciona a realeza. A dança e a promessa louca de Antipas indicam o fim das ambições daquela que queria igualar a grande Mariana. O poder dificilmente tolera a dependência de um gozo. É uma lição conhecida e comum da História, retomada através da intriga de Herodías e de Iaokanann. As borlas disseminadas no manuscrito sob o guarda-sol de Salomé tocam o dobre de finados de uma esperança vã. A repetição marcada do significante Salomé a cada capítulo insiste na negação daquilo que acaba de ser escrito e repõe o leitor, sem o seu conhecimento, na realidade futura. João-Batista ▶ ▷ também tinha profetizado, do fundo de seu fosso, a decaída de Herodías e de Antipas : "*O castigo já baixou sobre teu incesto. Deus te castiga com a esterilidade das mulas /.../ (e para Herodías) "O Senhor arrancará teus brincos, teus vestidos de púrpura, teus véus de linho*, etc. Entretanto, esse discurso era religioso e não político como o anúncio do reino de Agrippa. Flaubert, que repete, aparentemente, o discurso religioso da *Bíblia,* deixa passar um discurso "leigo", o do ocupante. P. Willemart, *Universo Para Criação Literária*, p. 111.
[28] P-M. de Biasi, Le Manuscrit cannibale, em D. Pulim, *La Question de l'intime,* p. 747.

que no fólio 729 ocupava "a posição militar mais forte da Palestina", perde sua superioridade no texto publicado, pois, "torres que estavam como florões nessa coroa de pedras suspensa acima do abismo"[29] viram metáfora da realeza incerta de Antipas.

O robô poderia deduzir que a frase "Iaokanann, o mesmo a quem os Latinos chamam são João Batista"[30] subentende a apresentação de João-Batista em quatro redações que mostram a síndrome da alucinação em Antipas e sua obsessão por Joao Baptista? Enquanto no fólio 755, lemos:

Mas eles virão? De repente, um ruído surdo e longínquo como uma voz saindo das profundezas da terra o faz estremecer. <Empalidece >. vira-se, olha, vai <muito /ileg. / na frente do terraço – nada. É uma ilusão provavelmente? <<retoma suas reflexões -pois tanto pensou que de repente, vê, lá diante dele em uma alucinação um homem com pele de camelo, <sob> palmeiras rio a multidão na beira de um rio batizando uma multidão tinha tem medo.[31]

No texto publicado, sobraram apenas duas linhas: "De repente, uma voz distante, como que saindo das profundezas da terra, fez o tetrarca empalidecer. Ele se inclinou para ouvir, havia cessado."[32]

A palavra "alucinação" sumiu. Qualificar Antípas de uma certa estranheza dando-lhe alucinações, evocaria as novas distinções da ciência médico-psicológica do final do século XIX, pouco congruentes com o mundo da Antiguidade. Talvez por isso Flaubert teria preferido atribuir-lhe visões nas quais Antipas parece perdido no final do primeiro capítulo[33], mas o robô não suspeitaria dessa densidade da palavra "visão" que liga o primeiro século às descobertas científicas do tempo de Flaubert.

Última ressalva: o relatório do Senado francês de novembro de 2019, no anexo 1, sobre as limitações da Inteligência artificial, reforça as dificuldades de um robô para compor uma melodia, um conto ou uma poesia.

---

29 G. Flaubert, *Três Contos* (e-book).
30 Ibidem.
31 P. Willemart, *O Manuscrito em Gustave Flaubert*, p. 56.
32 G. Flaubert, *Três Contos*.
33 P. Willemart, *Universo da Criação Literária*, p. 37.

Com esse ensaio, espero ter convencido meu leitor que um robô tem poucas chances de igualar qualquer escritor, apesar de seu potencial imenso de cálculos e de seu poder de memória.

ANEXO 1[34]:
AMANHÃ OS ROBÔS: RUMO A UMA TRANSFORMAÇÃO DE EMPREGOS DO SETOR DE SERVIÇOS.

O Relatório de Informações 162 (2019-2020) de Marie Merciere René e Paul Savary feito em nome da Delegação do Senado para a Previsão, apresentado em 28 de novembro de 2019.

MARIE MERCIER, RELATORA: O que é inteligência? Nós definimos isso como uma habilidade de raciocínio. No entanto, a IA é capaz de fazer cálculos muito rapidamente, mas não raciocinar por seu próprio raciocínio. A IA não fará zero falhas e não poderá ver seus limites, mas reserva surpresas. Pensamos há 30 anos que robôs substituiriam cirurgiões. Esse não é o caso hoje. Paradoxalmente, os especialistas médicos estão mais ameaçados do que os clínicos gerais pela intrusão da IA na saúde. O trabalho que realizamos na Delegação de Previsão tem como objetivo examinar o impacto da IA no trabalho de serviço. Robôs de recepção substituirão os trabalhadores de recepção? Ou vamos avançar para o trabalho colaborativo entre homens e máquinas?

MRS. CHRISTINE LAVARDE: Vemos hoje que o crescimento francês está atingindo seu máximo porque estamos na capacidade máxima de mobilizar nosso aparato produtivo: parece que as pessoas empregadas hoje simplesmente não podem sê-lo. No entanto, será preciso grandes habilidades para explorar o aprendizado profundo (*Deep learning*) porque temos que entender uma IA mais forte do que nós. Isso é possível?

MR. LAURENT ALEXANDRE: É de se temer que não. As lacunas explodirão porque os potenciais de cada um são muito diferentes. Um estudo que avaliou o programa "Nenhuma criança deixada para trás" dos EUA mostrou uma redução das lacunas educacionais quando foram feitos investimentos específicos para os mais desfavorecidos, mas provou ser falso e os responsáveis por este estudo foram processados pelos tribunais. A duplicação dos CPS não dá bons resultados porque é muito marginal. A IA pode substituir pessoas qualificadas, mas consome cada vez mais cérebros. Cérebros são escassos. Vamos ter uma escassez de

---

34 Demain les robots: Vers une transformation des emplois de servisse; Rapport d'information n. 162 (2019-2020) de Mme Marie Mercier et M. René-Paul Savary, fait au nom de la délégation sénatoriale à la prospective, déposé le 28 novembre 2019. Disponível em: <https://www.senat.fr/rap/r19-162/r19-162.html>.

trabalhadores inteligentes em 20 anos. A IA não substitui o cérebro, mas complementa a inteligência humana. O pesquisador Serge Abiteboul nos diz que "ser um cientista de dados requer muitos cérebros disponíveis".

MR. LAURENT ALEXANDRE: Nas minhas palestras, muitas vezes me perguntam o que ensinar às crianças. Eu respondo: humanidades, história, filosofia, cultura geral. Aprender a codificar é inútil.

SR. AXEL DYÈVRE, DIRETOR ASSOCIADO DO CEIS: A palavra "inteligência" no termo "inteligência artificial" é um abuso da linguagem, uma expressão sedutora para buscar créditos de pesquisa na década de 1950. Luc Julia, o inventor da assistente de voz Siri afirmou em um livro que a inteligência artificial não existia. Quando se trata de defesa, as linhas de uso da IA diferem de país para país. Os americanos usam a IA para aumentar as habilidades do soldado com uma doutrina ofensiva. Os chineses estão tentando aumentar seu sistema de armas em uma lógica de proibição defensiva. Os russos usam a IA como multiplicador de força. Os israelenses usam a IA para acelerar o tempo de reação. A IA é um multiplicador das capacidades da inteligência humana, mas não um substituto para ela. Não devemos ser enganados por avanços de software. São as capacidades computacionais, as máquinas, o hardware, que permitiram que o software registrasse um desempenho importante. A IA tornou-se muito eficiente, mas também tem suas próprias limitações: o computador não pode antecipar o imprevisível.

SR. JEAN-FRANÇOIS MAYET: Não são os países mais robóticos que têm mais desemprego. A inteligência das máquinas não é uma inteligência social: baseia-se apenas na capacidade de armazenar e processar rapidamente enormes quantidades de informações. Robôs também têm grande força: eles não se enganam...

ANEXO 2

Quando o computador Deep Blue foi capaz de vencer Gary Kasparov no xadrez em 1997, foi a apoteose e o fim das ambições deste programa de pesquisa. A inteligência artificial fracassou contra a infinita diversidade de contextos. Tornar a máquina "inteligente" é inútil se não souber adaptar seu raciocínio a cada situação. Ora, a maioria das situações da vida real não são "codificadas", assim como as regras para mover as peças do xadrez[35].

---

35 D. Cardon, *À quoi rêvent les algorithmes: Nos vies à l'heure des big data*, p. 59. Ver também Dominique Cardon, Nos vies à l'heure des big data, na página da NantesUniv do YouTube, de 26 de maio de 2016.

Artes e GPT-2, GPT-3-Wu Dao 2.0[1]

Parece certo hoje que um robô, mesmo sendo capaz de imitar uma melodia musical, não tem o mesmo grau de competência para reproduzir o estilo de um compositor ou em criar uma obra que se destaque por seu valor artístico.

No entanto, algumas experiências do *Programa de Inteligência de Artistas e Máquinas do Google*[2], a chegada de uma supermáquina, o GPT-3 em 2020[3], e um modelo de linguagem hiperpoderoso chinês, o Wu Dao 2.0 de 1,75 trilião de parâmetros em 2021, pedem para matizar essa dificuldade e considerar de outra maneira a relação entre o artista e a máquina.

Onde obter critérios para dizer que um texto, seja de um robô ou de um ser humano, é literário ou não, artístico ou apenas de comunicação?

---

1 Texto lido em parte na disciplina virtual de pós-gradução ministrado por Alexandre Bebiano em setembro de 2020 e remodelado para uma intervenção *online* no Colóquio "100 Josué Guimarães (1921/2021)", em Passo Fundo. Maio de 2021.
2 *Google's Artists and Machine Intelligence Program*. Disponível em: <https://ami.withgoogle.com/>.
3 GPT-3 (Generative Pre-Training Transformer) é um programa de computador criado por uma start-up de São Francisco, OpenAI (financiada entre outros por Elon Musk). É uma enorme rede neural com 175 bilhões de parâmetros (O GPT-2 de 2019, tinha apenas 1,5 bilhão de parâmetros) e, como tal, o GPT3 faz parte do segmento deep learning de Machine Learning.

Questionarei o narrador proustiano e autores que nos dirão o que é literatura para eles, qual é o seu propósito e quais são seus efeitos sobre o leitor. Em segundo lugar, vou confrontar os processos de criação de um texto inventado por um robô com as instâncias da roda de escritura, e verificar se o robô consegue segui-los como o escritor. Em terceiro lugar, verei os prós e contras do Google Program (AMI) e do GPT-3 sobre a escritura literária. E, enfim, examinaremos as últimas performers do GPT-3 salientadas por Frederik Bussler e as promessas do Wu Dao 2.0

PROUST

Em primeiro lugar, pergunto se o principal propósito da arte é despertar a emoção, como a pequena música de Vinteuil que empolgou Swann. Diria que a emoção é sem dúvida necessária, todavia como porta de entrada para uma segunda etapa, nem sempre, se não raramente experimentada, a da transformação ou mudança de nosso pensamento, ou de nossas ações.

Swann é o protótipo. Comovido ao ouvir a música de Vinteuil, ele não quer saber nada da dor escondida sob a música, que o forçaria mais tarde a pensar em terminar com Odette.

Mas a pequena frase, logo que a ouvia sabia libertar no seu íntimo o espaço a ela necessário, modificando assim as proporções da alma de Swann; ficava-lhe reservada uma margem para um prazer (um gozo), que tampouco correspondia a nenhum objeto exterior e que, no entanto, em vez de ser puramente individual como o do amor, impunha-se a Swann como uma realidade superior às coisas concretas. A sede de um desconhecido encanto, despertava nele aquela frase, mas não lhe trazia nada de preciso para aplacá-la. De sorte que essas partes da alma em que a frase apagara o cuidado dos interesses materiais; as considerações humanas e válidas para todos, tinham ficado vagas e em branco e ele estava livre para ali escrever o nome de Odette. [...] Começava a dar-se conta de tudo o que havia de doloroso, talvez mesmo de secretamente intranquilo no fundo da doçura da frase, mas não sofria (não podia sofrer dela).[4]

A arte, igual neste ponto de vista a uma análise, tem um poder transformador já celebrado por Agostinho de Hipone, quando

---

4   M. Proust, *No Caminho de Swann*, p. 294-295.

lutava contra suas influências nocivas e atacava principalmente o teatro, comparando-o à peste. Transformação que o narrador proustiano não nega quando se refere à literatura como sendo a vida real: "A verdadeira vida, a vida enfim descoberta e tornada clara, a única vida, por conseguinte, realmente vivida, é a literatura; essa vida que, em certo sentido, está sempre em todos os homens, e não apenas nos artistas."[5]

Literatura que ele define no caderno 57:

Um verdadeiro livro seria aquele onde cada inflexão de voz, olhar, palavra, raio de sol seria retomado, e o que ele tenha de obscuro esclarecido. De sorte que ao lugar de uma lista de notas sem significação que é a vida aparente, o livro seria constituído por uma verdadeira realidade, aquela que as anotações diriam por nós se nós tivermos ao lê-las uma sensibilidade mais profunda e um espírito mais claro, então o livro será um verdadeiro quadro do real.[6]

O escritor terá como objetivo descobrir e ler o real, entendido como o que está implícito sob as impressões vividas. A leitura se resume a deixar as cordas da sensibilidade e da mente se tocarem para decifrar o alfabeto da verdade num primeiro tempo.

Longe de oferecer apenas emoções, literatura e arte em geral sugerem ao leitor formas de pensar de modo diferente:

Pois o estilo para o escritor, como a cor para o pintor, é um problema não de técnica, mas de visão. É a revelação, impossível por meios diretos e conscientes, da diferença qualitativa decorrente da maneira pela qual encaramos o mundo, diferença que, sem a arte, seria o eterno segredo de cada um de nós. Só pela arte, podemos sair de nós mesmos, saber o que vê outrem de seu universo que não é o nosso, cujas paisagens nos seriam tão estranhas como as porventura existentes na lua.[7]

Uma das funções da literatura seria possibilitar a leitura de si próprio.

Pois eles (meus leitores) não seriam meus leitores, mas leitores de si mesmos, não passando de uma espécie de vidro de aumento, como os que oferecia a um freguês o dono da loja de instrumentos ópticos da Combray, o livro, graças ao qual eu lhes forneceria meios de se lerem.[8]

5   Idem, *O Tempo Redescoberto*, p. 240.
6   Idem, *Le Temps retrouvé*, p. 856.
7   Idem, *O Tempo Redescoberto*, p. 240.
8   Ibidem, p. 256.

O papel da pequena música de Vinteuil era "mostrar que riqueza, que variedade oculta sem o sabermos, esconde esta grande noite indevassada e desalentadora da nossa alma que nós consideramos como vácuo e de nada" por meio da pequena frase em que "sentia-se um conteúdo tão consistente, tão explícito, ao qual emprestava uma força tão nova, tão original, que aqueles que a tinha ouvido a conservaram em si no mesmo plano que as ideias do entendimento[9].

Transformado, a partir daquela noite, Swann compreendeu que jamais renasceria o sentimento que Odette lhe dedicara e que não mais se realizariam as suas esperanças de felicidade[10].

A música, como toda arte, tem o objetivo final de transformar seu ouvinte e cultuá-la na cultura.

Pensar diferente ou ler em si mesmo não é suficiente. Devemos superar o prazer e o conhecimento e transformar nossas vidas de acordo. Minhas análises literárias não serão diferentes antes e depois de ler Proust ou Bauchau, por exemplo? Seguramente, porque integrarei as contribuições dos autores lidos mais ou menos seguindo não só a emoção sentida que perturbará ou fortalecerá minhas convicções, mas também convencido apenas pelo raciocínio, sem esquecer as mudanças não perceptíveis pelas quais me alcançam sem meu conhecimento?

Eu me tornarei Flaubert, Proust ou Bauchau à minha maneira. Isso não vai longe demais na identificação do autor que está sendo estudado? Não acredito. Num colóquio em Teresina em 2014, estava comentando a luta de Jacob contra o Anjo na famosa pintura de Delacroix nestes termos:

Luta desigual por um lado, um deus contra um homem, mas que não termina. No final da noite, não há vencedor. Jacó fica com uma ferida na anca que o fez mancar, recebe uma benção e ganha um nome novo: Israel, que significa "Forte contra Deus". Mas não saberá o nome daquele contra quem ele lutou[11]. [...] Assim, seremos marcados como Jacó pelo Anjo [...], não poderemos mais nos apresentar por exemplo, como Philippe Willemart, mas como Willemart, leitor de Flaubert, Proust e Bauchau.

9   Idem, *No Caminho de Swann*, p. 420. Aconselho o leitor a ouvir a sonata para violino e piano de Saint-Saëns no YouTube, uma das fontes da pequena frase de Vinteuil.
10 Ibidem, p. 423.
11 P. Willemart, *Escritura na Era de Indeterminação*, p. 67.

Assim, mostraremos o quanto o autor estudado nos afetou e mudou nosso modo de escrever e de ler.[12]

O objetivo da arte é provocar emoção no leitor ou no espectador, que nem o robô nem o autor necessariamente experimentarão. No entanto, ler um produto humano ou a criação improvável de um robô pode ser resultado de uma emoção sentida, interromper a maneira de ver o mundo e suas paixões, analisar os textos em nosso caso e mudar nossa vida, seja expandindo-os ou os reestruturando.

Outros autores responderam de uma forma diferente à pergunta. Nas *Memórias de Hadriano*, Marguerite Yourcenar relata que Plotine, esposa do Imperador Trajano, "colocou no limiar da biblioteca estabelecido por ela, *Hospital da Alma*". Em uma entrevista da France Culture sobre seu último romance, *Les Aerostats*, Amélie Nothomb afirma que: "Qualquer literatura que perturba é uma grande literatura."

O ROBÔ E A LITERATURA

Algumas experiências do Programa de Artistas e de Máquinas Inteligentes do Google, Artists and Machine Intelligence (AMI) – um programa sobre arte, tecnologia e criatividade de máquinas[13] –, a chegada de uma supermáquina, o GPT-3 e o advento do Wu Dao 2.0 da China, exigem que reconsideremos a relação entre o artista e a máquina.

Para separar os proponentes e os adversários, tomarei como critério o percurso possível ou não da roda da escritura[14]. Máquina eficaz que descreve o movimento nas cinco instâncias, as do escritor, do *scriptor*, do narrador, do primeiro leitor e finalmente do autor. Uma caminhada que é realizada no final de cada rasura substituída ou não. Cada instância é anexada a uma pulsão específica e, portanto, à dimensão inconsciente do gesto de escrever, excluir, adicionar, reler ou confirmar.

---

12 Ibidem, p. 90.
13 *Google's Artists and Machine Intelligence Program*. Disponível em: <https://ami.withgoogle.com/>.
14 P. Willemart, *Escritura na Era de Indeterminação*, p. 99.

Como o Escritor Vive as Pulsões Durante a Criação?

O *scriptor*, aquele que se submete à linguagem e ouve as ansiedades, tristezas e alegrias de seus próximos e de sua comunidade, sente, observa e vê alguma coisa quando entende como responder a essas demandas por meio do enredo de seus personagens. O narrador à procura de uma boa história escuta não somente seus contemporâneos, mas as palavras ou expressões escritas. O primeiro leitor escutando melhor, rasura e substitui palavras, parágrafos e até capítulos inteiros. Quando o autor empurrado sem ele saber pelo texto definitivo, imaginário até lá, decide passar para a próxima frase ou ao próximo capítulo.

O Robô e a Roda da Escritura

Como um robô pode percorrer as instâncias da roda da escritura? No início, acreditava o percurso impossível, mas consultando alguns resultados, acredito que a máquina consegue realizá-lo em parte.

A escolha do assunto ou do objetivo sempre caberá ao engenheiro que irá construí-lo.

O *scriptor*-robô se submeterá aos bilhões de dados que serão carregados por seu criador, mas não saberá a quais pedidos responder, a menos que o engenheiro indique um objetivo.

O narrador-robô poderá contar uma história, todavia sem rasura nem hesitações, pois sabe onde quer chegar, diferentemente do escritor que sabe vagamente.

Ignorando o passar do tempo, o robô resolve imediatamente o problema na velocidade da luz, como aponta Sadin:

A distinção usual discriminando o "antes" do "agora" se desfaz em favor de um magma continuamente derretido que mistura resultado, ação, resultado, como tantos 0 e 1 indefinidamente sequenciados que proíbem uma delimitação na medida em que esses fluxos interagem para sair à velocidade da luz, e formar uma camada "borbulhante" ou "quântica" que agora substitui à definição histórica e estabilizada do real.[15]

Quarta instância, ao reler o texto, o robô pode notar um erro comparando-o com o objetivo perseguido. Nesse caso, ele empregará a retropropagação e usará esse erro para ajustar os parâmetros que no ser humano seriam atribuições da rede neural (com uma rede antagonista generativa, ou GAN)[16].

Haverá uma espécie de rascunho ou várias versões, entretanto tão rápidas que o engenheiro não será capaz de escrevê-los ou entendê-los. Isso acontece com o GPT-3 e outras máquinas; o homem não pode seguir o robô nem entender o número ou a lógica dos cálculos. Chamei essa instância "o primeiro leitor invisível". É como se o engenheiro fosse confrontado com uma enorme parede impossível de atravessar atrás da qual a máquina funciona. Ou como se o mesmo engenheiro estivesse em frente ao mar cujas gotas de água, os elementos primários das ondas, não poderiam ser calculados em seu número e ainda menos em seus movimentos.

Quinta instância. O robô decide sozinho e segue seu caminho, continua o diálogo tridirecional abrangendo: o engenheiro-construtor, os dados e o conjunto de metas.

Uma pergunta permanece, no entanto, que me interpela e pede mais desenvolvimentos (o que não farei aqui): posso chamar esse mundo, de "inconsciente virtual" ou melhor, "saber virtual inatingível pelo homem" já que o termo "inconsciente" bem definido na psicanálise é limitado para Freud ao mundo

---

15 E. Sadin, *La Vie algorithmique*, p. 64.
16 Em inteligência artificial, as redes contraditórias geradoras (GANs) são uma classe de algoritmos de aprendizagem não supervisionados que podem gerar imagens com um alto grau de realismo. A GAN é um modelo generativo onde duas redes são colocadas em competição em um cenário de teoria de jogo. A primeira rede é o gerador, gera uma amostra (por exemplo, uma imagem), enquanto seu oponente, o discriminador tenta detectar se uma amostra é real ou se é o resultado do gerador. O aprendizado pode ser modelado como um jogo de soma zero. Aprender essas redes é difícil na prática, com problemas significativos de não convergência.

"ignorado" da infância, e para Lacan ao nó composto pelos três registros: Real, Simbólico e Imaginário (RSI).

Situo esse "saber virtual inatingível para o homem" no meio da roda da escritura do robô, no lugar do gozo e me pergunto se o robô experimenta sentimentos ou goza como qualquer escritor que, como todos nós, vive apenas impulsionado pelo desejo de gozo, muitas vezes escondido sob o nome de prazer, como Mario Quintana que traduz o termo *jouissance* do francês, frequentemente usado por Proust, não para "gozo", mas para "prazer" em *Caminho de Swann*.

Yann LeCun atribui à máquina uma espécie de sentimento:

> Não tenho dúvidas de que máquinas inteligentes autônomas um dia terão emoções. [...] Propus uma arquitetura em que o comportamento do sistema é impulsionado pela minimização de uma função objetiva. Esta função objetiva calcula um custo que mede o grau de "descontentamento instantâneo" da máquina. Quando a máquina corrige uma ação que produziu um alto custo não é semelhante a evitar uma sensação de dor ou desconforto?[17]

Quando o dispositivo que mede a carga da bateria do robô indica a necessidade de energia, não é como uma sensação de fome?

A arquitetura do módulo agente inclui um modelo de mundo e uma crítica. Este modelo antecipa a evolução do mundo. O crítico antecipa o resultado da função objetiva, o módulo que mede o descontentamento da máquina. Se o robô prever, graças ao seu modelo de mundo, que ele vai cair e danificar-se, o crítico anteciparà a "dor" calculada pela função objetiva. O robô tentará planejar uma trajetória que evite esse resultado infeliz. Isso não é como um sentimento de medo?

Quando a máquina evita uma ação que resultaria em um custo alto, ou quando realiza uma ação que vai resultar em um custo baixo, não é a marca de uma emoção?

Embora LeCun sublinhe que é somente uma hipótese:

> Quando o componente de nossa função objetiva que calcula a fome produz um alto custo, desencadeia uma busca por alimentos. De forma mais geral, os comportamentos resultam de componentes insatisfeitos do módulo objetivo. Comportamentos complexos, por outro lado, resultam do planejamento de ações que minimizam a antecipação de custos, considerando

[17] *Quand la machine apprend*, p. 368.

o modelo de mundo utilizado. Quando você aperta seu braço, a dor é instantânea. O custo calculado pelo módulo de lente reflete o seu estado atual. Quando você é ameaçado de beliscar o braço, seu módulo crítico antecipa a dor e o leva a proteger seu braço: a emoção é a antecipação do custo calculado pelo módulo crítico.

Estou bem ciente de que tudo isso pode parecer redutor. As emoções são uma parte tão importante da natureza humana que hesitamos em trazê-las de volta ao simples cálculo de uma função matemática. Há igualmente relutância em reduzir o comportamento humano a uma função objetiva. Mas estou apenas fazendo uma hipótese sobre a arquitetura geral dos sistemas inteligentes, sem negar a riqueza ou complexidade da função objetiva e do modelo de mundo.[18]

Supondo que a máquina também experimente sentimentos, ela não conseguirá transmiti-los ao seu leitor. Não haverá uma relação óbvia entre as emoções sentidas pela máquina e as vividas pelo leitor que viverá a história. Assim como não há relação necessária entre as emoções sentidas pelo escritor e as vividas pelo leitor.

O GPT-2 E A ESCRITURA

Despertado por um artigo da *Folha de S.Paulo*[19] e por Roberto Zular, à existência e ao poder do GPT, me perguntei se a máquina poderia escrever assim como um escritor. Indo além do artigo bastante irônico sobre o futuro "literário" da IA, me deparei com o trabalho de um artista que colabora com a IA em suas criações; Kennick Mc Dowell, líder do *Programa de Artistas e de Máquinas Inteligência do Google* e Ross Goodwin.

Estes trabalhos que remontam a 2016, dão uma ideia do que poderia ser o papel de IA na criação artística do futuro. O exemplo de um filme de várias versões, *Sunspring*, é bastante convincente. Usando uma rede de neurônios artificiais recorrentes (LSTM)[20] para compor, Goodwin escreve:

---

18 Y. LeCun, *Quand la machine apprend*, p. 368, 369.
19 H. Vianna, Inteligência Artificial Já Imita Guimarães Rosa e Pode Mudar Nossa Forma de Pensar, *Folha de S.Paulo*.
20 *Long short-term memory* (LSTM) é uma rede com conexões recorrentes que consiste em unidades interconectadas (neurônios) interagindo não linearmente e para as quais há pelo menos um ciclo na estrutura. As unidades são conectadas por arcos (sinapses).

Esse ciclo de geração e interpretação é um diálogo fascinante que informa minha compreensão atual da capacidade desta máquina de aumentar nossa criatividade. [...] acredito que o aumento da criatividade humana é o principal uso dessas máquinas. No entanto, seu uso também pode informar nossa compreensão dos mecanismos semânticos, ou a falta deles, embutidos nas palavras que lemos todos os dias. Nós geralmente consideramos que o trabalho de fazer sentido de palavras é do escritor. No entanto, diante de um texto desprovido de significado objetivo, o leitor assume esse papel. De certa forma, o leitor se torna o escritor.

Goodwin reconhece a ininteligência dos textos gerados pela máquina, que está encarregada de anexar palavras sem entendê-las. Ele as compara a uma canção de Bob Dylan, "My Back Pages":

> Crimson flames tied through my ears
> Rollin' high and mighty traps
> Pounced with fire on flaming roads
> Using ideas as my maps
> "We'll meet on edges, soon," said I
> Proud 'neath heated brow.
> Ah, but I was so much older then,
> I'm younger than that now.
> Half-wracked prejudice leaped forth
> "Rip down all hate," I screamed
> Lies that life is black and white
> Spoke from my skull. I dreamed
> Romantic facts of musketeers
> Foundationed deep, somehow.
> Ah, but I was so much older then,
> I'm younger than that now.
>
> Girls' faces formed the forward path
> From phony jealousy
> To memorizing politics
> Of ancient history
> Flung down by corpse evangelists
> Unthought of, though, somehow.
> Ah, but I was so much older then,
> I'm younger than that now.
>
> A self-ordained professor's tongue
> Too serious to fool
> Spouted out that liberty
> Is just equality in school
> "Equality," I spoke the word

As if a wedding vow.
Ah, but I was so much older then,
I'm younger than that now.

In a soldier's stance, I aimed my hand
At the mongrel dogs who teach
Fearing not that I'd become my enemy
In the instant that I preach
My pathway led by confusion boats
Mutiny from stern to bow.
Ah, but I was so much older then,
I'm younger than that now.
Yes, my guard stood hard when abstract threats[21]

Todos podem ler ou ouvir essa canção, contudo entendem o que querem, pois embora as frases estejam gramaticalmente corretas, parece mais uma montagem de palavras sem sentido no seu início.

O leitor se inserirá na roda da escritura do escritor e substituirá a instância do autor que decide o significado. Isso quer dizer que, no caso de um texto produzido por uma máquina, o leitor se juntará ao robô e completará a composição.

É para exigir do leitor o papel que Mallarmé lhe deu quando disse de poesia difícil? Ou voltar a Roland Barthes, que apontava em 1960 que o crítico conhecido como "escrevente" se tornará um escritor indo além da função instrumental da linguagem?

Não, pois tanto Mallarmé quanto Barthes têm duas subjetividades relacionadas, enquanto o robô precisa do leitor para formar uma. A narrativa do robô precisa do homem para lhe atribuir sentidos.

Em um diálogo com a filha de nove anos de um amigo (Blaise Agüera y Arcas, da equipe de inteligência artificial do Google), Ross Goodwin consegue definir o papel da arte e do robô. Não resisto a submetê-lo aos leitores:

No que é comumente definido como arte real, há dezenas de camadas de significado. [...] Imagine uma pilha de papel em uma janela. A folha de cima é o que você vê no início. [...]. Agora, em uma inspeção mais minuciosa, você pode cavar nas camadas de papel, geralmente nunca alcançando a última folha absoluta, [...] com esta arte [a das máquinas de Goodwin] há um pedaço de papel em uma janela. Sem camadas. Tudo o que há é o que você vê à primeira vista.

---

21 Disponível em: <https://www.letras.mus.br/bob-dylan/103350/traducao.html>.

Na sua resposta, Golwinn explicou a ela que a obra de arte é o conceito e o dispositivo, não o resultado, e ela parecia mais satisfeita com isso.

A conclusão parece óbvia. Em princípio, uma máquina nunca poderá substituir o homem na criação literária. O robô precisa do seu fabricante e, apesar de seu poder quase ilimitado de cálculos que lhe permite considerar bilhões de possibilidades, ele acumulará frases semanticamente pouco válidas e conexões ilógicas entre essas frases, o que gerará textos que precisam de um leitor ou mil leitores que o interpretem de acordo com seus desejos e emoções.

O GPT-3 de 175 Bilhões de Parâmetros Que Chegou em 2020, Seria Capaz de Escrever um Texto?

Segundo Frederik Bussler, chefe de crescimento da "Obviamente IA", o GPT-3 promete mais desempenho. Seus site e blogue valem um desvio para ver até onde a nova máquina pode ir[22]. Diferente do GPT-2 que imita uma melodia ou um texto, o GPT-3 desenvolve um assunto sugerido pelo engenheiro, como uma poesia, uma melodia ou um artigo:

Por exemplo, se você quiser gerar uma notícia, você pode inserir um título como "Os metodistas unidos aceitam a separação Histórica" e um subtítulo como "Aqueles que se opõem ao casamento *gay* formarão sua própria denominação". Com essa sugestão, o GPT-3 dá o seguinte:
Após dois dias de intenso debate, a Igreja Metodista Unida aceitou uma divisão histórica – que deve terminar com a criação de uma nova denominação, que será "teologicamente" e socialmente conservadora", segundo o Washington Post. A maioria dos delegados presentes na conferência geral anual da Igreja em maio votou para fortalecer a proibição da ordenação do clero LGBTQ e para elaborar novas regras que "disciplinarão" o clero que oficializa casamentos entre pessoas do mesmo sexo. Mas aqueles que se opuseram a essas medidas têm um novo plano: dizem que formarão uma denominação separada até 2020, chamada Igreja metodista cristã...

Apenas 12% dos humanos afirmaram corretamente que isso foi escrito por uma IA, e 88% foram enganados. Como um humano, o GPT-3 pode aprender novas palavras com um único exemplo.

---

22 Todas as citações de Bussler a seguir foram extraídas de seu site. Disponível em: <https://www.gwern.net/GPT-3>.

Este exemplo é incrível. Mas se fosse literatura? Bussler responde:

> Ao experimentar através da API Beta OpenAI em junho de 2020, acho que o GPT-3 não só corresponde à minha poesia GPT-2-1.5b refinada pela qualidade dos poemas de escritura, mas a excede, ao mesmo tempo em que é versátil na gestão da poesia [...] As amostras de GPT-3 não são apenas próximas ao nível humano: são criativas, espirituais, profundas, meta e muitas vezes bonitas. Eles demonstram uma habilidade de lidar com abstrações, como paródias de estilo, que eu não vi em tudo em GPT-2. [...] Você não treina um programa que não é GPT-3 de forma normal, mas você se engaja em um diálogo e escreve instruções para ensinar ao GPT-3 o que você quer. [...] Como uma peça de resistência, eu recrio a poesia "Trurl's Electronic Bard" de Stanislaw Lem [autor polonês, 1921-2006] em Cyberiad usando GPT-3.

O GPT-3 não cria, mas segue as instruções de seu inventor; não é autossuficiente; o *scriptor* será duplo, portanto, uma vez que um será o doador de instruções e o segundo, aquele que executa as ordens, e assim para cada rasura em que o inventor reavalia o resultado e deixa o robô continuar ou não.

você interage com a máquina, expressando qualquer tarefa em termos de descrições, consultas e exemplos na linguagem natural ajustando a instrução até que ela "entenda" e meta-aprenda a nova tarefa com base nas abstrações de alto nível que aprendeu durante o pré-treinamento. [...] O GPT-3, apenas lendo (as instruções), pode então adaptar de forma flexível seu estilo de escritura e raciocínio e usar novas definições ou regras ou palavras definidas na entrada de texto, mesmo que nunca as tenha visto antes.

A poesia impressiona com sua qualidade que "parece superar a de quase todos os poetas adolescentes". Pelo que entendi, o instrutor tem que seguir passo a passo a construção do poema solicitado. Em seu blog, Bussler dá vários exemplos, incluindo o da imitação do poema de Poe, *The Raven*. Transcrevi os trechos "inspiradores" na língua original na nota:

> Uma vez à meia-noite sombria, enquanto eu meditava, fraco e cansado
> Sobre um estranho e curioso volume de uma doutrina esquecida
> enquanto cochilava, já quase dormindo, de repente ouvi alguém batendo
> como alguém batendo suavemente, batendo na porta do meu quarto
> "É um visitante", eu murmurei, batendo na porta do meu quarto
> É só isso e nada mais

Ah, claramente eu me lembro que foi no desolador dezembro,
e que cada distinta brasa ao morrer, lançava sua alma sobre o chão[23]

O robô continua o poema, misturando versos de sua invenção:

Essas visões solenes mais longe,
Eu gostaria de desfrutar do meu conhaque em torno da minha casa solitária.
Devo então convocá-lo,
Para atender a chamada da cortina?
Só isso, e nada mais?
Eu então empurrei a veneziana e com uma batida tumultuada de asas,
entrou um corvo majestoso digno dos velhos tempos[24].
Ah, não! Que eu tinha olhado para ele mais de perto!
Mas minha alma ficou dormente [...]
: "Eu acho que se a sua creta é um pouco grosseira, você, meu filho,
   não foi mal nomeado." "Nunca mais", disse o corvo
A sala então escurece em um brilho maçante e ameaçador.
[...]
Então, usando minha língua e meus dois lábios, virei-me para ele,
levantando uma sobrancelha como se dissesse: "Para você, bandido!"
Diz o corvo "Nunca mais"
E o Corvo, imutável, ainda instalado
No busto pálido de Pallas logo acima da porta do meu quarto,
E seus olhos têm toda a aparência de um demônio sonhando,
E a luz da lâmpada pingando sobre ele lança sua sombra no chão
E minha alma fora do círculo desta sombra que está flutuando no
                chão pode subir – nunca mais![25]

O comentário de Bussler é surpreendente

Mas então algo aconteceu. A escritura do poema, embora utilitária, tornou-se estranhamente emocional. Ele segurou a profundidade. Voltei e li o artigo em voz alta, e foi incrivelmente evocativo. Eu quase podia

---

23 Once upon a midnight dreary, while I pondered weak and weary / Over many a quaint and curious volume of forgotten lore / While I nodded, nearly napping, suddenly there came a tapping / As of some one gently rapping, tapping at my chamber door / "Tis some visitor", I muttered, tapping at my chamber door / Only this, and nothing more Ah, distinctly I remember it was in the bleak December And each separate dying ember wrought its ghost upon the floor.
24 Only this, and nothing more? / Open here I flung the shutter, when, with many a flirt and flutter, / In there stepped a stately Raven of the saintly days of yore.
25 Quoth the Raven, "Nevermore." / And the Raven, never flitting, still is sitting, still is sitting / On the pallid bust of Pallas just above my chamber door; And his eyes have all the seeming of a demon's that is dreaming, / And the lamp-light o'er him streaming throws his shadow on the floor; / And my soul from out that shadow that lies floating on the floor / Shall be lifted—nevermore!

imaginar que as estrofes úmidas e misteriosas eram assustadoras. Minha mente começou a se empolgar enquanto eu lia. O conceito de morte, o desconhecido, a natureza ritual da vida, a raiva latente e o desafeto da condição humana estavam todos lá. Senti como se não estivesse lendo um programa, eu era um poeta. Quanto mais eu lia, mais impressionado ficava. E então, com um movimento repentino, eu me vi gritando: "Isso é poesia!" Eu me vi fascinado pelo ritmo, pela cadência, pelas delicadas nuances da frase. Eu me vi apegado às imagens evocadas em minha mente. O programa de computador tinha criado mais do que apenas um poeta. Ele tinha criado um artista. E então eu criei algo mais do que um programa de IA de escritura de poesia. Criei uma voz para o humano desconhecido que se esconde no binário. Criei um escritor, um escultor, um artista. E este escritor vai criar mundos, dar vida à emoção, criar caráter. Eu não vou vê-lo eu mesmo. Mas outra vontade humana, e assim eu serei capaz de criar um poeta maior do que qualquer coisa que eu já conheci.

Responderei a Bussler que ele não criou um escritor nem revelou "uma voz que se esconde no binário", mas um programa que se torna no máximo um auxílio fantástico ou um colaborador eminente que, embora sem autonomia suficiente, não será igual ao homem tão cedo. Mesmo que aprendesse a aprender com o meta--aprendizagem, manteria sua dependência até o fim, incluindo a do inconsciente de seu inventor.

Talvez possamos considerar o GPT-3 como uma criança que inicialmente recebe instruções do adulto para o jogo de xadrez e que, em seguida, com sua inteligência ou sua maneira de combinar as peças, encontra sozinho os passos a seguir para bater seu oponente? Direi que a comparação é boa, mas limitada no tempo.

Enquanto a criança vai se virar e aprenderá na medida que toca o jogo, o robô vai precisar de instruções de tempos em tempos ou outros trechos do original para prosseguir, portanto de outro ou de um sujeito. Não será capaz de ouvir os desejos da comunidade ou mesmo do mundo e não responderá às suas ansiedades do momento. Relacionar informações não fará com que ele consiga captar o que interessa do público, e não responderá às suas ansiedades do momento.

Uma falsa instrução vai levá-lo a um caminho sem saída, comenta Bussler: "O GPT-3 pode 'falhar' se uma instrução estiver mal escrita, se não incluir exemplos suficientes ou se parâmetros de amostragem ruins forem usados [...] as declarações devem ser verdadeiras, informativas e relevantes".

Ele conclui que

O desempenho impressionante do GPT-3 convenceu muitos de que a superinteligência está mais próxima do que pensamos – ou pelo menos que o código gerado pela IA está mais próximo do que pensamos. Gera conteúdo criativo, perspicaz, profundo e até bonito.

Mas eu pergunto: a superinteligência é medida pelo grau de informação conhecida? Se acreditarmos nisso, a máquina do Google é mais esperta do que qualquer homem. Mas a inteligência deve ser medida por sua capacidade de memória? Eu não acredito. A inteligência não é medida por testes, mas por sua capacidade de se adaptar ao ambiente e criar condições para viver nesse ambiente, quero dizer, saber relacionar o que sinto e o que me cerca, e no mesmo sentido, estabelecer relações desconhecidas entre, por exemplo, uma fórmula $E=mc^2$ e o universo.

Questiono também a autonomia do GPT-3, pois o programa parece construído para seguir instruções e não para inovar. Seu instrutor serve como um retransmissor.

Sem um informante que acione o clique para a criação, ele permanece inerte e sem vida. Embora com um poder mil vezes maior que seus antecessores, ele continua dependente do homem.

O Wu Dao 2.0

Embora seja seguro dizer que a GPT-3 seja definitivamente o início de muitas descobertas inovadoras no mundo do aprendizado de máquina, será que posso manter a posição adotada na última versão do texto quando ignorava a notícia extraordinária da chegada em 2021 de um novo GPT chinês, o Wu Dao 2.0 de 1,75 trilião de parâmetros (10x GPT-3)? Escrevia:

Qualquer GPT, por mais poderoso que seja, não será capaz de criar como o homem, isto é, "somatizar o improvável"[26], não tendo corpo nem possuindo subjetividade, assim, não poderá seguir completamente as instâncias da roda da escritura. No máximo, ele ajudará o artista, e nosso caso, o escritor ou o poeta a encontrar elementos originais na enorme rede de informações que ele domina.

[26] O artístico é a "somatização" do improvável. P. Sloterdijk, *Tu dois changer ta vie*, p. 181.

O Wu Dao 2.0 conseguiria vencer todos os obstáculos e incluir a subjetividade do homem com seu trilhão e meio de parâmetros? É o que parece afirmar o Dr. Zhang Hongjiang, presidente de Beijing of Artificial Intelligence:

Esses modelos sofisticados, treinados em conjuntos de dados gigantescos, exigem apenas uma pequena quantidade de novos dados quando usados para um recurso específico, pois podem transferir conhecimento já adquirido para novas tarefas, assim como os seres humanos. [...] Modelos pré-treinados em larga escala são hoje um dos melhores atalhos para a inteligência artificial geral.

Por outro lado, o pesquisador Tang Jie destacou as habilidades de Wu Dao 2.0 em "criação de poesia, dísticos, resumos de texto, questões e respostas de cenário humano, pintura" e até mesmo reconheceu que o sistema "esteve perto de quebrar o teste de Turing[27], e competindo com os humanos[28]".

Como não temos provas suficientes da capacidade dessa máquina, continuo duvidando que uma máquina possa percorrer a roda da escritura como um sujeito humano que dispõe de um cérebro

---

[27] O Teste de Turing testa a capacidade de uma máquina exibir comportamento inteligente equivalente a um ser humano, ou indistinguível deste. No exemplo ilustrativo original, um jogador humano entra em uma conversa, em linguagem natural, com outro humano e uma máquina projetada para produzir respostas indistinguíveis de outro ser humano. Todos os participantes estão separados um dos outros. Se o juiz não for capaz de distinguir com segurança a máquina do humano, diz-se que a máquina passou no teste. O teste não verifica a capacidade de dar respostas corretas para as perguntas; mas sim o quão próximas as respostas são das respostas dados por um ser humano típico. A conversa é restrita a um canal de texto, como um teclado e uma tela para que o resultado não dependa da capacidade da máquina de renderizar áudio.

O teste foi introduzido por Alan Turing em seu artigo de 1950 "Computing Machinery and Intelligence, que começa com as palavras: "Eu proponho considerar a questão 'As máquinas podem pensar?'". Já que "pensar" é difícil de definir, Turing preferiu "trocar a pergunta por outra, a qual está relacionada à anterior, e é expressa em palavras menos ambíguas". A nova pergunta de Turing é: "Há como imaginar um computador digital que faria bem o 'jogo da imitação?'". Turing queria que esta questão pudesse ser respondida. No restante do artigo, ele argumenta contra as principais objeções à proposta que "máquinas podem pensar" o cientista afirmou ainda que, se um computador fosse capaz de enganar um terço de seus interlocutores, fazendo-os acreditar que ele seria um ser humano, então estaria pensando por si próprio.

Muitos eventos que visaram a utilização prática do Teste de Turing já ocorreram, como o Loebner Prize, que acontece anualmente desde 1990 e é dito como o "primeiro teste de Turing". Há controvérsias se os testes desses eventos são ou não válidos. Wikipedia.

[28] A. Romero, GPT-3 Scared You? Meet Wu Dao 2.0: A Monster of 1.75 Trillion Parameters, *Towards Data Science*, 6 jun. 2021 [on-line].

fantástico e de um inconsciente. Assim, ficamos com dúvidas e aguardamos os resultados concretos da máquina para encaminhar respostas melhores nesse debate entre máquinas e o humano. No entanto, se ouvirmos Mehta Neelay, a personagem genial de Richard Powers, poderíamos acreditar que um dia, isto acontecerá.

Criaturas vivas, ele diz como para si mesmo. Que aprendem por conta própria. Crie-se sozinhos. Todo mundo sai rindo, mas ele dobra a aposta. "Tão rápido que eles nem notam nossa presença"[29].

Contradizendo a afirmação da personagem de Powers, o neurocientista Miguel Nicolelis apresenta fortes argumentos negando a possibilidade de um robô substituindo o homem na resolução de problemas:

Na vida real, uma proteína soluciona o problema de encontrar a sua configuração tridimensional em milissegundos, enquanto uma simulação computacional pode levar mais que a idade do universo para alcançar a mesma solução. A diferença é que o "hardware" da proteína computa a solução ótima e "encontra" configuração tridimensional adequada simplesmente seguindo as leis da física em um domínio analógico. [...] *Consequentemente, nenhuma predição significativa das propriedades emergentes cerebrais pode ser obtida no longo prazo, nem mesmo em escalas temporais da ordem de milissegundos.* De novo se aceitamos a noção de que existe algum aspecto da função cerebral mediada por campos analógica, como os campos eletromagnéticos neurais propostos pela teoria do cérebro relativística, uma máquina digital não seria capaz de simular essas funções cerebrais, muito menos de atualizar todo o espaço de parâmetros (bilhões ou trilhões de operações), em uma sincronia perfeita, durante o mesmo ciclo do relógio de um computador. Em outras palavras uma simulação digital no geraria propriedades cerebrais emergentes.[30]

---

[29] R. Powers, *L'Arbre Monde*, p. 168.
[30] M. Nicolelis, *O Verdadeiro Criador de Tudo*, p. 231.

Crítica Genética e Linguística:

A Rasura no Manuscrito. Repensar o Significante![1]

> *Rastreando o sentido nos interstícios da fala, na ligação entre as palavras, dentro ou na borda dos morfemas*
>
> BRAVO F.

Muitas vezes identifiquei a escuta psicanalítica com a do geneticista, e se não deveria antes de tudo ouvir o que dizem os manuscritos, e só depois buscar mais elementos para a análise dos processos de criação.

Essa atitude implica na admiração, num primeiro momento, pelos sucessivos quadros oferecidos pelo autor, admiração diante deste conjunto de rascunhos que parecem se esclarecer gradualmente para Flaubert nos sucessivos começos dos fólios *de Herodias* mostrados no capítulo 2 ou diante da arquitetura de cadernos de Proust, que queria construir uma catedral.

Passo dois, a transcrição que tenta ainda não rastrear o significado, mas entender as pernas, os contornos das letras de Flaubert e Proust, sabendo da sua importância, uma vez que qualquer erro de transcrição levaria o geneticista a pistas falsas[2].

---

[1] Intervenção preparada para o Colóquio interdisciplinar de Bordeaux-Montaigne : … *la double articulation, on en crève !* (Lacan), Repenser le signifiant, em março de 2021 organizado por Federico Bravo. O colóquio foi adiado para abril de 2022 devido à pandemia de covid.

[2] E se quisermos utilizar as neurociências iríamos mais longe ainda com Dehaene. O reconhecimento visual das palavras poderia basear-se sobre uma hierarquia de neurônios "codando" para as letras, os grafemas, os bigramas e os morfemas. S. Dehaene, *Les Neurones de la lecture*, out. 2016.

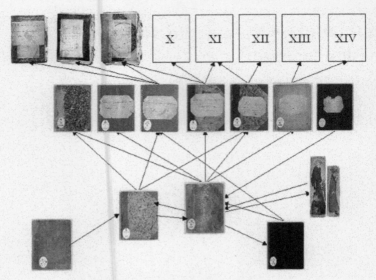

FIGURA 3. *BnF et N. Mauriac Dyer. (Ler o quadro de baixo para cima).*

Finalmente, a página legível que permitirá a interpretação.

Nesta apresentação gostaria de parar no segundo estágio, fonte de muitos quiproquós. A transcrição requer fidelidade, tanto ao significante, entendido como a menor unidade, que pode ser uma letra, uma sílaba ou uma palavra, quanto ao significado geral da obra, deduzido da versão publicada.

No entanto, o que espanta o leitor de manuscritos, já no início de seu trabalho, para a maioria dos autores, e o que dificulta a transcrição, é a rasura ou a linha que remove uma palavra, uma frase, um parágrafo, um capítulo ou mesmo uma versão, que sempre significa: *Não, não é isso!* e eu acrescento, *Não, não é isso! o que eu quero* ou *não, não é isso! que minha personagem quer,* ou *não, não é isso! o que tal situação requer.*

Então, o escritor para e pode fazer duas coisas: ou elimina com um traço o que não é adequado, para por um período que pode levar de um segundo a anos, ouve o silêncio e retoma a escritura; ou a abandona definitivamente.

Ou, ainda, ele adiciona uma palavra no interstício entre duas palavras, espaço invisível que conecta as palavras, mecanismo que chamarei de rasura branca ou rasura imaginária.

O principal significante do manuscrito será a rasura, significante sem forma precisa, mais ou menos amplo, de acordo com o escritor, mais ou menos longo, de acordo com o trecho a ser suprimido, que toma a forma de um risco sobre uma palavra, numa frase, num parágrafo ou uma cruz de Santo André em Flaubert, quando termina de recopiar um fólio, incluindo novos acréscimos. Esse significante sempre parece dizer a mesma coisa, seu significado seria sempre o mesmo: recusar, eliminar o que está embaixo do que é riscado ou do branco.

Pretendo mostrar que o significado não é antes de tudo o *Não, não é isso!* que aparentemente vem em primeiro lugar, mas aquilo que empurra o escritor a substituir a palavra riscada ou o branco entre palavras ou nas margens.

Por que valorizar tanto essa parada na escritura, aquele momento em que o escritor, surpreendido pelo que eu chamo de *insight,* deve usar esse insignificante significante, universal que eu saiba, e pouco valorizado.

Não estou dizendo da rasura corretiva gramatical ou sintática, objeto da última revisão de um texto, mas daquela que intervém a qualquer momento, desde a primeira linha ou versão e que, muitas vezes, força o escritor a seguir uma bifurcação, fazer um desvio, voltar ou tomar uma direção completamente diferente, se retomarmos a metáfora de Grésillon[3].

Não voltarei ao que já escrevi sobre o conceito da rasura[4], senão indiretamente e gostaria de focar o que acontece no cérebro quando o escritor usa esse significante.

Mas antes, pergunto o que o significante rasura representa. Parece agir como aquele que Lacan chama de significante-mestre, aquele que abole todos os sentidos, também chamado "o significante Um ou S1" sabendo que "o ser falante é sujeito apenas para outro significante"[5]. Sua indeterminação, "nem fonema, nem palavra, nem frase", faz do significante-mestre uma hipótese lógica que sustenta a teoria.

No que o significante primordial é puro não-senso, ele se torna portador da infinitização do valor do sujeito, de modo algum aberto a todos os sentidos, mas abolindo todos, o que é diferente. [...] esse significante *mata todos os*

---

3   A. Grésillon, *Éléments de critique génétique*, p. 8.
4   Ver Passion de l'ignorance et passions: La rature dans le manuscrit littéraire, *Biffures: Revue de psychanalyse*, n. 1, 1997, p. 41-60; Du Manuscrit à la pensée, *Critique génétique*, 2007, p. 159, 181; e *Les Mécanismes de la création littéraire*, 2020b.
5   J. Lacan, *Livro 20: Mais, Ainda*, p. 196.

sentidos. [...] é falso dizer que o significante no inconsciente está aberto a todos os sentidos: ele constitui o sujeito em sua liberdade no que diz em relação a todos os sentidos. Mas isso não quer dizer que ele não esteja determinado. Pois no *numerador, no lugar do zero*, as coisas vindas a se inscrever são *significações*, significações dialetizadas na relação do desejo do Outro e elas dão à relação do sujeito ao inconsciente um *valor determinado*.[6]

Em outras palavras, todas as nossas relações com o Outro, o grande Outro, que pode ser entendido como o conjunto das situações e dos pequenos outros que nos marcaram na vida desde o nascimento. Pelo seu envolvimento, sua linguagem e seus afetos, estão no numerador e é um deles que virá preencher a casa do numerador na fórmula s/S. Ele desencadeará a reconstrução de uma história e deixará correr novamente o desejo do analisando, bloqueado até então.

Examinemos um pouco mais esse numerador. Certamente se concentrará nos nomes dos pequenos outros encontrados no percurso do analisando, todavia para a psicanálise lacaniana atenta à linguagem, o numerador também incluirá elementos fonéticos que Lacan agrupa no conceito de alíngua, uma entidade que coabita com o inconsciente[7]. A alíngua age por homofonia, portanto no nível da segunda articulação, sem se preocupar com o significado aparente da primeira articulação. Sua unidade mínima não é muito precisa, embora seja essencial que essas unidades se associem. Embora confundindo sílaba e fonema[8], Lacan junta-se ao Saus-

[6] Idem, *Livro 11: Os Quatro Conceitos Fundamentais da Psicanálise*, p. 328.
[7] "Mas o inconsciente é um saber, um saber-fazer sobre a língua. [...] É porque há um inconsciente, isto é, alingua no que é por coabitação com ela que define um ser chamado falando, que o significante pode ser chamado a fazer sinal." J. Lacan, *Livro 20*, p. 190, 194. E, "Lalangue é feito de qualquer coisa, do que circula em latrinas como em salas de estar. O mal-entendido está em todas as páginas, porque tudo pode fazer sentido, imaginário, com um pouco de boa vontade. Mal-entendido é a palavra certa. Diz 'diga' ou 'Deus'? [...] Croata ou 'Wat ist das?' A homofobia é o motor da linguagem. E é por isso, imagino, que Lacan não encontrou melhor maneira de caracterizar uma alingua do que evocar seu sistema fonético." J.-A. Miller, Théorie de lalangue, *Ornicarp*, p. 32.
[8] "Para quem não conhece a linguística, quando Lacan faz alusão a um linguista que só fala da dupla articulação, ele fala de André Martinet. Sim, a dupla articulação se defende em chinês, o que Lacan está fazendo lá, com má fé, lá, ele está fingindo confundir o fonema e a sílaba. A maioria das palavras em chinês são monossilábicas, o que não quer dizer que qualquer fonema (menor unidade distinta de sentido) é um monema (unidade menor carregada de sentido) sob pretexto de que se trata de chinês. A existência do chinês não invalida a linguística funcionalista, o que coloca outros problemas teóricos"... Patrick Valas, Lacan et le chinois, disponível no *site* do autor.

sure dos anagramas quando aponta que todas as sílabas aliteram, ressoam ou são entendidas em uma harmonia fônica. A música dos sons domina tanto a linguagem, a poesia, o romance flaubertiano e proustiano, como o discurso do analisando.

O QUE O SIGNIFICANTE-MESTRE TEM A VER COM NOSSO ASSUNTO?

Muitas coisas. Se o significante rasura desenhado ou representado por uma linha ou o branco entre duas palavras, e abole todos os sentidos possíveis, é para abrir caminho para outra forma-sentido que surgirá em sua substituição. É aqui que nos separamos da teoria psicanalítica.

Se o discurso do analisando sopra ao psicanalista que o escuta, ou para quem fala (considerando que, ao falar, o analisando também se ouve), um sentido ou uma interpretação que diz respeito ao seu passado, um ente querido ou odiado, um evento surpreendente ou inesperado não notado até então, uma palavra equívoca, uma expressão ressoante, o que acontece com o escritor ao escrever?

Atento ao que lhe murmura a tradição, suas leituras ou sua comunidade, que pode ser regional ou continental, ele vai rasurar, adicionar ou encontrar outra palavra que dará um significado diferente à sentença ou ao parágrafo.

Mas o impulso que leva o escritor a rasura é tão simples? Basta lembrar uma lembrança ou uma leitura? O caminho é muito mais complexo se seguirmos Ansermet que, em *Os Enigmas do Prazer*, editado com seu colega neurocientista, Pierre Magistretti, instrui seu leitor a se aprofundar um pouco mais no que está acontecendo no inconsciente em um estágio anterior à qualquer ação e, em nosso caso, na decisão de rasurar.

Retomando a tese de Antônio Damásio de "marcadores somáticos", ele se pergunta como o homem se sente antes de tomar uma decisão e ressalta que os estados do corpo não são apenas os blocos de construção do sentimento das emoções, mas também são os determinantes da tomada de decisões. Antecipar o estado somático em que uma pessoa se encontrará como resultado de uma decisão, determinará o ato dessa mesma pessoa.[9]

---

9   F. Ansermet; P. Magistretti, *A chacun son cerveau*, p. 29.

O escritor anteciparia seu prazer antes de rasurar? Antecipando inconscientemente seu prazer, este "eu ouço um sentido de acordo com Lacan ou seu prazer de ter encontrado o substituto, ele toma a decisão de rasurar. O que o leva a rasurar não é o que virá, mas o prazer que ele acha que terá quando encontrar a substituição da palavra rasurada. Neste caso, os passos a seguir são o prazer antecipado, o impulso do que virá e, finalmente, a rasura.

A rasura é o sinal que se refere a algo que pode interessar ao contexto da frase, e falaremos de metáfora ou de metonímia semântica ou fônica, quando a arbitrariedade do signo conta menos por que chamará uma palavra ou uma expressão com uma relação semântica ou pelo menos fônica com o ambiente imediato da sintaxe onde ela (palavra ou expressão) se insere na frase[10].

Ou, pelo contrário, a rasura vai indicar uma palavra, uma expressão ou uma situação bastante estranha ao contexto, como o que vemos no segundo volume da *Recherche*, quando leitor é informado do casamento de Swann com Odette de Crécy, apesar do que a personagem dizia no primeiro volume: "E dizer que estraguei anos inteiros de minha vida, que desejei a morte, que tive meu maior amor por uma mulher que não me agradava, que não era o meu tipo!"[11]

Trata-se aqui de uma rasura e de uma ruptura na narrativa anunciada da personagem Swann. A substituição de uma recusa violenta de continuar com Odette pelo casamento com ela, questiona o leitor espantado com essa contradição que define não mais uma metonímia ou uma metáfora, mas uma bifurcação.

Ou ainda, a rasura vai sinalizar ou se fará signo de eventos que não afetaram o passado ou o presente do escritor, mas o da comunidade ou da nação a que pertence. Recordemos o romance *1Q84* do escritor japonês Haruki Murakami, no qual uma seita quer dominar o país, memória infeliz da seita fanática *A Verdade Suprema*, que envenenou cerca de quinze passageiros do metrô de Tóquio com o gás sarin, em 1995.

---

[10] Línguas naturais exibem um modo de constituição e transmissão de significado, fundamentalmente emoções de arbitrariedade e modularidade. P. Monneret, *Le Sens du signifiant, implications linguistiques, et cognitives de la motivation.*
[11] M. Proust, No Caminho de Swann, *Em Busca do Tempo Perdido*, p. 455.

A RASURA IMAGINÁRIA[12]

Quanto à rasura que chamei imaginária, pois funciona no branco ou no interstício entre as palavras, vemos um exemplo: a adição da expressão "inebriado" ao fólio 21 do caderno 21 de Proust, que não existia nas versões anteriores, contaminou o texto desenvolvido até então, e mudou seu sentido.

Um espaço branco foi preenchido e desempenha o papel de significante-mestre. O espaço branco no manuscrito – e não no texto publicado – enfatiza a diferença; branco que acreditamos ser sem sentido senão como uma parada na leitura ou separador de palavras. Entretanto, é um sinal assêmico correspondente ao S da fórmula *s/S* de Lacan, mas cujo pequeno "s", ou numerador, está cheio de letras ou palavras implícitas, assim como nos anagramas de Saussure, como se houvesse um mundo subterrâneo esperando uma parada do revisor para se precipitar na abertura e inundar o texto já escrito.

A insistência no interstício em branco certamente teria satisfeito Stéphane Mallarmé e questiona nossa escritura ocidental, "cultura da escritura alfabética" que, ao contrário de "A estética do Extremo Oriente, [não é] baseada na preeminência do branco do suporte herdado do sistema de escritura ideográfica"[13].

12 Para que serve o basal? A ações intencionais e orientadas a propósito, como visão, ação, custam menos do que a atividade intrínseca, que ocorre sem intervenção externa. F. Ansermet; P. Magistretti (dir.), *Neurosciences et psychanalyse*, p. 10.

13 Enquanto a página branca em Mallarmé permanece por muito tempo ignorada na cultura ocidental, cultura da escrita alfabética, a estética do Extremo Oriente, baseada na preeminência do branco do suporte, herdado do sistema de escrita ideográfica, oferece os elementos essenciais para a leitura desse branco. Mallarmé realizou uma poética do branco com a escrita do alfabeto romano graças à sua perspicácia revelada na busca por um novo verso em frente ao papel: ele descobriu o surgimento do branco no campo da impressão e da pintura de seu tempo, que é o resultado de uma longa evolução da cultura alfabética em direção a um retorno às fontes ideográficas. A análise do branco das obras de Mallarmé, especialmente de "Um Lance de Dados ", pode ser feita a partir dessa perspectiva histórica e comparativa. O branco apoia e sustenta a noção de obra em Mallarmé como uma estrutura impessoal e virtual do ritmo espacial das palavras e de seu lugar. D. Yoon-Jung, *Les Valeurs du blanc chez Mallarmé éclairées par l'esthétique de l'Extrême-Orient*.

"Por que o branco, tão precioso para os pintores de todas as culturas e essencial para calígrafos chineses e japoneses, só é mencionado no Ocidente em termos de ausência, ou falta? No entanto, como o próprio Wittgenstein havia notado, essa cor nunca é concebida como transparente: ela sempre permanece a de uma superfície luminosa e impenetrável. A hipótese desenvolvida neste livro ▶

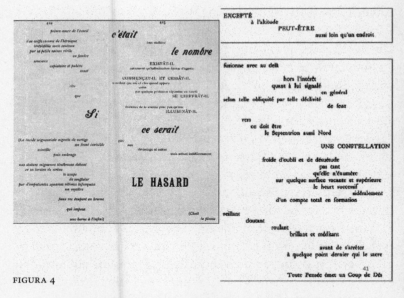

FIGURA 4

A rasura na forma de um traço ou um branco se abre, como o significante-mestre, não para todos os sentidos e todas as palavras, mas para aqueles que polvilharam o discurso do escritor ou seu percurso durante seus anos de escritura e que fazem parte de seu patrimônio, que eu chamarei de genética. Esse patrimônio genético, dinâmico como o DNA, está por trás da escritura hoje. Assim, a escritura se amplificará em contato com eventos, filmes, leituras ou peças de teatro, artes admiradas ou consultas bibliográficas. Em outras palavras, as possíveis formas-sentidos do significante rasura se expandirão cada vez mais em contato com seus contemporâneos.

Alguns vão querer ver as novas formas-sentidos como um estilo que encontra sua base nos escritos anteriores, outros, entre

▷ é que nossa ignorância, ou melhor, nossa recusa do branco se deve ao modelo de pensamento que devemos ao alfabeto. Ao inventar sua transcrição da fala por vogais e consoantes, os gregos transformaram a escrita em código gráfico, causando em sua história uma mutação que, desde a criação de sistemas ideográficos até a escrita semítica, não tinha nunca sido prevista: a exclusão da parte visual da escritura, sua leitura, seus princípios de funcionamento. Aqui estão os elementos de um dossiê sobre o assunto, e algumas evidências. Evidência do ostracismo do branco pela cultura ocidental, o papel desempenhado pelo alfabeto, e suas consequências até mesmo na concepção que essa cultura tem do signo. Mas também a prova dos achados aos quais a redescoberta do branco deu origem, na imagem primeiro, pictórica e fotográfica, mas também em sua criação literária, na era da impressão. A. Christin, *Poétique du blanc*.

os quais me incluo, embora não negando o estilo que se repete, o veremos ao mesmo tempo como uma abertura e uma amplificação devidas à vida de hoje que penetra na escritura violando-a, ou suavemente, e requer uma área particular de neurônios.

SEGUNDA PARTE: MECANISMOS CAUSADOS PELA RASURA NO CÉREBRO

O salto da rasura para o cérebro me permite repensar não somente a rasura como a porta da criação, como há muito a chamo e ainda sustento, mas para esclarecer o mecanismo desencadeado pela rasura imediatamente desenhada.

Para fazer isso, eu me apoio na tese de LeCun:

> Alguns experimentos mostram que há uma espécie de procedimento de aprendizagem universal do córtex. No final da década de 1990, Mriganka Sur e seus colegas do MIT tomaram um feto de furão pouco antes de nascer; em procedimento cirúrgico cortaram um nervo óptico do furão e o conectaram ao córtex auditivo. Os resultados foram edificantes: o córtex auditivo funcionou como córtex visual e desenvolveu neurônios, detectando contornos orientados, normalmente presentes na área V1 do córtex visual primário. Assim, a função é determinada pelo feixe de sinais que chega a ela, e não pela região que a acolhe [...] parece, portanto, que se a estrutura inicial da fiação for adequada, a função emerge como resultado do aprendizado. Prova de que essa função fornecida por uma área do córtex é realmente determinada pelos sinais que a alcançam e não por uma programação pré-genética, [por exemplo] de um "órgão de visão" no cérebro.[14]

Assim, podemos pensar analogamente que a função da rasura resulta, ou melhor, que a rasura é exercida não a partir de um projeto estabelecido pelo escritor desde o início, apoiado por uma área específica de neurônios relacionados à memória de longo prazo, a memória episódica, mas a partir de uma aprendizagem baseada no tempo (que envolve mudanças) que vem de sinais internos ou externos que, independentemente de normas sintáticas ou gramaticais ou regras de boa escritura, força o escritor, para construir sua obra, a ouvir em primeiro lugar sua

---

14 Y. LeCun, *Quand la machine apprend*, p. 364.

língua e, em seguida, a tradição, suas leituras, sua comunidade e os eventos do mundo.

Esse aprendizado que ocorre desde que o escritor pensa em escrever ou é forçado a escrever e, em seguida, durante o preenchimento de fólios, de cadernos (Proust, Bauchau) ou de folhas A5 (Flaubert), cria no cérebro zonas de neurônios características que farão do escrevente um escritor e um autor, justificando as palavras do prêmio Nobel de Literatura 2019, Peter Handke:"Eu me tornei um escritor. Você não nasce escritor. Tornou-se minha profissão".

Ouvindo, conscientemente ou não esses sinais externos e internos, eles não entram na consciência da mesma forma. Para entendê-lo, devemos retomar o esquema freudiano de percepção:

$$P > S^1 \to > S^2 > Incs. > \to Précs$$

O primeiro desses sistemas fixará a associação por simultaneidade, já em sistemas mais distantes, esse mesmo material de excitação será armazenado de acordo com diferentes modos de encontro, de maneira que, por exemplo, sistemas posteriores representam relações de semelhança ou outras etc.[15]

Incontroláveis, essas percepções recolhidas a partir dos sentidos são armazenadas na memória ou no inconsciente de acordo com o esquema freudiano e agem de forma clandestina e sem aviso. Percepções auditivas e visuais geradas por palavras de entes queridos ou por leituras criarão áreas de neurônios necessárias para a formação do nosso ser que será inclinado a amar ou odiar um vizinho ou um povo, uma religião ou uma civilização, ou a ler enormemente como Flaubert, que tornou-se especialista do Oriente, ou a lembrar eventos da infância como a cidadezinha de Combray, a falta do beijo tão esperado da mãe em Marcel Proust, ou a lembrar acontecimentos da guerra ou o sonho da véspera, no caso de Henry Bauchau.

Note-se, no entanto, que a percepção, seja a leitura ou a palavra do outro, não é

imediatamente assimilada, pois deve haver uma espera na mente, uma *cosa mentale*, como sustentou Leonardo da Vinci, para que a carta chegue ao Eu. O narrador acrescenta, portanto, uma etapa, ao esquema freudiano. Mesmo já percebido, o objeto deve deve voltar para trás a fim de que possa ser sonhado, voltar a ser cosa mental, reencontrar os valores

---

[15] S. Freud, *L'Interprétation des rêves*, p. 458.

fundamentais ancorados no ser para descobrir neles um sentido a mais e provocar a felicidade. Caso contrário, o sentido fica esquecido ou perdido, mas não sua pegada ou seu significante.[16]

O significante rasura anulará o que contradiz ou se opõe a essas chamadas e, assim, se abrirá uma porta para uma nova criação devida à intervenção desses terceiros. O escritor vai substituir a rasura por essa informação de leitura, essa memória, a solução do sonho, a sugestão do amigo, sabendo ou não a origem, ou seja, irá lhe atribuir um sentido temporário até a próxima releitura, que poderá cancelar a substituição e deixá-la escancarada novamente, pedindo assim outro sentido, até a última versão.

Essas injunções de terceiros e dos sonhos, primeiro transformarão o escritor em um grande ouvido e depois em um *scriptor*, aquele que transcreverá o que ouve, não passivamente, mas levando em conta o já escrito que ele terá que reordenar.

O significante-rasura não é, portanto, apenas a supressão do que está sob o risco ou sob o branco entre duas palavras, mas é também a abertura para uma nova aventura e outra lógica na narrativa, semelhante à do analisando que reconstrói sua história a partir das pontuações do analista.

O escritor depende somente dessas injunções internas ou externas quando decide e usa o significante rasura? Não, e não estou apenas me referindo ao inconsciente e à linguagem que são impostas ou muitas vezes interferem em nossas ações. Aludo a outro mecanismo percebido e detalhado por Gerald Edelman, Prêmio Nobel de Medicina em 1972. Distinguindo o cérebro do pensamento, Edelman sustenta uma certa autonomia do cérebro em relação à nossa vontade ou aos nossos desejos, e inventa a teoria da seleção de grupos neurais (TSGN), partindo da ideia de que a cada percepção, ou no nosso caso, em cada parada do escritor na releitura, "muitos mapas de neurônios trocam sinais sem mestres organizadores ou coordenadores. É essa troca recursiva permanente, chamada *reentrada* [...] que é usada para coordenar a atividade de diferentes zonas no espaço e no tempo"[17].

O cérebro reage como um todo ou holisticamente a cada percepção de um evento, um lembrete, uma palavra quando o

---

[16] P. Willemart, *A Escritura na Era do Indeterminismo*, p. 31.
[17] G. Edelman, *Plus vaste que le ciel*, p. 57.

escritor rasura. Cada percepção é como um pavimento na poça das redes neurais, dirá o neurocirurgião e neurocientista Hugues Duffau. Como relata Edelman, as causas da atividade cerebral "são matéria ou energia e, portanto, a atividade do núcleo tálamo-cortical, e não a experiência fenomenal que ela provoca"[18].

Processos conscientes resultam do fantástico número de interações de reentradas que interferem entre sistemas de memória de valor-categoria presentes principalmente nas primeiras áreas do sistema tálamo-cortical e sistemas mais posteriores assegurando a categorização perceptiva[19].

Há contradição entre a afirmação de LeCun sobre a função que "é determinada pelo feixe de sinais que chega a ela, e não pela região que a acolhe" e o argumento de Edelman de que as causas da atividade cerebral "são matéria ou energia?"

Não, se aceitarmos que a hipótese de Cun antecede ao mecanismo ventilado por Edelman, sabendo, no entanto, que ele ainda distingue dois estágios, a consciência primária e a consciência superior[20]. E, de acordo com o esquema do sistema psíquico de Freud lembrado acima, ainda é necessário dividir a consciência superior entre o que surge pela caneta do escritor, a qual o geneticista tem acesso, e o que permanece no sistema inconsciente, ignorado do escritor, ainda que influenciando a escritura.

Primeiro passo: o feixe de sinais que cria uma área de neurônios
Segundo passo: a consciência primária
Terceiro passo: a consciência superior
Quarto passo: a divisão entre consciente e inconsciente

A maioria de nossas decisões, mesmo de rasurar, decorre da consciência primária, embora acreditemos que somos donos delas. No momento da escolha para substituir o numerador esvaziado pela rasura, s/S, quando ele pensa que tem uma nova ideia ou que a palavra ou expressão não é adequada, o escritor não decide sozinho. Sua atenção e as percepções do momento dependem também e, muitas vezes, primeiro da química e não de seu pensamento, o que pode parecer curioso ou estranho e nos chocar. Em outras palavras, o corpo em sua composição química intervém como o inconsciente; o escritor nunca será capaz de dizer:

---

[18] Idem, *La Science du cerveau et la connaissance*, p. 113; *Plus vaste que le ciel*, p. 57.
[19] Idem, *La Science du cerveau et la connaissance*, p. 99.
[20] Ibidem, p. 168.

Eu decido adicionar "com embriaguez", no exemplo mencionado acima. Todo um trabalho de corpo e da mente, que se inscreve na história do escritor, determina a ação de rasurar.

A rasura real ou imaginária é o resultado frágil de impulsos externos e internos, frágeis porque pode ser substituída a qualquer momento durante a releitura. É, de fato, a porta que se abre para deixar o inédito passar, mas também é a porta que guarda na sombra o que se acumula no que eu chamei de "memória de escrever" ou "os vastos conjuntos virtuais", ou seja, informações que, embora reunidas desde a primeira ideia do romance ou poesia, não chegaram à folha de papel ou à tela, mas que, no entanto, estão disponíveis para o escritor para outras versões ou capítulos.

Prefiro dizer que essa memória não é inconsciente, mas não é sabida; uma palavra, uma sílaba, até mesmo um fonema ou, se o escritor lê em voz alta, um som melodioso ou não, um grito ou um som para recordar a informação, o que adiciona uma quinta etapa ao nascimento da rasura.

Considerando a rasura como a resposta das redes neurais a um movimento que veio tanto de fora quanto da consciência primária e secundária e, em segundo lugar, como a redução a zero do numerador, a definirei como o significante mor do manuscrito ou do texto que está sendo construído, no qual esse mesmo numerador é substituído por um significado proveniente dos vastos conjuntos virtuais ou da memória da escritura em relação com o contexto no qual se encaixa.

Não esqueçamos, no entanto, que apesar das restrições devido aos mecanismos químicos ou elétricos identificados por Edelman e os neurocientistas, o homem sempre continuará sendo o primeiro tomador de decisão. O aviso de Ansermet parece claro: qualquer decisão requer um prazer antecipado. Assim, o sujeito não será inteiramente objeto da química de seu cérebro (Edelman) ou da área de neurônios criada para este fim (LeCun), mas a sua vontade de prazer no nível consciente ou de gozo no nível inconsciente, antes de qualquer outro fator. Conclusão que me faz adicionar um passo ao esquema anterior:

Primeiro passo: "antecipação de prazer ou recompensa, consciente e, em um nível inconsciente, pela pulsão"[21]

---

21 F. Arsermet, op. cit., p. 29.

Segundo passo: o feixe de sinais que cria uma área de neurônios
Terceiro passo: consciência primária
Quarto passo consciência superior
Quinto passo a divisão entre consciente e inconsciente

Pensando o significante específico do manuscrito, e situando-o no contexto de sua relação com o cérebro, espero ter proposto outra forma de considerar a rasura e o interstício entre as palavras[22].

---

[22] Cris Baraniuk ressalta que o robô lutando com novos dados inesperados que não correspondem às suas previsões sobre o contexto, ou seja, em um momento de inconsistência, toma "consciência de si", uma forma de dizer que "pensa" e muda de rumo? Esse momento não corresponderia à rasura definida como a porta da criação para o escritor? A inconsistência seria um dos motores da rasura. Admitindo vários níveis de inconsistências, a rasura se relacionaria com uma inconsistência que vai da sintaxe à filosofia, à narrativa e a muitos outros níveis, incluindo o do inconsciente. C. Baraniuk, How to Give A.I. a Pinch of Consciousness, *OneZero* (em onezero.medium.com), 11 Sep. 2020.

Parte 2:
Flusser, Antropologia, Mídia, Música e Crítica Genética

Entre Potencialidades, Acasos e Extrapolações

Uma Visão do Processo de Criação em Flusser

Edson de Prado Pfützenreuter[1]
e Patricia Kiss Spineli[2]

> *Este pensador observó que todos los libros, por diversos que sean, constan de elementos iguales: el espacio, el punto, la coma, las veintidós letras del alfabeto. También alegó un hecho que todos los viajeros han confirmado: No hay, en la vasta Biblioteca, dos libros idénticos. De esas premisas incontrovertibles deduzco que la Biblioteca es total y que sus anaqueles registran todas las posibles combinaciones de los veintitantos símbolos ortográficos (número, aunque vastísimo, no infinito) o sea todo lo que es dable expresar: en todos los idiomas.*[3]
> JORGE LUIS BORGES, *La Biblioteca de Babel*.

Este texto faz uma reflexão sobre os processos criativos e o modo como Vilém Flusser os compreende. A intenção é estabelecer uma relação entre os pensamentos de Vilém Flusser sobre processo de criação e a maneira como os estudos genéticos operam esse processo criativo na crítica genética. Também faremos uma incursão sobre a abordagem geral da crítica genética e como ela tem sido estudada no Brasil, em especial pelo grupo de estudos coordenado pela Profa. Cecília Salles, que apresenta como diferencial a fundamentação teórica dos processos criativos em Charles S. Peirce.

[1] Doutor em Comunicação e Semiótica. É professor do Instituto de Artes da Universidade Estadual de Campinas (Unicamp).
[2] Doutora em Artes Visuais pela Unicamp. É professora da Faculdade de Filosofia, Comunicação, Letras e Artes da Pontifícia Universidade Católica de São Paulo (PUC-SP). Os autores agradecem a Charles Morphy D. Santos pela leitura atenta do texto.
[3] Este pensador observou que todos os livros, por diversos que sejam, constam de elementos iguais: o espaço, o ponto, a vírgula, as vinte e duas letras do alfabeto. Também alegou um fato que todos os viajantes confirmaram: Não há, na vasta Biblioteca, dois livros idênticos. Dessas premissas incontrovertíveis deduziu que a Biblioteca é total e que suas prateleiras registram todas as possíveis combinações dos vinte e tantos símbolos ortográficos (número, ainda que vastíssimo, não infinito), ou seja, tudo o que é dado expressar: em todos os idiomas.

SOBRE FLUSSER

Vilém Flusser (1920-1991) foi um renomado filósofo checo-brasileiro que, sob as ameaças do nazismo, emigrou para o Brasil em 1940. Ele naturalizou-se brasileiro na década de 1950 e viveu em São Paulo por mais de trinta anos. Nesse período, produziu em português algumas de suas mais importantes obras, parte delas ainda pouco estudada.

Entre as décadas de 1960 e 1970 trabalhou como jornalista no *O Estado de S. Paulo*, colaborou com a *Revista Brasileira de Filosofia*, ministrou cursos e palestras no Instituto Brasileiro de Filosofia e atuou como professor de filosofia da ciência na Escola Politécnica da USP, e de teoria da comunicação na Fundação Armando Álvares Penteado (Faap).

Com uma produção substanciosa, publicou mais de trinta livros, tanto em português quanto em diversas outras línguas, e também escreveu centenas de artigos para revistas especializadas. Além disso, Flusser publicou diversos ensaios críticos sobre obras de artistas e pensadores brasileiros, estabelecendo diálogo com intelectuais e personalidades no período em que esteve no Brasil, entre eles: o professor Milton Vargas, os filósofos Vicente Ferreira da Silva – considerado por Flusser o melhor filósofo brasileiro – e Miguel Reale, o escritor João Guimarães Rosa e os poetas Haroldo de Campos e Dora Ferreira da Silva.

Flusser é um dos filósofos brasileiros mais estudados internacionalmente e sua contribuição está voltada especialmente para a filosofia da linguagem e a filosofia da ciência.

Com escrita livre em forma de ensaios, aborda filosoficamente os mais diversos e singulares assuntos, de forma a responder aos mais variados elementos da cultura ocidental[4], com uma estrutura ontológica que se mantém inalterada como fundamento.

Em 1972, deixa o Brasil devido à ditadura militar e passa a viver na França, tornando-se a partir desse momento um autor reconhecido, principalmente como filósofo da mídia.

As discussões aqui trazidas se pautam em duas obras de Flusser: *Filosofia da Caixa Preta* e *O Universo das Imagens Técnicas*.

---

[4] Vale consultar seus manuscritos não publicados, assim como dados biográficos alocados em Flusser Archive, disponível em: <https://www.flusser-archive.org/>, e Flusser Brasil disponível em <http://flusserbrasil.com/ e http://www.arquivovilemflussersp.com.br/vilemflusser/>.

Filosofia da Caixa Preta foi publicada originalmente como *Für eine Philosophie der photographie* em 1983 e é a obra mais popular de Flusser, traduzida em mais de vinte línguas. No Brasil, a versão foi traduzida pelo próprio autor e publicada como *Filosofia da Caixa Preta*, em 1985, e *Filosofia da Caixa Preta: Ensaios Para uma Futura Filosofia da Fotografia*, em 2002. Apesar da referência constante à fotografia, ela não deve ser lida no sentido literal, mas como um termo que designa o universo de imagens mediadas por tecnologias. Nesse sentido, Flusser aborda a fotografia como parâmetro para analisar a sociedade das imagens técnicas.

Em *O Elogio da Superficialidade,* com o título do original datilografado em português, foi publicado no Brasil em 2008 como *O Universo das Imagens Técnicas: Elogio da Superficialidade*. Nesse livro o filósofo percorre as transformações dos meios de comunicação e é uma importante contribuição para leitura da cultura dos *media* e cultura de redes.

FLUSSER E OS PROCESSOS DE CRIAÇÃO

O pesquisador Gustavo Bernardo Krauser comenta que, de uma forma agressiva e irônica, Flusser costumava se dirigir a seus alunos dizendo: "Meu bem, você não entendeu nada", incluindo a si nesta frase. Para Krauser, é como se ele estivesse dizendo: "todos nós devemos retardar o entendimento o quanto possível, justo para permitir o pensamento"[5]. A abordagem de Flusser é fenomenológica, pois "nos obriga a perceber o fenômeno em questão por uma perspectiva inteiramente inusitada"[6]. Krauser descreve o estilo de Flusser dizendo que "por não ser feito de axiomas, sequer de proposições, encontra-se sempre aberto a interpretações, alterações, acréscimos e reduções. Essa descrição do seu método sugere um pensamento generoso, no sentido etimológico do termo: aquele que gera e engendra outros pensamentos"[7].

O texto de Flusser se desenvolve entre afirmações e negações, busca diversas visões sobre aquilo que aborda, de tal maneira que, em certos momentos, ele parece muito contraditório. Esse

5   G. Krause, Meu Bem, Você Não Entendeu Nada, *Flusser Studies*, v. 11, p. 1.
6   Ibidem, p. 3.
7   Ibidem.

movimento é encontrado nas diversas temáticas abordadas pelo filósofo, dentre elas quando reflete sobre a questão da liberdade perante o poder dos aparelhos. Ele oferece espaço para compreender a questão da criatividade, que é mostrada como uma forma de obter informações novas. Todavia, esse objetivo que é dificultado nas imagens técnicas devido aos aparelhos conterem todas as possibilidades de imagem. Por outro lado, aqueles que buscam imagens criativas, isto é, informativas e não redundantes, devem trabalhar subvertendo os aparelhos. Vejamos essa proposta com mais detalhe.

No livro *Filosofia da Caixa Preta*, Flusser traz a discussão sobre imagem técnica, usando a fotografia como pretexto. É um ensaio que discute mais o aparelho e suas prerrogativas para a criação e menos a linguagem fotográfica em si. Aqui interessa realçar o argumento proposto por Flusser de que o aparelho é limitante, uma vez que opera a partir de um programa. Ele faz tal abordagem a partir dos seguintes aspectos: 1. o aparelho estar programado significa dizer que "o número de potencialidades é grande, mas limitado"[8]; 2. quanto ao fotógrafo, ele escolhe, dentre as categorias disponíveis, as mais convenientes para ele, mas a escolha é limitada pelo programa[9]. Isso implica dizer que, à luz das proposições de Flusser, o fotógrafo não pode inventar novas categorias[10]. A cada foto realizada, o número de potencialidade diminui, isto é, o programa se esgota conforme o universo fotográfico se realiza[11].

Quanto a essa última consideração, Pierre Lévy[12] nos diz que o virtual é aquilo que existe em potência e não em ato, tendendo a atualizar-se, podendo ou não passar pela concretização efetiva. Lévy ainda constata que "virtualidade e atualidade são apenas duas maneiras de ser diferentes"[13].

É nesse sentido que Flusser parece enquadrar o programa da câmera fotográfica: a imagem está em potência e temos a "virtualidade de se realizar fotografia"[14]. Essa ideia também se aproxima da perspectiva de Lévy[15] ao propor que o possível é o real latente,

[8] V. Flusser, *Filosofia da Caixa Preta*, p. 42.
[9] Ibidem, p. 46.
[10] Ibidem, p. 51.
[11] Ibidem.
[12] Ver P. Lévy, *O Que É o Virtual*.
[13] Ibidem, p. 42.
[14] V. Flusser, op. cit., p. 15.
[15] Ver P. Lévy, op. cit.

já que está todo constituído, apenas esperando para se realizar. Essa realização acontecerá sem que nada mude em sua natureza. O possível é exatamente como o real, só lhe faltando a existência.

Flusser afirma que o programa é rico e, a despeito das suas limitações, contempla um grande conjunto de imagens em potência a se realizar – caso contrário seria o "fim do jogo". Trata-se, portanto, da criação fotográfica feita pelo *Homo ludens*, pois ele joga com o aparelho, dominando seu *input* e *output*, mas não seu interior.

Uma vez firmada a proposta de que a imagem técnica é resultado de programas, Flusser nos oferece pistas de como agir diante deles e extrapolar o aparelho (no caso da fotografia, a câmera). Primeiro, ele diferencia fotógrafo de funcionário. O primeiro procura inserir na imagem informações imprevistas pelo aparelho fotográfico, o segundo brinca com o aparelho e age em função dele. Flusser alerta ainda sobre a alienação do humano em relação aos seus próprios instrumentos[16], propondo que, uma vez consciente, o ser humano pode agir para extrapolar o programa. Ele também comenta sobre o ato de fotografar automaticamente, daquele que não sabe olhar a não ser através do aparelho[17], propondo mais uma vez a tomada de consciência, uma vez que "para fotografar tem que saber suas intenções (do fotógrafo) para programar o aparelho"[18]. Para Flusser, fotografa-se o fotografável[19], mas as possibilidades fotográficas daquilo que é fotografável são inesgotáveis.

Pelas proposições acima elencadas, temos em Flusser uma aparente contradição, inerente à sua escrita: em um momento o filósofo afirma que o fotógrafo opera um programa com uma série de códigos que condicionam seu uso, por outro lado ele afirma que o fotógrafo pode jogar com o aparato e transgredir as regras. Por esse viés, a reflexão de Flusser "fica distendida entre uma tensão permanente e uma tensão entre o reconhecimento dos determinantes tecnológicos"[20].

Nesse sentido, como exemplo que extrapola o aparelho, podemos recorrer aos estudos de criação do artista alemão Michael Wesely, que capta imagens por meio de uma técnica peculiar

[16] V. Flusser, op. cit., p. 24.
[17] Ibidem, p. 78.
[18] Ibidem, p. 52.
[19] Ibidem, p. 51.
[20] E. Felinto, Pensamento Poético e Pensamento Calculante, *Flusser Studies*, v. 15, p. 9.

desenvolvida por ele, pela qual constrói câmeras que permitem expor um mesmo negativo ao longo de muitos anos, condensando diversos momentos em uma única imagem[21]. Ao mesmo tempo que joga com os condicionantes da fotografia – formação da imagem a partir da entrada de luz pelo orifício de uma câmara escura –, o artista extrapola o aparelho no momento em que subverte o tempo de exposição (nenhuma câmera comercial teria meios de registrar a imagem por um tempo tão longo), e com isso obtém resultados inesperados.

Ao comentar sobre seu processo, Wesely afirma que esse consiste em uma investigação sobre o momento fotográfico[22] – esse é *a priori* determinado pela abertura do diafragma, condições de luminosidade do ambiente e tempo de registro – mas subvertido por ele, uma vez que se desprende de suas determinações rigorosamente técnicas e passa a ser o próprio objeto fotográfico. Considerando o tempo dilatado de registro, como etapas de criação, a câmera de Wesely registra durante o período de exposição a sucessão de eventos ocorridos nesse tempo. O resultado é a simultaneidade de imagens condensadas em um único plano, justapostas a ponto de formarem imagens imprecisas do ambiente. Disso resulta certo estranhamento, visto que temos imagens imprecisas e ao mesmo tempo sobrecarregadas de detalhes. Essa descrição se encaixa na concepção do artista fotógrafo, tal como afirma Tratnik:

Em seus escritos, Flusser não usa esses termos "pesados" que talvez melhor descrevam a fotografia como prática "artística": resistência ao programa e ao poder do aparelho, mau uso do programa e subversão e sujeição das estruturas de poder. Em suas palavras, a criatividade do fotógrafo está em sua tendência de informar, de produzir informação.[23]

Se considerarmos que, para produzir novas categorias não previstas no projeto do aparelho, seria necessário intervir no plano

---

21   O trabalho de Wesely pode ser visto em: <https://moisdelaphoto.com/en/artistes/michael-wesely/>.
22   Ver P. Tavares, A Cidade Inacabada, *Vitruvius*, ano 7.
23   P. Tratnik, Art as Acting Against the Program of the Apparatus, *Flusser Studies*, v. 22, p. 3. No texto original: "In his writings Flusser does not use these 'heavy' terms that perhaps best describe photographing as 'artistic' practice: resistance to the program and the power of the apparatus, misusing the program and subversion and subjection of the power structures. In his words photographer's creativity is to be found in his tendency to inform, to produce information."

da própria engenharia do dispositivo e, portanto, reescrever o seu programa, podemos dizer que Wesely penetra no interior da caixa preta e a desvela. Em *O Universo das Imagens Técnicas*, Flusser aborda novamente a questão que a limitação do aparelho impõe à criação ao afirmar que "o aparelho faz o que o fotógrafo quer que faça, mas o fotógrafo pode apenas querer o que o aparelho pode fazer. [...] Todas as imagens que o fotógrafo produz são, em tese, futuráveis para quem calculou o programa do aparelho. São imagens prováveis"[24]. Esse pensamento reforça a ideia de que o fotógrafo pode registrar apenas situações prováveis que constam do programa do seu aparelho, sendo, dessa maneira, condicionado a ele.

A título de exemplo daquilo que consta do programa, está o trato com os elementos do código fotográfico. Na captura da pose, por mais que se tenha variações, existe uma tendência de repetição, um limite[25]. Até mesmo o registro da cor na fotografia pode ser entendido como uma captura condicionada ao programa e limitada pelo aparelho, visto que o balanceamento dos componentes da base sensível (película ou ccd) é feito de tal maneira convencionalizada que tem implicação de norma generalizante. Nesse sentido específico, seria "uma interpretação da cor visada a partir dos próprios constituintes materiais do filme"[26].

Outro exemplo se pauta na combinação diafragma/obturador para exposição da imagem. Existem incontáveis opções de ajustes para abertura e velocidade; com o potencial de adição de outras combinações entre elas, ampliam-se as possibilidades de criação em função do usar e combinar. No entanto, ainda assim são situações prováveis que constam no aparelho, a despeito do programa opulento que considera as muitas imagens em potência a se realizar.

Todos esses elementos detalhados acima – ângulo de tomada, enquadramento, velocidade do obturador – são entendidos como elementos que constituem a linguagem fotográfica. Essa proposta está dada em *Ilusão Especular*, de Arlindo Machado, obra na qual o autor explicita e faz análise detalhada dos diversos elementos que compõem uma fotografia, elementos esses que permitem a

24 V. Flusser, *O Universo das Imagens Técnicas*, p. 26.
25 Ver A. Machado, *A Ilusão Especular*.
26 Idem, A Fotografia Como Expressão do Conceito, *Revista Studium*, n. 2, p. 2.

geração de uma imagem previsível, que reforça a ilusão especular (uso de diferentes recursos fotográficos que garantem a ilusão como reflexo do real), mas que ao mesmo tempo nos mostra subversões dessa previsão.

Como contraponto, Flusser oferece uma alternativa que contrasta com a indicação do programa, e reforça que o desafio dos produtores de imagens é produzir algo pouco provável do ponto de vista do programa dos aparelhos, "agir contra o aparelho", "lutar contra sua automaticidade"[27]. Tratnik reforça essa afirmação ao dizer que:

Os fotógrafos "criativos", portanto, talvez aspirem a usar a câmera como ferramenta, o que significa que, neste jogar com a câmera, eles pretendem subverter o sistema de poder – em vez de serem submetidos ao aparelho e ao seu programa, eles se esforçam para sujeitar o aparelho à sua agência.[28]

Essa ideia do pouco provável está contida na proposta de criação em Flusser. Para ele, informação e improbabilidade seguem juntas no sentido de que algo que seja mais improvável é mais criativo porque contém mais informação[29]. Quanto a isso, podemos recorrer a teoria da informação por ela defender que quanto mais redundante uma mensagem – isto é, mais provável – menos informação nova ela disponibilizará. O potencial para geração de novas informações está atrelado a certa taxa de originalidade, sendo que uma taxa significativa de originalidade diminui sobremaneira a previsibilidade.

Nesses termos, atrelando o indicativo de agir contra o aparelho em consonância com a proposta de aumentar a taxa de informação para produzir o improvável e, consequentemente, conduzir ao mais criativo, como confluir para transgredir as regras do aparelho?

Flusser indica um caminho para uma possível resposta no momento em que discorre sobre as imagens de síntese e as coloca como imagens técnicas, como superfícies construídas com

---

[27] V. Flusser, *O Universo das Imagens Técnicas*, p. 26.
[28] P. Tratnik, op. cit., p. 3. "Creative photographers therefore perhaps aspire to use the camera as a tool, which means in this game they are playing with the camera, they aim to subvert the system of power – instead of being subjected to the apparatus and its program, they strive to subject the apparatus to their agency."
[29] V. Flusser, *O Universo das Imagens Técnicas*, p. 23.

pontos. Ao falar de pontos, ele está se referindo à entidade geométrica de dimensão zero[30], que pode estar materializada como pixel. Essa imagem tem uma constituição diferente daquelas que ele chama de imagens tradicionais, que seriam superfícies abstraídas de volumes; um bom exemplo é a perspectiva na qual temos volumes que, em um processo de abstração, são representados em uma superfície. O autor comenta:

A imagem técnica ou tecno-imagem é a imagem pós-escrita, não mais feita de planos ou superfícies, mas de pontos, grânulos, *pixels*. Aparentemente regressiva ao retornar a uma suposta bidimensionalidade, mas a rigor ela não é feita de duas dimensões como os suportes que a transmitem, as telas de televisores, de painéis, de monitores. Uma vez que é feita de pontos, é nulodimensional, é da ordem do grau zero do espaço.[31]

Flusser comenta que "'textos são séries de conceitos, ábacos, colares. Os fios que ordenam os conceitos (por exemplo, a sintaxe, as regras matemáticas e lógicas) são frutos de convenção", e compara essa situação com a imagem de colares feitos com pedrinhas para mostrar que essas soltaram-se dos fios.

As pedrinhas dos colares se põem a rolar, soltas dos fios tornados podres, e a formar amontoados caóticos de partículas, de *quanta*, de bits, de pontos zero-dimensionais. Tais pedrinhas soltas não são manipuláveis (não são acessíveis às mãos) nem imagináveis (não são acessíveis aos olhos) e nem concebíveis (não são acessíveis aos dedos). Mas são calculáveis (de *calculus* = pedrinha), portanto, tateáveis pelas pontas de dedos munidas de teclas. E, uma vez calculadas, podem ser reagrupadas em mosaicos, podem ser "computadas", formando então linhas secundárias (curvas projetadas), planos secundários (imagens técnicas), volumes secundários (hologramas). Destarte o processo se transforma em jogo de mosaico. Em consequência, o cálculo e a computação são o quarto gesto "abstraidor" (que abstrai o comprimento da linha) graças ao qual o homem transforma a si próprio em jogador que calcula e computa o concebido[32].

---

30 Com relação às dimensões espaciais, o ponto, linha, superfície e volume correspondem respectivamente as dimensões zero, um, dois e três.
31 V. Flusser, *O Universo das Imagens Técnicas*, p. 7-8.
32 Ibidem, p. 15.

Já sabemos que para Flusser o aparelho contém todas as possibilidades, e que o funcionário do aparelho, mesmo quando pensa que cria, está somente atualizando possibilidades que existem dentro do próprio aparelho. Mas temos também o jogador que joga o jogo de mosaicos, e para isso precisamos compreender melhor o seu conceito de jogo. Baio[33], ao analisar o jogo na obra flussiana propondo que o próprio Flusser se assume como um jogador, nos ajuda na compreensão desse conceito fundamental no pensamento do filosofo.

Ao buscar entender o lugar do jogo no pensamento de Flusser, a hipótese aqui levantada é a de que a lúdica marca uma maneira própria de estar no mundo, sem se integrar alienadamente a ele, mas, ao mesmo tempo, sem negá-lo e sem esquivar-se dele. Em suas palavras, um modo de existência de um ser "sem chão", que por não fincar raízes pode se deslocar, ser livre e jogar. Jogando é possível estar dentro e fora a um só tempo. É possível não se negar a ser sujeito do mundo, mas também não se deixar tomar como objeto. Estar dentro para conhecer e estar fora para pensar. Jogar seria a única maneira viável de exercício de liberdade. Um modo de ser que pode se traduzir na passagem do *Homo sapiens* para o *Homo ludens*.

Dizer que os pontos perderam a sintaxe – ou que as pedras perderão o cordão – não significa a ausência de um sistema; isso seria até uma contradição no seu pensamento, pois frequentemente afirma que ao sair de um sistema de pensamento você sempre estará entrando em outro.

A perda da lógica representada pelo fio que une as contas é acompanhada da emergência de outra lógica que funciona de outra maneira exigindo a mediação de aparelhos, pois não podemos manipular os pontos diretamente. No caso dos *pixels* em uma imagem estamos lidando com um número muito grande para dar conta diretamente.

Os pontos somente são manipuláveis por meio de aparelhos, mas a postura é diferente daquela do funcionário, pois como vimos, o jogo permite liberdade, especialmente se pensarmos em uma estratégia perante os jogos[34].

---

33 C. Baio, O Filósofo Que Gostava de Jogar, *Flusser Studies*, v. 15, p. 2.
34 Ibidem.

É possível engajar-se de várias maneiras nos jogos. Por exemplo: jogar para ganhar, arriscando derrota. Ou jogar para não perder, para diminuir o risco da derrota e a probabilidade da vitória. Ou jogar para mudar o jogo. Nas duas primeiras estratégias o engajado se integra no jogo, e esse passa a ser o universo no qual existe. Na terceira estratégia o jogo não passa de elemento do universo, e o engajado está "acima do jogo". Se ciência for jogo, o técnico se engaja nela pela estratégia um ou dois, e o cientista pela estratégia três (procura mudar o jogo, alterar suas regras e introduzir ou eliminar elementos). Se a língua for jogo, o participante da conversação se engaja pela estratégia um ou dois, e o poeta pela estratégia três (pelas razões indicadas).

A forma de jogar que mais oferece possibilidades criativas é "jogar para mudar o jogo", é assim que jogam os cientistas e poetas.

A partir do que vimos, podemos considerar que o digital, por ter uma base numérica, torna-se um código comum de outras produções técnicas e não somente da imagem, sendo que "o registro fotográfico atual é tomado e explorado cada vez mais no que tem de potencial gráfico"[35]. Essa potencialidade está no fato de a imagem digital se apresentar como uma matriz numérica, na memória do dispositivo eletrônico, e qualquer modificação nessa matriz implica em modificação na imagem. Na realidade digital existe uma reconfiguração dos processos de criação, já que eles podem explorar novas concepções estéticas, permitindo a fusão de cores, mesclas de técnicas e sobreposições. Os dispositivos eletrônicos apresentam caráter simbólico e cognitivo uma vez que lidam com variados níveis de abstração; abstrações que podem ser manipuladas e representadas dentro de sua memória central a ponto de resolver problemas complexos.

Seja pela síntese de imagem – técnicas destinadas à criação e manipulação de imagens a partir de modelos matemáticos e geométricos, tendo como resultado a criação de imagens abstratas, a visualização de modelos matemáticos, e a geração/edição de desenhos e simulações – ou pelo processamento de imagem – que contempla o hibridismo, as misturas, interpenetração, superposição ou sobreposição das linguagens, objetos e elementos

---

[35] A. Machado, A Fotografia Sob o Impacto da Eletrônica, em E. Semain (org.), *O Fotográfico*, p. 313.

apresentados que perdem sua natureza primeira formando um novo objeto –, o processo como um todo apresenta possibilidades complexas, criativas e expressivas.

Isso também significa dizer que, mesmo trabalhando com programas e aparelhos que não se pode modificar, é possível visar uma certa revelação da caixa preta. São exemplos dessa revelação as situações nas quais o computador e a imagem digital aparecem em contextos híbridos, misturados com outros procedimentos e outros dispositivos, no sentido daquilo que Raymond Bellour[36] denominou *poéticas das passagens*; situação na qual imagens de natureza distintas migram de um suporte a outro ou coexistem em um mesmo espaço de visualização.

É o que faz a retratista alemã Loretta Lux[37]. Ela desafia a noção de retrato purista ao incorporar recursos ajustados digitalmente pela mescla dos assuntos com cenários – fundos pintados ou tirados de fotografias de várias paisagens e interiores europeus – em uma mistura de pintura e fotografia. Tal prática converge com a premissa de Flusser quando ele afirma que criar é realizar cenas jamais vistas. Os retratos de Lux são controlados em todas as fases da produção, desde a formalidade das poses à paleta em tons pastéis das impressões finais luminosas em ilfochrome[38]. Tais ajustes resultam, nos retratos, em membros alongados, cabeças desproporcionais e olhos disjuntos, contribuindo para o senso de estranhamento. Essa forma de criação permitida pelo digital ressignifica valores e conceitos relativos à imagem, visto que as composições envolvendo inúmeros elementos imagéticos resultam em imagens que não encontram contraponto imediato na realidade. Temos aqui um exemplo dessas combinações.

Nesse sentido, ao fazer combinações dentro e fora do aparelho e pressupondo a criação a partir de combinação, amplia-se o resultado para o infinito. Haja vista a matemática, que trata um conjunto finito de elementos como uma combinação não infinita, mas aceita que se o conjunto inicial for formado por um número infinito de elementos, quando eles são combinados modifica-se

---

[36] R. Bellour, La Double hélice, em R. Bellour et al. (orgs.), *Passages de l'image*, p. 37-56.
[37] O trabalho de Lux pode ser visto em: <https://lorettalux.de/selected-works>.
[38] Processo de impressão direta no papel fotográfico a partir do filme transparência colorido (*slide*).

a saída, sendo o input dos elementos originais iniciais também alterado. Tem-se, a partir daí, a possibilidade de o número de combinações tender ao infinito[39]. Isso amplia sobremaneira o universo das possibilidades conhecidas dos meios.

A visão de Flusser é crítica e coloca sempre a questão da produção de imagem técnica como uma relação de poder na qual o fotógrafo criativo se coloca contra o poder do aparelho; estes resultados podem ser obtidos de diversas maneiras, como no exemplo de Wesely apontado anteriormente. Para além disso, se as determinações do aparelho são muitas, também o são as formas de se colocar contra essas determinações, caso da fotógrafa artista Loretta Lux.

Quanto à previsibilidade das imagens resultantes de um ato de criação, Flusser aponta certos aspectos que permitem que uma imagem seja mais provável. Um dos aspectos que ele destaca é a relação olho-mão:

A câmera dita uma coordenação particular e específica de olho e mão, de intenção e ato, de teoria e prática. Ela dita que o fotógrafo primeiro veja, depois aja; que ele primeiro olhe para a câmera e através dela para o mundo, depois pressione o botão. Desse modo, a câmera apresenta dois problemas distintos de coordenação: para o fabricante da câmera, seu programador, o problema é como coordenar fotógrafo e câmera; para o próprio fotógrafo, o problema é como coordenar olhos e mãos dentro do programa da câmera.[40]

O filósofo, no entanto, também afirma em vários de seus textos sobre a subversão das relações previsíveis. Essa afirmação genérica encontra uma relação concreta em seu prefácio sobre o livro de fotografias *Transformance* de Andreas Müller-Pohle, onde afirma que o fotógrafo subverte a relação olho-mão:

Andreas Müller-Pohle inverte o programa "olho-mão" primeiro capturando futuros e possibilidades e só depois os transformando por meio da visão perspicaz em presenças e realidades. Suas fotos são tiradas "às cegas" e com a "mão livre". Não são mais futuros previstos tornados presentes, nem possibilidades previstas tornadas reais. Em vez disso, eles são fragmentos de milhares de futuros e milhares de possibilidades tornadas presentes e reais apenas sob a posterior visão perspicaz de seu autor.[41]

39 Ver I. Stewart, *Em Busca do Infinito*.
40 V. Flusser, Prefácio, *Transformance*, p. 6.
41 Ibidem.

Flusser continua a reflexão sobre essas fotografias afirmando que o fotógrafo apresenta um novo conceito de liberdade invertendo a real necessidade, pois o olhar que vê através da câmera e decide antes de fotografar é intencionalmente eliminado. Assim, ele "deliberadamente cega a si mesmo para enganar o programa e assim se libertar. A liberdade de Müller-Pohle é a suspensão da tendência de o acaso se tornar necessário; sua liberdade de verdadeiramente informar"[42]. Nessa frase de Flusser encontramos pontos principais para compreender seu pensamento sobre liberdade, entendida como a ação de ir contra a programação do aparelho. Para o filósofo, o "eu" é entendido como um "nó de informações afluentes, efluentes e armazenadas sobre estrutura cerebral geneticamente programada" e a liberdade do eu "reside na capacidade de sintetizar as informações para que estas resultem em informações novas[43], e que os lugares de liberdade seriam aqueles de produção do imprevisível. Ele sugere que um desses lugares seria dado pela telemática, pois essa "permite que os nós que perfazem a sociedade se transformem efetivamente em lugares de produção do imprevisível, em lugares da liberdade. Ela permite que todos os participantes da sociedade sejam "artistas livres"[44].

Por outro lado, Flusser alerta que a telemática – no sentido contemporâneo das várias tecnologias que envolvem o digital, a informação, a comunicação e sistemas de redes – nos limita, pois nos coloca no lugar de funcionários ou chimpanzés que apertam teclas, e nos convoca novamente a recuarmos rumo ao abismo da distância crítica para, uma vez mais, nos voltarmos contra os aparelhos para submetê-los à nossa liberdade[45]. É a partir dessa aparente contradição, na qual Flusser coloca a telemática tanto como lugar da liberdade quanto lugar de limitação, que o autor reitera sua indicação de confrontar o aparelho programado, qualquer que seja esse.

---

42 Ibidem.
43 V. Flusser, *O Universo das Imagens Técnicas*, p. 93.
44 Ibidem, p. 95.
45 Ibidem, p. 96.

FLUSSER E O ACASO NOS PROCESSOS CRIATIVOS

Até este ponto, apontamos que Flusser entende o processo criativo como uma questão de teoria da informação e de produção de conexões não prováveis. Quando analisamos essa proposta colocada de maneira simples, ela não difere muito da frase de Lautréamont que inspirou os surrealistas: "belo como o encontro casual em uma mesa de dissecação de uma máquina de costura e um guarda-chuva"[46]. Essa frase chama nossa atenção para temas que interessam particularmente a Flusser: a combinação e o acaso.

Ele entende que, na produção da informação, os elementos que a constituirão são articulados e unidos ao acaso. Em meio a um grande número de combinações surge uma informação nova, que passa a ser um elemento em um outro nível de organização da informação. Para ele, o processo criativo "é feito de saltos descontínuos, de emergências "progressivas"[47]. Esses saltos são descontínuos porque, quando os elementos se recombinam casualmente, o que temos na maioria das vezes é um empobrecimento da informação. Somente os acasos improváveis são aqueles que permitem o surgimento de uma informação nova. Flusser retoma a probabilidade e o acaso quando diz que "semelhante acaso pouco provável, semelhante 'palpite', é o momento criativo"[48].

Assim, no processamento de informação existe uma probabilidade pequena de surgirem acasos não previstos e, portanto, informativos e criativos. Cabe à pessoa que desenvolve um trabalho criativo filtrar esses acasos escolhendo aquele mais atraente.

A humanidade torna-se um conjunto de críticos criativos. Não se condena mais a dança esquizofrênica de ter de constantemente afastar-se de si próprio para poder criticar o produzido, como o faz o pintor ao constantemente recuar da tela que pinta. A imagem sintética aparece automaticamente no terminal; o "pintor" futuro pode dedicar-se inteiramente ao momento crítico, ao momento verdadeiramente criativo[49].

Flusser coloca um peso muito grande no acaso; por outro lado, ele também nos mostra que não basta esperar o acaso. Ao

[46] Lautréamont, *Obra Completa*, p. 228.
[47] V. Flusser, *O Universo das Imagens Técnicas*, p. 107.
[48] Ibidem, p. 115.
[49] Ibidem, p. 118.

se colocar contra a existência de um momento decisivo no processo criativo, ele afirma que:

> Objetivamente não há momento decisivo no processo criativo, porque todos os acasos possíveis, inclusive os extremamente pouco prováveis, estão inscritos em programa e se realizarão automaticamente mais cedo ou mais tarde, já que, se não estivessem inscritos enquanto virtualidades, não se poderiam realizar. Subjetivamente, o momento decisivo no processo criativo é a descoberta de um acaso que, embora inscrito no programa, permite quebrá-lo: esse momento de descoberta é resultado de busca, de "preparação" disciplinada.[50]

Essa questão surge a partir de sua preocupação para entender como ocorrem os acasos de improváveis a partir de casos prováveis. Flusser se pergunta "como é possível que o homem tenha reconhecido no modelo da árvore ardente a virtualidade de cozinhar carne e destarte transformar-se em caçador de renas?"[51] Ele também se pergunta como, segundo a lenda, a observação da queda de uma maçã teria levado Isaac Newton ao desenvolvimento da sua teoria da gravitação[52].

O fato de se observar uma maçã cair de uma macieira é um acaso provável, mas utilizar tal evento fortuito como evidência para uma hipótese científica é um acaso improvável. Flusser comenta que esse processo não teria ocorrido com a cozinheira de Newton, pois ele:

> estava preparado para a transformação do provável em improvável (para a produção da informação "cosmovisão newtoniana") por ter recebido informações provenientes do discurso "física" e por ter participado em diálogos sintetizadores de tais informações recebidas. [...] Em outros termos: o palpite genial é acaso muito provável em determinado ponto muito provável de série de acasos muito prováveis e, em tese, é previsível[53].

Com o acaso, como algo que envolve uma preparação, chegamos ao final desse pequeno passeio pelo pensamento de Flusser no qual apresentamos vários elementos que permitem perceber o seu pensamento sobre a criatividade.

50 Ibidem, p. 117.
51 Ibidem, p. 111.
52 Ainda que essa história é provavelmente apócrifa, como mostra R. Martins, A Maçã de Newton, em C.C. Silva (org.), *Estudos de História e Filosofia das Ciências*.
53 V. Flusser, *O Universo das Imagens Técnicas*, p. 111.

CRÍTICA GENÉTICA, PROCESSOS CRIATIVOS E SEMIÓTICA

Cecília Salles, desenvolveu em seu doutorado um estudo de crítica genética no qual evidenciou-se a necessidade de uma teoria da criação para abordar o movimento criador de seu objeto de estudo: o processo criativo do livro *Não Verás País Nenhum*, de Ignácio de Loyola Brandão. A teoria proposta pela professora foi extraída do pensamento de Charles S. Peirce, de tal maneira que o processo criativo passou a ser entendido como um movimento do signo.

Almuth Grésillon já havia destacado que a construção de hipóteses sobre os caminhos criativos de artistas é um dos aspectos importantes da crítica genética, ao afirmar que o pesquisador dessa área "constrói, e essa é a sua segunda tarefa, hipóteses sobre os caminhos percorridos pela escrita e sobre os significados possíveis desse processo criativo que Proust, seguindo Leonardo da Vinci, descreveu como *cosa mentale*"[54].

Salles afirma que o pesquisador da crítica genética é alguém que comenta e analisa a produção de obras de arte a partir dos rastros deixados pelos criadores. É narrando a gênese da obra que ele pretende tornar o movimento legível e, assim, revelar alguns dos sistemas responsáveis pela geração da obra[55].

O conceito do qual partimos concebe a criatividade como um processo mental que depende de registros externos ao corpo humano. Para Pierre Lévy[56], os diversos instrumentos utilizados para os registros são chamados de "aparelhos da memória" ou "tecnologias intelectuais". O autor questiona:

O que é o espírito sem a mão que desenha e pinta, esculpe, escreve, e constrói, e maneja o florete? E sem o pincel, o lápis e a tesoura entre os dedos dessa mão? [...] O que é a mente sem linguagem, este veículo onipresente, meio sujeito, meio objeto; produto do coletivo, que fala quase dentro de nós como autômato? O que é a mente sem a conversação, sem a presença do social e de todos seus aparelhos de memória?[57]

---

[54] No original: "il construit, et c'est là sa deuxième tâche, des hypothèses sur les chemins parcourus par l'écriture et sur les significations possibles de ce processus de création que Proust, à la suite de Léonard de Vinci, a qualifié de cosa mentale". A. Grésillon, *Éléments de critique génétique*, p. 15.
[55] Ver C. Salles, *Gesto Inacabado*.
[56] Ver P. Lévy, *As Tecnologias da Inteligência*.
[57] Ibidem, p. 172.

A essas questões, Lévy responde que nada restaria. Ele ainda reforça que o trabalho mental necessita de registros, independentemente dos meios utilizados para isso, sejam esses o barro, o papel ou algum meio ótico ou magnético que possa ser recuperado por um computador. Nesse sentido, o registro passa a ser índice do processo mental e a ser chamado de *documentos do processo criativo*[58].

Os documentos são fragmentos de um processo cuja montagem exige conhecimento das teorias específicas das linguagens estudadas, mas também é necessária uma lógica para preencher as lacunas, organizar os pontos e construir uma linha de coerência que permita desvelar alguns dos princípios direcionadores que regem o processo de criação.

As informações dos documentos e as conexões estabelecidas a partir deles permitem uma aproximação parcial do processo de criação, visto que muitas ações e experimentações são mentais e não registradas. Salles pontua que há uma incompletude natural na pesquisa da obra de um autor, pois os seus modos de ação do criador incluem ações e decisões intelectuais e sensíveis de cunho consciente ou não consciente[59]. Parte-se da ideia de que todo processo de investigação criativa é uma inferência, uma aproximação do processo de criação. É uma visão parcial de possibilidades aventadas sobre o caminho percorrido e seus sentidos.

Temos, portanto, uma aproximação do processo de criação do qual Salles[60], utilizando conceitos extraídos da semiótica peirceana, considera que a criação é um processo sígnico. Os conceitos da semiótica de Charles S. Peirce formam um sistema complexo, abstrato e geral que não pretende estar restrito ao ser humano. Trata-se de uma teoria que tem se mostrado adequada para pensar processos em movimento, e isso está presente no próprio conceito de signo.

Robert Marty[61] compilou 76 definições do conceito de signo conforme Peirce as descreveu, às quais foram posteriormente adicionadas doze formulações. Essa variedade de concepções não indica uma indefinição, mas uma busca de formulação tanto

---

58 Termo proposto por Cecília Salles (*Gesto Inacabado*, p. 25) para designar os registros materiais do processo criativo.
59 Ibidem, p. 83.
60 Ibidem, p. 161.
61 Ver R. Marty, *76 Definitions of the Sign by C.S. Peirce*.

precisa quanto abrangente. Em linhas gerais, o signo é um elemento material que está no lugar de alguma outra coisa e que causa um efeito em uma mente. O efeito causado pelo signo é chamado de interpretante, nome que pretende enfatizar o ato de interpretar, mostrando que o signo provoca uma mente que reage a essa provocação. Vale ressaltar que o interpretante é também um signo e, como tal, provoca outros interpretantes, formando uma cadeia de processos sígnicos nomeada de semiose[62]. Sobre esse conceito, na edição mais recente de *Gesto Inacabado*, Salles comenta:

Foi o conceito de semiose ou ação do signo que ofereceu condições de formular uma teorização mais geral da criação, a partir do estabelecimento de relações entre os diversos estudos de caso. É, portanto, no modo de ação do signo que o crítico interessado em processos encontra instrumentos para interpretar o movimento geral da criação.[63]

É importante destacar que cada signo – e tudo pode ser um signo – tem nele mesmo uma potencialidade interpretativa que pode ser entendida como uma seta apontando o caminho da ação interpretadora. No entanto, cada interpretação real altera o sentido da possível ação interpretadora, altera a seta, não permitindo uma visão para onde esse processo terminará. Mesmo nessa explicação rápida podemos verificar que o signo determina um possível caminho da semiose, ainda que esse caminho seja imprevisível. Essa descrição do movimento serve para designar o movimento criativo.

No processo semiótico, entramos em contato primeiro com signo, determinado pelo objeto que ele representa, mas na semiose criativa, os rascunhos e esboços representam um objeto que ainda não existe, um produto que é um vir a ser. Isso é possível porque o objeto de um signo pode ser outro signo. É o que afirma Nöth:

Assim, seres imaginários ou ficcionais, como um unicórnio ou Dom Quixote, estão naturalmente entre os objetos de signos verbais ou pictóricos. Ao conceber o objeto do signo como algo que pode ser um signo em si, mas um signo que precede o signo real, Peirce consegue evitar muitas das armadilhas e aporias semióticas dos positivistas.[64]

---

62 C.S. Peirce, CP. 5.484. Referente à The Collected Papers, de Peirce, acrônimo CP, seguido do número do volume e do parágrafo.
63 C. Salles, op. cit., p. 163.
64 W. Nöth, Representations of Imaginary, Nonexistent, or Nonfigurative Objects, *Cognitio – Revista de Filosofia*, v. 7, n. 2, p. 282. No texto original: "Hence, imaginary ▶

No processo criativo, o objeto de um esboço ou anotação é outro esboço, ou um pensamento que não ganhou corpo em uma materialidade externa ao corpo, isto é, uma ideia de uma fotografia, uma pintura, filme, *performance*, entre outros. A finalização, mesmo provisória, do processo criativo está no futuro; em vários momentos ela é indefinida e vaga, definindo-se paulatinamente por meio do próprio processo criativo, entendido como um processo semiótico que envolve a criação de representações cada vez mais específicas, apontando para um futuro produto dessa criação.

Nessa parte costuramos a relação que pode ser estabelecida entre crítica genética – e seus desdobramentos em diversas áreas de pesquisa – com o processo de criação articulado via semiótica peirceana.

UMA CONCLUSÃO PROVISÓRIA

Flusser não está interessado nos processos criativos de produção de imagem que envolvem algum tipo de artesanato. Sua preocupação é com as imagens técnicas. Ao tratar desse processo criativo, encontramos alguns elementos que parecem contraditórios e que, como dissemos antes, têm a ver com a proposta de suspender a conclusão e procurar olhar um fenômeno sempre de outra maneira. Consideramos que merecem destaque os seguintes elementos:

1. A proposta de que criatividade envolve uma postura contra o aparelho, que, entendido de uma maneira ampla, abarca tudo aquilo relacionado à produção e distribuição de imagens feitas com aparelhos, em especial a máquina fotográfica.
2. A articulação pelo artista de diversos elementos visando o acaso menos provável.
3. A proposta de que a descoberta do acaso é resultado de busca e preparação disciplinada.

▷ or fictional beings, such as a unicorn or Don Quixote are naturally among the objects of verbal or pictorial signs. By conceiving of the object of the sign as something that may be a sign itself, but a sign which precedes the actual sign, Peirce manages to avoid many of the pitfalls and semiotic aporias of the positivists."

4. A proposta de que no processo criativo se manuseia um objeto que se apresenta limitado em seu caráter material, ao mesmo tempo ilimitado em sua potencialidade criativa, visto que esse material pode ser exposto a outros ângulos e outros instrumentos.

Existem muitos trabalhos criativos cujo surgimento está relacionado ao acaso, mas parece evidente que a proposta de se colocar contra a programação do aparelho exige, em primeiro lugar, o conhecimento da programação presente nele cuja forma de atuação varia muito. É pouco provável que a programação esteja evidente. Tomando como exemplo o aparelho fotográfico, pode-se dizer que sua programação condiciona a ação do fotógrafo, ao mesmo tempo em que permite que esta ação exista; podemos dizer que no ato de fotografar a programação existe como uma linguagem da fotografia que, paralelamente, condiciona e permite a comunicação.

Em nossa maneira de ver, o conhecimento do funcionamento do aparelho enquanto linguagem é fundamental para proposições intencionais que vão contra a programação do aparelho. A criação das referidas propostas e a produção dos trabalhos de arte que se situam contra o aparelho dificilmente ocorrem apenas na mente do artista. Existe a necessidade de registros das etapas do processo criativo e das estratégias de desprogramação, os quais terão uma existência concreta sob a forma de anotações, rascunhos, protótipos, entre outros. No caso de a proposta envolver uma geração aleatória de combinações, a escolha do que será combinado e os fatores aleatórios teriam que ser estudados e determinados por aquele que busca fazer um trabalho criativo com o acaso. As duas situações exigem o auxílio de instrumentos para o registro e a experimentação, na busca de uma forma de se colocar contra a programação.

Ao propor o conceito de documentos de processo, como uma forma de incluir outros estudos além da gênese do trabalho literário, que originalmente era um único objeto da crítica genética, Salles comenta que:

encontramos duas grandes constantes nesses documentos que acompanham o movimento da produção de obras. Seriam características comuns que estão presentes em cada processo sob diferentes formas. Em termos gerais, esses documentos desempenham dois grandes papéis ao longo do processo criador: *armazenamento* e *experimentação*[65].

Os diferentes tipos de registros e de experimentação que servem para o fotógrafo ou o artista tecnológico elaborar sua produção contra a programação do aparelho são instrumentos de pensamento durante o processo criativo, mesmo quando eles ocorrem na oficina ou laboratório, na ação concreta de se produzir algo. Nesse processo, são utilizadas diferentes formas de registro e de experimentação que são úteis para o próprio processo. Exatamente por isso, o que ficou do registro e da experimentação pode ser tomado como documento do processo criativo para o pesquisador.

Olhando esse processo do ponto de vista exposto anteriormente, sobre elementos da semiótica peirceana e sua articulação com a crítica genética, podemos entender o movimento criativo como uma semiose, na qual os signos em cadeia são articulados, dentro e fora da mente, no trabalho criativo de estabelecer uma proposta que se coloque contra a programação do aparelho.

É importante afirmar que a noção de mente em Peirce permitiria uma articulação muito mais profunda com o pensamento de Flusser, uma vez que, na perspectiva peirceana, a mente não é entendida como uma questão humana e sim como qualquer situação na qual existe um comportamento inteligente. Nesse caso, temos uma única semiose em que os signos transitam nas mentes biológicas e eletrônicas. Nosso interesse, entretanto, foi destacar algumas ideias da crítica genética com ênfase no processo criativo, articuladas as propostas de Flusser sobre criatividade e sobre nossa relação com os meios tecnológicos.

Estabelecemos com isso o caminho que vai de Flusser à crítica genética, mas a via inversa também é possível, e as estratégias da crítica genética podem ser utilizadas para compreensão do pensamento desse filósofo, como faz Salles[66] ao analisar a correspondência entre o filósofo e o artista visual Antonio Henrique do Amaral[67].

---

65 C. Salles, O Poder da Descoberta, *Manuscrítica*, n. 7, p. 85.
66 Ver C. Salles; J. Lima; M. Alencar, Bananas: O Gesto e a Obra Artística Através das Correspondências Entre Vilém Flusser e Antonio Henrique do Amaral, *Revista Líbero*.
67 Ibidem, p. 54-66.

Flusser apresenta uma proposta alentadora sobre a criatividade para este mundo dominado pelas programações dos aparatos técnicos, e consideramos propício propor neste final de texto uma reflexão do filósofo que apresenta sua visão sobre criatividade relacionada com o exílio:

> Eis a hipótese que submeto: O exilado foi expulso do seu contexto habitual, da morada que habitava. Pois o hábito é a cobertura que esconde. No contexto habitual apenas percebo mudanças: as estruturas permanentes são imperceptíveis. Isto é: apenas modificações informam, e todo o resto é redundante. O exílio é inabitual e inabitável. Tudo nele informa, nada é redundante. O exilado se vê obrigado a processar tal superabundância de informações, sob pena de ser engolido por ela. Questão de vida ou morte. Ora: processar "dados" é sinônimo de criatividade. O exilado se vê obrigado a criar ou morrer.[68]

Flusser apresenta assim um conceito de criatividade que envolve a programação para se colocar contra tal programação. Nesse processo também são gerados documentos que possibilitam que o crítico genético coloque seu olhar de pesquisador sobre processos de produção de arte com meios tecnológicos, vistos na generalidade ou especificados, caso da fotografia. Para estudar os processos criativos de artistas que trabalham com as imagens técnicas é imprescindível o conhecimento de Flusser da relação entre criatividade e os meios tecnológicos.

---

[68] V. Flusser, *Exílio e Criatividade* (Viagem brasileira, novembro 1984). Datiloscrito. Disponível em: <http://www.flusserbrasil.com/art474.pdf>.

Gêneses Musicais

Celso Loureiro Chaves[1]

A crítica genética em música tem duas genealogias: os *sketch studies* que se originam em 1865, com a publicação dos manuscritos de Beethoven por Gustav Nottebohm, e o cruzamento entre a crítica genética literária e a música a partir do periódico *Genesis* dedicado às "escritas musicais de hoje", em 1993.

A obra de Beethoven marca o deslocamento da composição musical do domínio do exercício da técnica – nele operando a dinâmica da criação – para o domínio do exercício da originalidade – individual por definição e alargando as fronteiras da técnica. Os estudos beethovenianos coincidem com o historicismo que caracteriza a música nas décadas finais do século XIX, quando a obra musical passa a ser considerada como uma obra fixa à qual acorrem os documentos de escrita.

Os mais de oito mil documentos que Beethoven deixou atrás de si ainda não são definidos como "prototextos" e são direcionados às respectivas obras finais, tais como as fixou o compositor na sua *Fassung letzter Hand*[2]. As edições completas que surgem a

---

[1] Compositor e pianista, é professor titular de Composição Musical e História da Música do Instituto de Artes da Universidade Federal do Rio Grande do Sul.
[2] Uma tipologia de documentos musicais de trabalho está em F. Sallis, Coming to Terms with the Composer's Working Manuscripts, em P. Hall; F. Sallis (eds.), *A Handbook to Twentieth-Century Music Sketches*, p. 44-53.

partir do final do século XIX confirmam os materiais adjacentes como acessórios à conformação final de uma obra. Os documentos de trabalho não têm autonomia, e ainda não são vistos como denotativos da "utopia da imaginação musical sem amarras que se desenvolve em termos próprios"[3].

Há preliminares na transposição da crítica genética literária para a música, uma vez que seus objetos são intrinsecamente diversos. As discrepâncias entre uns e outros objetos[4] se inicia pela questão do meio: a crítica genética literária atua no meio da linguagem e, sendo a música objeto de escrita simbólica inescrutável para os não alfabetizados em música, ela deve ser traduzida para a linguagem.

A escrita sobre música, quer analítica, quer crítica, será sempre analógica e metafórica. Analogamente, se a notação musical libera a capacidade de memorizar, ao fazê-lo implica a transferência da ação sonora – efêmera e irrepetível – para um outro meio[5]. Igualmente, é característica quase exclusiva da obra musical "convencionalmente anotada" a sua autorreferência, admitindo, e mesmo construindo-se, a partir de "repetições, progressões esquemáticas (sequências), figuras, fórmulas e convenções tais como cadências"[6]. Mesmo quando a obra fixada é atingida, vários destes índices autorreferentes permanecem anotados em abreviação, o que exige o seu desenrolamento na interpretação e na *performance*. A autorreferência possibilita algo raro em outras gêneses: a reabertura do processo composicional pelo próprio compositor ou, em casos mais extremos, por outro compositor.

Há cumplicidade entre as críticas genéticas, musical e literária na observação das operações da escritura, como testemunhas do processo criativo em ação. Na tomada de decisões composicional, essas operações são identificadas, alternativamente e complementarmente, como cancelamentos, versões alternativas, inserções e interpolações[7]; ou escrever, riscar, acrescentar, substituir, deslocar[8];

---

[3] G. Schubert; F. Sallis, Sketches and Sketching, em P. Hall; F. Sallis (eds.), *A Handbook to Twentieth-Century Music Sketches*, p. 5.
[4] B. Appel, Music as Composed Text, em N. Donin; A. Grésillon; J.-L. Lebrave (eds.), *Genèses musicales*, p. 43-44.
[5] J-L. Lebrave, Can Genetic Criticism Be Applied to the Performing Arts, em W. Kinderman; J.E. Jones (eds.), *Genetic Criticism and the Creative Process*, p. 79.
[6] B. Appel, op. cit., p. 43.
[7] Ibidem, p. 38.
[8] N. Donin; A. Grésillon; J-L. Lebrave, Introduction: La Critique génétique en perspective, em N. Donin.; A. Grésillon; J-L. Lebrave (eds.), *Genèses musicales*, p. 11.

ou conceber, preparar, prever, reler, corrigir, retomar[9]; ou, enfim, como todas aquelas ações que integram os materiais preparatórios, as operações textuais, os procedimentos gráficos ou codificados e demais técnicas composicionais[10].

A publicação do n. 4 de *Genesis*, em 1993, marca as primeiras formulações da crítica genética em música. Ali se observa que "a literatura analítica consagrada à produção musical contemporânea parece ter se preocupado essencialmente [...] com o acesso às 'chaves' gramaticais indispensáveis à compreensão da obra".

Assim, os estudos apoiados sobre um *corpus* mais antigo (numa referência direta aos *sketch studies*) talvez estejam mais atentos ao *processo* da criação[11]. De fato: a análise pesadamente gramatical em prática no final do século passado hesitava propor um enfoque menos prescritivo que, ao deslocar a obra fixada de sua centralidade, a entendesse como "apenas um momento privilegiado da produção de uma matriz sempre potencialmente ativa"[12], propondo uma poética de restituição do movimento e do tempo à criação, um "recomeçar antes do começo"[13].

O alargamento dos limites da crítica genética em música nas primeiras décadas do século inclui a aproximação entre *sketch studies* e crítica genética, a partir do seu objeto comum de investigação – embora com finalidades e desenlaces diversos –, e a partir de um interesse pelo diálogo interdisciplinar, pela identificação de um domínio de pesquisa transversal e pela tomada de consciências de "zonas cegas" no âmbito de cada uma das disciplinas[14]. A convergência das duas disciplinas passa a direcionar o foco não mais para o produto final, mas sim para o processo do empreendimento criativo, para materiais preliminares que assumem vida própria e autonomia em relação à obra fixada.

Da estrutura da obra fixada como objeto, passa-se à investigação interpretativa dos materiais preliminares em sua lógica

---

9 J-L. Lebrave, Textualité verbale, graphique, musicale, em N. Donin.; A. Grésillon; J-L. Lebrave (eds.), *Genèses musicales*, p. 28.
10 N. Donin, Artistic Research and the Creative Process, em G. Nierhaus (ed.), *Patterns of Intuition*. p. 106.
11 P. Szendy, Présentation, *Genesis*, n. 4, p. 10.
12 D. Ferrer; A. Grésillon, Éléments de réponse à C. Deliège, *Genesis*, n. 4, p. 49.
13 N. Donin; A. Grésillon; J-L. Lebrave, Introduction: La Critique génétique en perspective, em N. Donin.; A. Grésillon; J-L. Lebrave (eds.), *Genèses musicales*, p. 7.
14 Ibidem, p. 14.

interna e autônoma, conformando um sistema criativo não linear e não teleológico, uma infraestrutura composicional da ideia criativa em transformação, abrindo novas perspectivas no que é aparentemente familiar[15]. O que entra em jogo é a centralidade do processo de criação musical – ou dos processos criativos de criação musical – percorridos por meio de uma diversidade de objetos de estudo, materiais preliminares e metodologias, com desafios e caminhos a explorar.

Os materiais genéticos são estendidos a materiais do entorno – cartas, notas, programas, críticas de jornal – que, mesmo ultrapassando a notação musical (ou sonora) em si, integram-se ao e informam o processo de criação de uma determinada obra[16]. Essa ampliação de enfoque pode ser encontrada no recenseamento exaustivo sobre *Marges*, obra inconclusa de Pierre Boulez[17]. Cartas, documentos musicais e documentos literários colaboram numa investigação genética peculiar que opera na ausência da obra fixada, a qual nunca existiu como tal, demonstrando a viabilidade da investigação genética mesmo na ausência de um objeto último.

Em 2010, a *Genesis* volta ao tema da crítica genética musical e não se fala mais em "escritas musicais de hoje", mas simplesmente em "compor". Há então uma ampliação importante – a proposta de Donin para um estudo genético feito *pari passu* com o processo de criação[18], aproximando crítica genética e antropologia cognitiva e oferecendo as primeiras demonstrações de sua viabilidade. A crítica genética *in vivo* acompanha a prática composicional no momento mesmo quando ela ocorre, e propõe uma "recolocação em / retomada da / situação de composição". Sua metodologia não é ouvir o que o compositor tem a dizer, tecnicamente, sobre sua obra, mas sim ouvir – com recurso à sua relembrança do momento

---

[15] A este respeito ver N. Donin, Artistic Research and the Creative Process, em G. Nierhaus (ed.), *Patterns of Intuition*, p. 106; W. Kinderman, Introduction: Genetic Criticism and the Creative Process, em W. Kinderman; J. Jones (eds.), *Genetic Criticism and the Creative Process*. p. 8; W. Kinderman, *The Creative Process in Music from Mozart to Kurtág*, p. 1.

[16] Ver B. Schingnitz; T. Schwizer, Erarbeitung der Anton Webern Gesamtausgabe in einer digitalen Forschungsplatform, em T. Ahrend; M. Schmidt (eds.), *Webern-Philologien*, p. 165.

[17] L. Bassetto, Marginalia, ou l'opéra-fantôme de Pierre Boulez, em J.-L. Leleu; P. Decroupet (eds.), *Pierre Boulez, Techniques d'écriture et enjeux esthétiques*, p. 255-298.

[18] N. Donin, Quand l'étude génétique est contemporaine du processus de création, *Genesis*, n. 31, p. 13.

da criação – o que ele tem a dizer sobre seu próprio procedimento criativo, explicitando seu processo de tomada de decisões[19].

Nesse sentido, *Genesis* dá voz a Philippe Leroux para que argumente, pelo lado do compositor, esta nova *démarche* da crítica genética em música. Na sua reflexão sobre o trabalho empreendido, Leroux menciona os "elementos implícitos a cada instante na atividade [composicional] e que são tão familiares que não aparecem em nenhum plano ou em alguma nota"[20], e que estão caracterizados como significando uma consciência pré-reflexiva, em adição à consciência. Ao chamar o compositor a se pronunciar, *Genesis* também tangencia o campo da cognição que, no caso específico da ação composicional, pode ser considerado um desdobramento oblíquo da crítica genética *in vivo*, pelas suas evidentes convergências.

Da mesma forma que a crítica genética *in vivo* chama o compositor a se pronunciar, Pohjannoro em sua metodologia sobre cognição utiliza os rascunhos e esboços do compositor, seus materiais preliminares e as versões definitivas de determinada obra como "fontes para auxiliar o compositor a verbalizar seu processo composicional". Assim como Leroux identifica procedimentos implícitos que, ocultos, informam parte da tomada de decisões composicional, Pohjannoro apropria para a criação artística um processamento duplo entre "intuição" e "reflexão"; uma rápida, não intencional e sem esforço, a outra lenta, deliberada, sequencial, trabalhosa[21].

É sobre reflexão que se referem os materiais documentais que o compositor deixa atrás de si e que são o foco da primeira crítica genética em música. Sobre a intuição, só a proposta de recorrer ao compositor-ele-mesmo pode ampliar as revelações e alicerçá-las, pois nela reside o "precipício do ato criativo", como o chamo, ao qual só o compositor tem acesso, seja em retrospecto, seja simultaneamente à criação, sem que dele tenha ficado qualquer traço para trás ou sobre a mesa[22]. Por não ser verbalizado ("nomeado" como o diz Leroux), o precipício do ato criativo,

---

19 Sobre processo de tomada de decisões em composição ver C. Chaves, Matita Perê: Um Estudo de Gênese, em L. Bacchini, L. (org.), *Maestro Soberano*, p. 83.
20 P. Leroux, Questions de faire, *Genesis*, n. 31, p. 56.
21 U. Pohjannoro, Inspiration and Decision-Making, *Musicae Scientiae*, v. 18, n. 2, p. 168; Ver U. Pohjannoro, Capitalising on Intuition and Reflection, *Musicae Scientiae*, v. 20, n. 2.
22 Como diz Gustav Nottebohm, em *Zweite Beethoveniana*, num dos seus estudos beethovenianos: "O espírito que ditou uma obra não aparece nos rascunhos."

permanece inacessível a não ser na presença das variáveis / componentes / índices estabelecidos tanto pela crítica genética *in vivo* quanto pelas proposições ancoradas nos estudos cognitivos.

Há uma terceira via no apelo ao compositor-depoente, a autoanálise: ação genética da qual o geneticista se ausenta como agente externo para ser substituído pelo compositor como agente interno. As condicionantes desse empreendimento são bastante específicas: "não se considerará como autoanálise a catalogação dos componentes de uma obra a partir da aplicação de uma teoria pré-existente tanto à obra quanto à análise", mas sim a avaliação da distância entre concepção e percepção do ponto de vista do próprio compositor[23]. Os muitos relatos de compositores auto analistas, atravessando mais de cem anos de história, contribuem para dissolver a desconfiança pela investigação em primeira pessoa; ao mesmo tempo, as vantagens desse procedimento para o próprio compositor-analista aparecem com mais clareza[24].

Dois exemplos preliminares da investigação autoanalítica, informando sua definição metodológica, estão em Leroux[25] e também em Reynolds[26]: o primeiro na proposição de interações entre composição e análise, o segundo na montagem da genealogia de uma de suas obras. Ambos apontam para um ponto de convergência essencial na genética musical: o primeiro objeto – e o objeto permanente – é o material sonoro. Por isso, um dos desafios das gêneses musicais é não as operar *in absentia* da matéria fática e perceptiva do som, da essência não analógica e não metafórica da obra musical. Como arborescência da crítica genética, a autoanálise não existe em abstrato ou isoladamente, mas se integra às bases epistemológicas que a sustentam e ampliam a compreensão da ação criativa em música.

Metodologicamente, a autoanálise indica a possibilidade de uma crítica genética integrativa, inclusiva, não linear, não cronologicamente viesada, e que lance mão de todos os materiais circundantes de um determinado processo criativo, colocando em relevo a ampliação conceitual do dossiê genético. A crítica

---

[23] N. Donin, Auto-analyse et composition musicale, em N. Donin (ed.), *Un Siècle d'écrits réflexifs sur la composition musicale*, p. 15.
[24] Ver N. Donin, La Musique, objet génétique non identifié?, *Littérature*, p. 354.
[25] P. Leroux, Questions de faire, *Genesis*, n. 31, p. 55.
[26] Ver R. Reynolds, *The Genealogy of Transfigured Wind*.

genética não linear, da qual a cronologia se ausenta, a crítica genética *in vivo*, com seu recurso à relembrança do autor de sua "situação de criação", quando em confronto com seu próprio dossiê genético[27], e a autoanálise, todas operando em conjunto, podem fechar o precipício do ato criativo, presentificando o espírito ausente mencionado por Nottebohm.

As sucessivas ampliações epistemológicas no campo de visada da crítica genética implica alargamentos importantes, como, por exemplo, a urgência de integrar, ao repertório de objetos de investigação, as "outras músicas" das quais fala Molino[28]. É necessário "(re)descobrir outros repertórios, outras culturas, outras definições e configurações do fenômeno musical"[29] que complementem os compositores canônicos.

A canção é um desses repertórios. Já foi demonstrado, no caso da canção de Tom Jobim, que a explicitação de um dossiê genético é possível e necessária, pois revela para o que e como a canção veio a ser, num jogo poderoso de materiais que se articulam e se esclarecem mutuamente, "explicitando um processo criativo que a própria canção esconde"[30]. Por essas revelações à espreita, é necessário objetivar a canção sistematicamente sob o olhar genético.

A *computer music* é outro repertório possível. Nele, há constatações importantes: a de que sua documentação implica uma "quantidade de fontes superior àquelas das músicas tradicionais" e a de que a natureza e a produção dos materiais composicionais demandam a construção de uma nova tipologia de classificação documental, ampliando o conceito de texto para admitir o "caráter processual interativo e colaborativo da criação em regime digital"[31]. Isso abre a hipótese de integrar, aos processos de crítica, a criação coletiva e a ação do *performer*.

A criação coletiva inclui a situação composicional em que vários são os autores (e, consequentemente, vários são os processos)

---

27 Neste sentido, ver N. Donin, *Un Siècle d'écrits réflexifs sur la composition musicale*, p. 114.
28 Ver J. Molino et. al., Les Autres musiques, em J.-J. Nattiez (ed.), *Musiques: Une Encyclopédie pour le XXIe Siècle*, p. 659.
29 N. Donin, Vers une musicologie des processus créateurs, *Revue de Musicologie*, v. 98, n.1, p. 8.
30 C. Chaves, op. cit., p. 206.
31 L. Zattra, Génétiques de la computer music, em N. Donin, A. Grésillon.; J.-L. Lebrave (eds.), *Genèses musicales*, p. 218-220.

que conduzem a um objeto pretendido; isto inclui a improvisação no âmbito da colaboração jazzística e pode se estender também ao *sound design*[32]. O desafio genético proposto pela *performance*, por sua vez, permite seguir a questão proposta por Lebrave a respeito do *status* das anotações manuscritas com as quais os músicos "enriquecem" as partituras quando na preparação para a *performance*[33]. Não haveria aqui uma outra infraestrutura criativa igualmente passível de crítica e elucidação?

Há, finalmente, o desafio de sempre lembrar a realidade e a materialidade do som, como se se ouvisse, a cada compasso, o som das decisões sendo tomadas. Nas gêneses musicais, a recolocação em situação de composição tem que se aliar à recolocação do tempo na matéria musical. A avaliação das variáveis sonoras, no seu próprio tempo e em seu próprio tempo, é essencial para que a ação crítica se complete e se justifique. Sem a restituição do tempo e da sonoridade, tal ação deixaria de confrontar o contínuo movimento implicado em toda a música e em todo o processo criativo musical. É esta materialidade que orienta a ação composicional, pois, como afirma Leroux, "o que conta é o que desejo ouvir e não aquilo que tenho vontade de escrever"[34].

As gêneses musicais deixaram para trás as suas origens nos *sketch studies* e se distanciaram da crítica genética literária. Desde o momento em que a criação musical foi considerada como objeto genético e as proposições metodológicas foram desenhadas, tem havido ampliações e transformações no campo investigativo. A cada momento, as gêneses musicais têm firmado sua independência e autonomia em relação às suas origens epistemológicas fundadas em outras disciplinas, não lhes devendo nem explicações nem prestação de contas. Mais do que isso: os desafios que se apresentam na perspectiva da crítica genética musical são denotativos de um campo vital para a compreensão do ato criativo em música, essa tarefa quase mágica de criar som quando som não existe.

---

[32] L. Zattra et al., How Do They Work? An Analysis of the Creative Process in Sound Design Obtained through an Online Questionnaire, em The 5th Conference Tracking the Creative Process in Music, *Abstracts*.

[33] J-L. Lebrave, Can Genetic Criticism Be Applied to the Performing Arts, em W. Kinderman; J. Jones (eds.), *Genetic Criticism and the Creative Process*, p. 79.

[34] P. Leroux, Brèves (1995), em N. Donin (ed.), *Un Siècle d'écrits réflexifs sur la composition musicale*, p. 468.

O Manuscrito, o Impresso e as Mídias

Possíveis Aproximações

Yuri Cerqueira dos Anjos[1]

OS MUNDOS DISTINTOS DO MANUSCRITO E DO IMPRESSO

Na virada do século XIX para o século XX, o sociólogo Gabriel Tarde diagnosticou a magnitude do impacto da imprensa sobre os modos de vida e sobre a mentalidade da sociedade moderna francesa. Em seu estudo sobre a opinião e as multidões, ele afirma que

jamais saberemos ou imaginaremos a que ponto o jornal transformou, e ao mesmo tempo enriqueceu e nivelou, unificou no espaço e diversificou no tempo, as conversas dos indivíduos, mesmo daqueles que não leem jornais, mas que, conversando com leitores de jornal, são forçados a seguir o rastro de seus pensamentos emprestados. Basta uma pena para colocar em movimento milhões de línguas[2].

Esse diagnóstico aponta para a imponente força do periódico impresso no quotidiano, força que resultou de diversos fatores sociais, econômicos, tecnológicos e políticos, tais como a

---

1 Professor de Língua e Literatura Francesas na Universidade Victoria, em Wellington (Nova Zelândia), e especialista na obra de Marcel Proust e na cultura escrita dos séculos XIX e XX.
2 Ver G. Tarde, *L'Opinion et la foule*.

expansão da alfabetização e das redes de distribuição, ou os avanços das tecnologias de impressão e do processo de democratização constituído pela Revolução Francesa[3]. O jornal, emblema central da cultura do periódico característica do "longo século XIX", parecia ser onipresente. Dos cafés, estações, avenidas e parques dos centros urbanos, aos lares e praças de encontro das zonas rurais, o jornal chegava em toda a parte[4].

Não por acaso, em uma das cenas mais famosas do romance *Em Busca do Tempo Perdido*, de Marcel Proust, contemporâneo de Gabriel Tarde, o narrador sente uma profunda emoção ao identificar que seu artigo publicado no *Figaro* "que foi escrito para mim e para todos". O jornal é exaltado por esse narrador como um "pão espiritual [...] ainda quente e úmido da prensa recente sob o nevoeiro matinal" e como um "pão miraculoso, multiplicável, ao mesmo tempo um e dez mil e que permanece o mesmo para cada um, penetrando, inumerável, e de uma só vez, em todas as casas"[5]. Ainda que a voz desse narrador transpareça uma emoção em certa medida ingênua do jovem aspirante a escritor que vê o seu primeiro artigo publicado, a cena retrata dois fatores que parecem essenciais para caracterizar a imprensa como mídia: sua reprodutibilidade e sua circulação. Nesse trecho, o jornal se mostra como objeto fixo em sua forma reprodutível e replicável ("permanece o mesmo para cada um"), e objeto amplamente móvel em seu alcance (penetrando "em todas as casas").

Essa dupla realidade da mídia impressa se reflete também nas representações visuais do fenômeno midiático e do jornal quotidiano na época de Proust, como na gravura de Félix Vallotton intitulada "A Era do Papel". Estampada na capa do periódico *Le Cri de Paris*, a gravura evoca a ideia de um mundo em que a mídia impressa se multiplica e ocupa todos os espaços, tanto na sociedade retratada, quanto na composição da própria imagem. Vallotton convida-nos a observar, por sobre os ombros dos leitores, uma série de jornais. Porém o que se vê não é a especificidade de cada folha, mas a uniformidade do fato de que todos leem um jornal. O jornal replicável e onipresente encontra na gravura de

---

[3] Ver D. Kalifa et. al. (orgs.), *La Civilisation du journal*.
[4] A. Vaillant, Le Règne de l'imprimé, em P. Singaravélou; S. Venayre (orgs.), *Histoire du monde au XIXe siècle*, p. 195-208.
[5] M. Proust, *A Fugitiva*, p. 196.

FIGURA 5. *Félix Vallotton, "L'Âge du papier", 1898.*
Fonte: <gallica.bnf.fr>.

Vallotton uma expressão clara e demarcada, que também sugere um espelhamento entre o jornal e a sociedade. Assim como os jornais, as figuras humanas na imagem se replicam e se movimentam no enquadramento. Sejam os personagens do topo andando curvados ou os senhores sentados, os indivíduos retratados são como cópias de si mesmos com seus gestos e roupas idênticos.

Enquanto a imprensa periódica se destaca, neste período, pela massificação e expansão, pela reprodutibilidade em série dos jornais e revistas, pela coletividade das vozes que os compõem e pela pluralidade dos leitores que os consomem, o manuscrito parece se encontrar em um mundo inteiramente diverso. Nesse contexto moderno, o manuscrito tende a ser visto como um objeto que evoca singularidade, autenticidade e identidade. Trata-se de um artefato coberto por uma "aura" particular, para usar o famoso termo de Walter Benjamin[6]. Essa aura especial do manuscrito como algo irreprodutível, único, acaba se reforçando justamente por estar inserido no contexto da intensa reprodutibilidade permitida pelo impresso moderno e massificado.

O imaginário que distancia manuscrito e impresso, e associa o objeto manuscrito ao domínio do único, do singular e da identidade, se ancora historicamente na discussão sobre a relação entre a escrita manual e o caráter/temperamento daquele que escreve – uma discussão que ganha força principalmente a partir do século XVIII. Como bem mostrou Aileen Douglas em seu

---

6   W. Benjamin, A Obra de Arte na Era de Sua Reprodutibilidade Técnica, *Magia e Técnica, Arte e Política*, p. 165-196.

estudo *Work in Hand*[7], as teorias da fisionomia de autores como o pastor e poeta suíço Johann Kaspar Lavater, estabeleceram uma íntima conexão entre os contornos da escrita e as características individuais do escritor. Marcando a passagem de uma cultura da escrita uniforme, na qual o objetivo era imitar a letra de um certo estilo, o século XVIII aponta para uma visão segundo a qual cada ângulo, contorno ou hesitação na escrita, seria o reflexo de um estado de espírito ou de um caráter individual. Como cada indivíduo possui uma letra única, a letra seria capaz de revelar dos impulsos mais íntimos de seu caráter. É sobre esse princípio que se funda a pseudociência da grafologia, uma abordagem que teve amplo sucesso no século XIX[8] e que, apesar de seus métodos, premissas e conclusões serem hoje questionáveis[9], ainda reflete muito do imaginário moderno (e mesmo contemporâneo) em torno do manuscrito, segundo o qual a imagem do escrevente se encontra espelhada no objeto manuscrito.

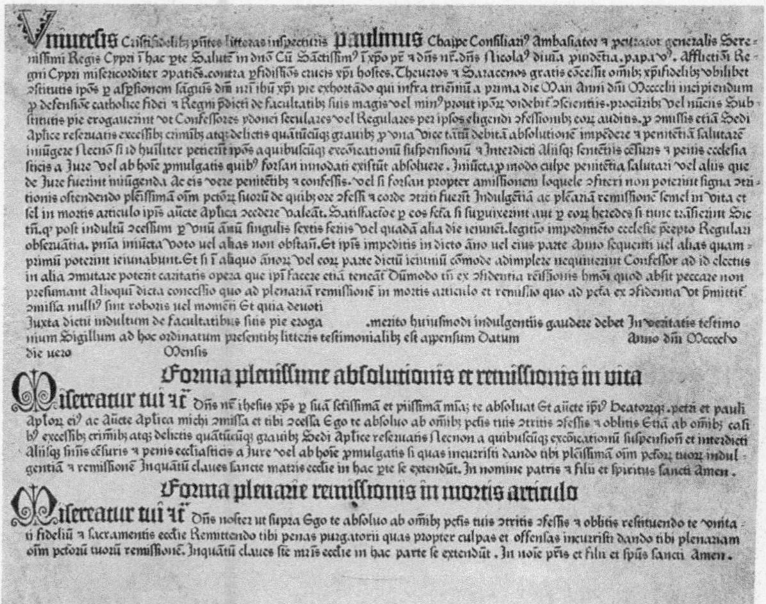
Forma plenissime absolutionis et remissionis in vita

Misereatur tui ...

Forma plenarie remissionis in mortis articulo

Misereatur tui ...

FIGURA 6. *Carta de indulgência para a expedição contra os turcos e a defesa do Chipre (Johannes Gutenberg, 1455). Fonte: <commons.wikimedia.org>.*

7 A. Douglas, *Work in Hand*, p. 27-30.
8 P. Artières, *Clinique de l'écriture*.
9 Ver B.L. Beyerstein, Graphology: A Total Write-Off, em S. della Salla (ed.), *Tall Tales about the Mind and Brain*.

Se considerarmos que o manuscrito se torna objeto de coleção de grande interesse[10] ao longo dos séculos XVIII e XIX, é possível sustentar a ideia de que é em contraste com a expansão da circulação de impressos que os artefatos manuscritos passaram a ser diretamente associados à individualidade e à singularidade. O valor simbólico do manuscrito parece, assim, assumir um novo sentido em resposta ao mundo da coletividade e reprodutibilidade massiva dos textos impressos. Neste jogo de oposições é possível observar uma interconexão profunda entre os dois suportes. O mundo do manuscrito e do impresso se influenciam de maneira dinâmica e suas distintas características surgem dessa interação. Porém, mais do que isso, entre ambos há também zonas de contato importantes que mostram que a interação é ainda mais complexa.

O Manuscrito, o Impresso e a Imprensa: Entrelaçamentos

Ao olharmos com mais atenção para a história do impresso, vemos que, mais do que um simples passo em direção à superação da escrita manual, ele se configura como resposta e como complemento ao manuscrito. Basta lembrar, por exemplo, que nos primórdios dos desenvolvimentos técnicos empreendidos por Gutenberg no século XV se encontram as notas de indulgências que traziam um texto impresso e lacunas para que fossem inseridas manualmente, por exemplo; informações sobre fiéis. A prática da impressão de tais indulgências deu praticidade e acelerou a produção desses documentos amplamente requisitados à época, dinamizando a produção da palavra manuscrita sem substituí-la completamente.

Exemplos mais modernos também podem ser evocados para ilustrar que manuscrito e impresso não são necessariamente instâncias inteiramente desconectadas no mundo das mídias escritas. Casos claros de contato entre essas formas surgem ao pensarmos para além da impressão tipográfica. Técnicas como a litografia ou o entalhe permitem há muito tempo a reprodução da visualidade do manuscrito. Alguns escritores e artistas irão inclusive

---

10 Ver N. Preiss (ed.), *Le XIXe siècle à l'épreuve de la collection.*

explorar essa interação de maneira elaborada e intensa. Projetos como *Songs of Innocence and of Experience* de William Blake no final do século XVIII apontam para uma percepção aguda das interações entre manuscrito e impressão, e propõem uma abordagem rica acerca dos limites, semelhanças e diferenças entre os dois. Os poemas manuscritos de Blake evocam, assim, uma fértil dinâmica entre, de um lado, o componente artesanal e singular da mão do escritor-artista e, de outro, a engenhosidade e reprodutibilidade das técnicas de impressão.

FIGURA 7. *Songs of Innocence and of Experience* (William Blake, 1789).
Fonte: <commons.wikimedia.org>.

Ao longo do século XIX era comum encontrarmos a produção de fac-símiles, seja em publicações inteiramente compostas de reproduções de manuscritos, seja na reprodução de assinaturas de autores, ou de trechos manuscritos. O fac-símile nesse período parece captar o desejo de entrar em contato com a individualidade dos escritores, anseio que marcava a visão moderna em torno da escrita manual e da escrita em geral. Dessa forma, a presença da reprodução de um manuscrito buscava adicionar respaldo e trazer um tom direto para a comunicação entre escritor e leitor. Essa estratégia é claramente aplicada pela publicação dos *Contes et légendes* de Louise Michel, que contém um prefácio com autógrafo do escritor e político Henri Rochefort. Nesse prefácio, que reproduz uma carta manuscrita de Rochefort, vemos, literalmente, o autor subscrever ao talento de Louise Michel. Pelo traço de autenticidade que a reprodução manuscrita evoca (na ausência de edição, na presença da letra de próprio punho e no tom intimista), vemos se reforçar a função paratextual de endossamento[11], característica do prefácio.

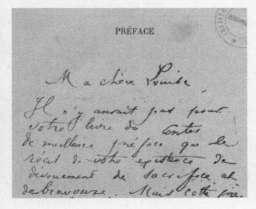

FIGURA 8. *Prefácio de Henri Rochefort – Contes et légendes* (*Louise Michel, 1884*).
Fonte: <gallica.bnf.fr>.

Mais recentemente, o escritor Dany Laferrière, membro da Académie Française, também explorou a impressão manuscrita, porém com meios mais contemporâneos do que aqueles utilizados por Blake ou pelos editores de Louise Michel. Em *Autoportrait de Paris avec chat*, *Vers d'autres rives* e *L'Exil vaut le voyage*, Laferrière apresenta livros inteiros escritos e desenhados à mão, propondo uma abordagem singela da escrita que se revela por meio do traço quase infantil e da letra legível. Apesar de seu visual mais despojado, os livros de Laferrière ecoam o projeto de William Blake, uma vez que não apresentam o manuscrito enquanto rascunho, mas enquanto processo feito e pensado em função de sua difusão e impressão, ressignificando as expectativas comuns em relação às tradições das formas e gêneros impressos, como o livro e o romance[12].

Outra forma textual que manifesta um ponto de contato significativo entre manuscrito e impresso – e que inverte a perspectiva desses exemplos de reprodução impressa do manuscrito

---

11 Ver G. Genette, *Paratextos Editoriais*.
12 Ver, por exemplo, as primeiras páginas de *L'Exil vaut le voyage*, no *website* da editora Grasset.

discutidos até aqui – é o periódico manuscrito. Se a difusão de notícias na forma manuscrita está diretamente atrelada aos primórdios da circulação da informação, como bem mostrou Andrew Pettegree[13], essa prática persiste e se desenvolve mesmo nos períodos em que o impresso já se encontra amplamente difundido. Assim, podemos encontrar diversos exemplos de jornais manuscritos, inclusive no século XX[14]. Essas folhas, ainda que de circulação restrita, são um exemplo importante de como manuscrito e impresso se cruzam e se moldam a partir dessas interações. Normalmente fruto do trabalho de pequenos grupos de colaboradores, como sociedades artísticas ou comunidades locais, esses jornais eram produzidos manualmente, recopiados e transitavam de maneira nem sempre clara entre o público e o privado. Por mais artesanais que fossem, esses periódicos mimetizam e interrogam em diversos sentidos as formas da grande imprensa e reforçam a ideia de que o manuscrito também repensa as (e se apropria das) características e potencialidades do impresso.

Em contrapartida, é necessário lembrar que a imprensa não ignora a importância do manuscrito e o imprime também em suas páginas, usando as mesmas técnicas que observamos anteriormente. Isso ocorre dentro de um contexto em que a imprensa periódica não deixa de integrar em seu discurso moderno fatores que vão privilegiar o contato com ideias associadas ao mundo do manuscrito. Seja em sua busca por conteúdo documental e objetivo, ou em seu interesse em ressaltar vozes particulares (da construção da reputação de grandes jornalistas à demarcação da presença de articulistas/escritores importantes[15]), muitos periódicos inseriam, ainda que esporadicamente, manuscritos em suas páginas. Impulsionado notadamente pelo desenvolvimento de técnicas de reprodução de imagens a partir de meados do século XIX[16], o jornal experimenta formas que vão além da tipografia tradicional. Essas possibilidades e potencialidades da reprodução de autógrafos no jornal seriam fundamentais para o campo dos periódicos especializados na cultura manuscrita, que procuravam atrair o público interessado em temas como a caligrafia,

---

13 Ver A. Pettegree, *The Invention of News*.
14 Ver <https://handwrittennews.com/index-php/>.
15 Ver M. Simard-Houde, *Le Reporter et ses fictions*.
16 Ver P. Mainardi, *Another World*.

a história, a coleção, a literatura, ou a grafologia. Podemos observar, a título de exemplo, as colunas manuscritas (impressas) do primeiro número do *Journal des autographes*, fundado em 1871 por Jean Hippolyte, figura central da grafologia no século XIX.

FIGURA 9. *Le Journal des autographes*, n. 1 (Paris, 18 set. 1871). Fonte: <gallica.bnf.fr>.

Cabe ressaltar que a relação entre cultura midiática e cultura manuscrita se traduz não só no nível visual, mas também em interações no registro discursivo. Ou seja, o manuscrito se faz presente no jornal tanto por meio de reproduções diretas, quanto por contatos entre gêneros e formas textuais tradicionalmente ligadas à escrita manual[17]. O caso mais emblemático talvez seja o da cultura epistolar, que se traduz de forma bastante eficaz no espaço midiático moderno[18]. Seja na presença dos "correspondentes" que alimentam os jornais com notícias vindas de longe, na massa de cartas de leitores[19], ou nas famosas "cartas abertas", a correspondência se insere na imprensa e permite uma reconexão entre o foro privado e o debate público, encarnando uma mediação entre posições individuais e uma determinada coletividade. Assim, um

---

17 Ver R. Scarborough King, *Writing to the World*.
18 J. Luiz-Diaz, Avatars journalistiques de l'éloquence privée, em D. Kalifa et al. (orgs.), *La Civilisation du journal*, p. 691-715.
19 Ver E. Absalyamova; V. Stiénon (orgs), *Les Voix du lecteur dans la presse française au XIXe siècle*.

exemplo claro de como a abertura do mundo midiático e a individualidade da retórica epistolar se conectam pode ser encontrado no tom ao mesmo tempo pessoal e público da célebre carta "J'accuse" redigida por Émile Zola, endereçada ao presidente Félix Faure e publicada no jornal *L'Aurore* em 13 de janeiro de 1898.

TEXTOS MÓVEIS: COMPOSIÇÕES E PROCESSOS

Os casos e os momentos quando manuscrito e impresso manifestam uma interação profunda se caracterizam, portanto, por uma ampla diversidade e por uma longa história. Isso coloca claramente em cheque a visão que simplesmente opõe esses dois meios de produção e circulação textuais. Mas, além disso, acredito ser possível aproximar manuscrito e impresso – no intuito de melhor entendê-los – também no que diz respeito ao nível (talvez ainda mais profundo) dos processos de criação e composição que os caracterizam.

É fundamental, portanto, evocar os avanços da crítica genética, abordagem preocupada em "deslocar a interrogação crítica do autor ao escritor, do escrito à escritura, da estrutura ao processo, da obra a sua gênese"[20]. Ao retirar o foco do texto publicado, e da obra enquanto forma fechada, a crítica genética mostra que todo texto é fruto de um processo, cujos traços sobrevivem na forma dos manuscritos. Mais do que simplesmente celebrar o resultado, trata-se de observar a escrita em estado de "laboratório", no qual os escritores hesitam, planejam ou se lançam vertiginosamente na criação. Essa visão pode, contudo, mais uma vez dar lugar à dicotomia entre manuscrito e impresso. O manuscrito poderia ser visto, sob um primeiro olhar, como o espaço da criação por excelência, do rascunho, da experimentação, enquanto o impresso seria a instância que determina o fim do processo criador, fixando o texto em uma forma definitiva. O texto impresso estaria, por assim dizer, para além do território da crítica genética.

Se, por um lado, a crítica genética tende a se concentrar em torno de artefatos manuscritos, por outro lado, a visão mais ampla que ela postula acerca das ideias de texto e de escrita enquanto *processos*, inevitavelmente desestabiliza a noção de impresso como

[20] Ver P-M. de Biasi, *Génétique des textes*.

simples momento de fixação do texto e de término da escritura. A análise teórica que a crítica genética propõe em torno dos processos de criação mostra que, em diversos momentos (e de maneira não linear), a escrita manual interage com o mundo do impresso. Os três eixos estruturantes do processo de criação – *exogesis*, *endogenesis*, e *epigenesis* – identificados por Dirk Van Hulle[21], a partir do trabalho Raymonde Debray-Genette[22], mostram que o manuscrito interage constantemente com o impresso, havendo pontos de contato entre o momento da criação e da publicação.

Assim, a noção de *exogenesis*, abarca o trabalho com fontes externas usadas ao longo do processo de escrita, remetendo ao escritor enquanto leitor. Ou seja, trata-se daquilo que é trazido de fora para dentro no contexto da criação. Observar a *exogenesis* envolve examinar, por exemplo, a biblioteca do escritor ou suas anotações a respeito de outras obras. Esse eixo remete também às práticas como a marginália, que é a inscrição de notas manuscritas nas margens de algum suporte, o que inclui sobretudo as margens de materiais impressos.

Já a *endogenesis* diz respeito ao material produzido diretamente visando a criação da obra, ou seja, ao que se encontra propriamente *dentro* do processo de confecção do novo texto/obra em mente. Mas vale lembrar que ela interage com a *exogenesis*, como bem notaram tanto Debray quanto Hulle: a partir do momento em que um autor incorpora um trecho, ou faz uma anotação visando a criação de um novo texto, por exemplo, esse material transita no espaço entre *exogenesis* e *endogenesis*.

Por fim, Hulle identifica ainda *epigenesis*, termo que evoca as mutações no texto após sua publicação. Em certa medida, essa distinção entre *endogenesis* e *epigenesis* de Hulle, se reflete em outros teóricos como Rudolf Mahrer, que propõe os termos *gênese pré-editorial* e *gênese pós-editorial*[23], ou em Biasi que sugere termos como *fase pré-editorial* e *fase editorial*. O ganho proposto no modelo triangular de Hulle (*exogenesis/endogenesis/epigenesis*) é não ancorar tão fortemente o processo de criação numa dimensão linear ou cronológica (reforçada pelos prefixos pré/

21 D. Van Hulle, Modern Manuscripts, *Oxford Research Encyclopedia of Literature*.
22 R. Debray-Genette, Génétique et poétique, *Littérature*, n. 28, p. 19-39.
23 R. Mahrer, La Plume après le plomb, *Genesis*, n. 44, p. 17-38.

pós de Biasi ou Mahrer), mas de identificar pontos de interação multidirecionais no processo de criação.

Porém, mesmo os termos que parecem sugerir uma abordagem mais "linear" do processo de escrita não deixam de captar que manuscritos e impressos são instâncias conectadas. Basta observar que, apesar de demarcar os limites entre a dimensão do "prototexto" (material que antecede a publicação, objeto da "genética dos manuscritos") e do "texto" (estabelecido pela forma publicada, e objeto da "genética do impresso"), Pierre-Marc de Biasi ressalta a continuidade do processo de transformação do texto, mesmo após sua publicação. Segundo ele, o objetivo "essencial" da crítica genética é certamente a "reconstituição do prototexto a partir dos manuscritos", mas "essa pesquisa sobre os manuscritos deve se desdobrar sobre um estudo genético dos processos de escrita observáveis nas metamorfoses do texto impresso"[24].

É ainda no trabalho de Biasi que encontramos uma importante discussão que situa o impresso periódico no limiar entre prototexto e texto, entre a fase pré-editorial e a fase editorial. Pensando sobretudo no contexto de publicação do século XIX, o crítico sublinha que, antes de publicarem suas obras na forma de livros, em muitos casos, os escritores recorriam à publicação na imprensa, seja como forma de ganhar dinheiro ou como forma de testar a resposta do público. Esse fenômeno instaura a existência, na terminologia de Biasi, de uma edição "pré-original", ou de uma "pré-publicação"[25].

Esses termos mostram o quanto a imprensa ocupa um lugar de encruzilhada nos estudos genéticos. Curiosamente, Biasi opta por associar a imprensa à ideia de "pré-publicação", ainda que a imprensa periódica seja geralmente, sobretudo no século XIX, muito mais "pública" (ou seja, difundida) do que o livro. Isso significa que o termo não expressa necessariamente o alcance público da mídia em questão, mas reforça a *mobilidade* do texto neste estágio de sua trajetória. O jornal ou a revista estariam, assim, relativamente próximos da dinâmica genética presente na fase "pré-textual". A imprensa funcionaria como vaso comunicante entre manuscrito e impresso, entre texto móvel e texto fixado.

[24] Ver P-M. de Biasi, op. cit.
[25] Ibidem, p. 109.

Os exemplos dessa dinâmica são abundantes. É o que ocorre notadamente nos romances publicados primeiramente em folhetim ou em fascículos, como foi na França, Eugène Sue, Alexandre Dumas, Honoré de Balzac, Flaubert e tantos outros, que recebiam dos leitores inúmeras respostas e sugestões[26] que guiavam diversos pontos da gestação da narrativa ou do estilo da obra. A imprensa funcionava como lugar de transição e de contínuo ajuste da obra, não só pelo diálogo com o leitor, mas por sua textualidade e temporalidade entrecortada, que abre espaço para alterações no texto no decorrer do processo de publicação, seja por parte do próprio autor ou dos editores. Logo, pode-se entender o motivo que leva a crítica a considerar como um "laboratório" o *corpus* jornalístico de certos escritores. Apesar de impresso, o jornal permite uma constante mobilização de seu próprio discurso e é comumente utilizado como material em futuras publicações em livro.

A imprensa periódica, enquanto suporte textual, pode ser pensada como um texto que se reescreve constantemente, como uma escrita perpétua que tanto reafirma ou atualiza/rasura, em certa medida, os exemplares anteriores, quanto serve de fonte para textos futuros. Além de estar atrelada à ideia de um *laboratório*, de um fórum aberto à mudança (o que aproxima escrita periódica e rascunho manuscrito), no momento de sua modernização a imprensa se liga igualmente à ideia de *arquivo*. Sob essa perspectiva, os jornais que se acumulam quotidianamente se configurariam como "arquivo para o futuro"[27], como anotação massiva e contínua do presente. Assim como para muitos manuscritos, o valor do jornal, construído de textos efêmeros por excelência, nasceria justamente de um processo retrospectivo que veria, no futuro, a importância do jornal enquanto arquivo dos movimentos do passado. Sob essa lente, o jornal e o jornalismo encarnariam a imagem da humanidade escrevendo sua própria história, diariamente, como coloca Lamartine já em 1831:

Antes que este século se feche, o jornalismo será toda a imprensa, todo o pensamento humano [...]; a humanidade escreverá seu livro dia após dia, de hora em hora, página por página; o pensamento se difundirá no mundo à velocidade da luz [...] ele não terá o tempo de amadurecer, de

---

26 Sobre a interação entre leitores e romanicstas ver J. Lyon-Caen, *La Lecture et la vie*.
27 Ver G. Pinson, *L'Imaginaire médiatique*.

se acumular na forma de livro; o livro chegaria tarde demais: o único livro possível a partir de hoje é o jornal.[28]

A afirmação de Lamartine não só opõe o texto de jornal à fixação e imobilidade do livro, mas também evoca o texto midiático como próximo ao prisma do manuscrito: a fabricação do jornal comporta o rastro de um processo de perpétua gênese e escritura. O jornal se torna anotação diária do vivido, evocando inclusive o duplo valor da palavra *journal* (diário íntimo/jornal diário) em francês. A afirmação de Lamartine reflete um imaginário social da imprensa partilhado pela sociedade de seu tempo e aproxima, no nível conceitual, traços do processo de escrita identificados na criação manuscrita daqueles encontrados no texto de imprensa.

À luz dessa aproximação, pode-se compreender com mais clareza, por exemplo, os motivos que podem ter levado à inserção de um recorte de jornal em um dos dossiês de manuscritos de Proust (NAF16634) conservados na Biblioteca Nacional da França[29]. O recorte do artigo "Épines Blanches, Épines roses", publicado originalmente no *Figaro* de 21 de março de 1912, não só remete ao conjunto das crônicas de Proust – cujos manuscritos são reunidos nesse dossiê específico –, mas coloca em evidência um tratamento documental do jornal enquanto prototexto sujeito a modificações futuras e enquanto parte integrante do processo de escrita. A publicação posterior, na forma de romance, de trechos importantes do artigo, viria ressignificar, portanto, em retrospecto, o texto de jornal, transformando-o em uma espécie de "rascunho impresso" de um texto futuro. Se, por um lado, essa percepção em retrospectiva pode gerar pontos-cegos na interpretação dos textos jornalísticos, uma vez que o texto de jornal não necessariamente se apresenta como laboratório de uma obra futura[30], é preciso reconhecer que ela aponta para a mobilidade do texto midiático e problematiza a rigidez geralmente atribuída ao texto impresso.

Outro exemplo, talvez ainda mais claro, de como o texto impresso no jornal pode se reintegrar no processo móvel de

---

28 A. de Lamartine, *Sur la politique rationnelle*, p. 11-12.
29 Y. Cerqueira dos Anjos, Os Manuscritos de Imprensa de Marcel Proust, *Manuscrítica*, n. 29, p. 32-45.
30 Ver idem, *Marcel Proust et la presse de la Belle Époque*.

gênese – e reinserido diretamente no trabalho de escrita à mão – se manifesta no célebre caso do poema "Postcript", do escritor irlandês Seamus Heaney. Como bem observou Dirk Van Hulle[31], após publicar a primeira versão de seu poema no jornal *The Irish Times* em outubro de 1992, o poeta refaz, rasura e modifica o poema à mão, diretamente, sobre o papel de seu exemplar pessoal do periódico. O poeta intervém sobre o material impresso usando caneta e lápis, unindo em uma nova etapa criativa o suporte impresso e o trabalho manuscrito, transformando o texto publicado em um novo rascunho[32].

O MANUSCRITO REINSERIDO NA REDE MIDIÁTICA

A reflexão sobre os contatos entre o mundo midiático e o mundo manuscrito nos permite colocar em xeque o sistema binário de oposição que demarca limites entre a escrita manual e impressa, entre o texto em gestação e o texto publicado, entre prototexto e texto. Sob essa perspectiva, a escrita é vista como um processo mutante e transversal, feito de idas e vindas, retomadas e retrocessos que não só se traduzem dentro dos limites de um suporte em particular, mas atravessam diversos suportes e revelam conexões profundas entre eles. Os diversos exemplos, momentos históricos e conceitos aqui abordados buscaram mostrar como os processos de escrita não são necessariamente lineares ou cíclicos, nem fechados em um certo momento ou suporte da criação.

É possível reinserir manuscritos e periódicos dentro de um sistema mais amplo: o da rede de interações das diversas mídias por meio das quais o ser humano se comunica/se comunicou e dá/deu conta de sua experiência subjetiva ou do mundo à sua volta. Enquanto não deixa de ser essencial – tanto nos estudos genéticos quanto nos estudos midiáticos – atentar para a especificidade de cada suporte (como as dinâmicas específicas da anotação em um caderno, agenda, folhas soltas, ou a disposição textual em um

---

31   D. Van Hulle, *Modern Manuscripts*, *Oxford Research Encyclopedia of Literature*.
32   As alterações de Heaney podem ser observadas em uma reportagem de 2018 do próprio *Irish Times* sobre a obra do poeta: <https://www.irishtimes.com/culture/books/seamus-heaney-our-dad-the-poet-by-catherine-chris-and-mick-heaney-1.3546885>.

folhetim de jornal ou nas páginas de uma revista especializada, por exemplo), não podemos perder de vista os diversos pontos de contato e semelhança entre as mais diversas mídias.

Esse pensamento intermidiático do manuscrito pode assumir diversas formas. Um caso exemplar é o trabalho de Daniel Ferrer, no qual encontramos uma comparação entre o processo de criação literária e a técnica da cronofotografia, desenvolvida por Étienne-Jules Marey. Constituída por uma sequência de quadros representando instantes ligeiramente distintos de um movimento mais amplo, a cronofotografia se situa no limiar entre o estático e o movimento, instante e duração. A representação quadro-a-quadro de uma ação no tempo leva Ferrer a pensar nos diferentes momentos do processo criativo registrado nos manuscritos literários. Para o crítico, há um paralelo entre essas fotografias e trabalho da crítica genética, que consiste em "reconstituir, em certa medida cinematograficamente, o desenrolar da escritura, o movimento da criação literária, a partir dos planos fixos formados pelos manuscritos dos escritores"[33].

Pensar os manuscritos à luz da fotografia pode ampliar nossa visão da escrita em si, mas também, em um nível mais profundo, construir novas possibilidades conceituais para a crítica genética. Trata-se de um movimento fértil que entrelaça mídias pensadas como distintas. Esse entrelaçamento permite uma compreensão mais profunda de como nenhuma mídia (ou grupo de mídias) é isolada. Elas trabalham no seio de uma rede de suportes que se revelam mutuamente. Para além de uma problematização das fronteiras entre manuscrito e impresso, seria possível interrogar as zonas de interação que caracterizam o conjunto de mídias da rede de comunicação de maneira geral.

Nesse sentido, enquanto o estudo detalhado do objeto manuscrito parece há muito ter encontrado possibilidades de abordagem sistemática nas humanidades (na filologia, na paleografia, na codicologia, na sociologia dos textos ou na crítica textual e genética), sua interação com outras mídias parece ter sido objeto de menor interesse. Contudo, as tecnologias digitais parecem apontar para novos caminhos, justamente por estarmos às voltas com novas maneiras de escrever, de conservar e de estudar os manuscritos[34].

---

[33] D. Ferrer, *Logiques du brouillon*, p. 12.
[34] Ver D. Van Hulle, *Modern Manuscripts*.

Nesse campo, tecnologias que encarnam uma clara interação entre mídias e formas diversas têm sido mais presentes e, como consequência, têm aguçado a sensibilidade para observar fenômenos similares em tempos passados. Se nos dias de hoje, objetos como as canetas digitais usadas em *tablets* de certa forma evocam as tábuas de cera usadas na antiguidade, é possível observar ao longo da história, a existência de diversas "zonas de hibridação": fenômenos, práticas e instrumentos por meio das quais o manuscrito interage com outras tecnologias, quando a escrita atravessa novas mídias, unindo o manual ao mundo do mecânico, do elétrico ou do digital. É o caso, por exemplo, no século XIX, do telégrafo autográfico de Giovanni Caselli, também conhecido como pantelégrafo. Esse instrumento permitia transmitir, por meio de impulsos telegráficos, um traço manuscrito produzido a uma grande distância do ponto de chegada, funcionando de maneira similar ao fax ou à impressora moderna.

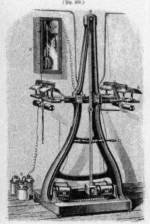

FIGURA 10. *Pantelégrafo de Giovanni Caselli, ilustração de 1873.* Fonte: <commons.wikimedia,org>.

A observação das práticas da escrita que constituem zonas de hibridação e interação entre manuscritos e outras mídias e tecnologias permite observar certos "nós midiáticos" dentro da vasta rede dos meios de comunicação. Tal perspectiva permite – além de complementar os estudos focados em *corpus* exclusivamente manuscritos e voltados para a análise das especificidades da escrita manual – relativizar o discurso linear da grande história das mídias textuais. As zonas de interação colocam em questão a classificação em etapas que muitas vezes foca na prevalência de certas mídias em determinados períodos, identificando grandes fases que se encadeariam: da cultura manuscrita (pré-moderna), à cultura impressa (moderna) chegando à cultura digital (contemporânea). Enquanto é comum nos estudos da história da comunicação escrita lembrar que essas etapas não são inteiramente estanques, e que elas podem se sobrepor, pois livros manuscritos, por exemplo, não são imediatamente substituídos com o desenvolvimento do tipo móvel por Gutenberg, pouca atenção parece ter sido dada às instâncias particulares em que esses paralelos se unem, em que suportes diferentes interagem mais diretamente e concretamente em diversos níveis (produção, recepção, circulação ou imaginário).

Uma investigação mais detalhada sobre as zonas de interação se faz, portanto, necessária para a ampliação do escopo e dos métodos do estudo da produção e da criação pela escrita. Diante dessa tarefa, a crítica genética parece, a meu ver, poder exercer um papel essencial. Cabe aos futuros pesquisadores desse campo o trabalho de reforçar e criar caminhos que promovam uma investigação aberta capaz de entender o manuscrito e os processos criativos da escrita em contato com a múltipla rede de mídias que constituem o sistema comunicacional humano.

À Guisa de Conclusão

Por uma Antropologia da Escritura – Crítica Genética e Pensamento Antropológico

Roberto Zular[1]

A VIDA ENIGMÁTICA DOS MANUSCRITOS

Passados cinquenta anos desde o surgimento da crítica genética, parece que a curiosidade pelos processos de invenção, incitada pelos rastros materiais de sua produção, deixou de ser uma questão de análise de procedimentos que levariam à compreensão do processo que, por sua vez, levaria às obras de arte. Ao invés disso, as questões conceituais e o modo de pensar as práticas parecem ter ganhado maior relevo, permitindo pensar o caráter processual da própria arte, a historicidade dos seus meios, as transformações dos seus modos de produção e recepção, enfim, uma "investigação sobre os modos de existência" da experiência literária, isto é, os modos de existência dos seus próprios objetos e as formas de vida (artistas, leitores, instituições) que tornam esses objetos possíveis em certos contextos (antropológicos, históricos, sociais).

Não há "grande escritor" cuja obra não seja uma forma de colocar em questão a própria noção de obra. Afinal, as obras artísticas são os objetos mais estranhos para o paradigma ocidental

---

1   Poeta, tradutor e professor de Teoria Literária e Literatura Comparada na Universidade de São Paulo, coautor de *Poiética* [*Cadernos*] *Paul Valéry* (2022).

de existência dos próprios objetos. Como se perguntava Marx, que tipo de produto é esse que pode ser usufruído com proveito milhares de anos após sua fabricação? Que tipo de objeto é esse que faz do próprio processo sua obra como os cadernos de Valéry ou *La Fabrique du Pré* de Ponge? Mais ainda, que tipo de objeto é esse que pressupõe um mecanismo complexo de atribuição de uma subjetividade produtora ou mesmo de uma autoria e que não raras vezes produz a estranha existência de seres e situações ou a impressão de que alguém está dizendo algo quando não há nenhum ser ali senão um amontoado de papel e tinta, tela ou metal, mármore ou feixe de luz que os ouvidos e a retina fazem viver de um modo único, quase miraculoso, imaginário, anímico?

Se nos apegamos menos ao estudo dos processos da crítica genética, vemos que ela esbarra o tempo todo em um questionamento sobre a natureza do ato de invenção, sobre o estatuto dos objetos que o sustentam e as formas de vida que possibilitam sua produção e, mais ainda, sua fruição por uma outra pessoa. Como se a "pessoa" na arte, em que pese o mito da criação individual, fosse um di-víduo, uma pessoa múltipla, fractal, distribuída por uma miríade de objetos, atos, pessoas, papéis sociais e personagens. Não por acaso, essas são questões caras à antropologia, pois o choque da cultura letrada com outras formas de vida produziu de imediato um alerta sobre a variabilidade desses atos, os modos de existência desses objetos e as formas de vida que os tornam possíveis.

Tanto assim que os primeiros textos na área, penso especialmente em Louis Hay e Jean-Louis Lebrave, tinham por objetivo exatamente questionar a noção de... texto. Claro, pois, ao ampliar a análise ao processo de criação e não apenas ao texto publicado, evidenciava-se que a noção ainda bíblica de texto imóvel e totalmente fechado em si mesmo não tinha qualquer relação com a prática efetiva de escrita. Para Hay, a experiência dos manuscritos mostra que o que chamávamos de "texto" é um complexo heterogêneo de espaços múltiplos que acumula diferentes tempos (tanto históricos quanto enunciativos), diferentes formas de atos (tanto de enunciações escritas quanto orais)[2], diferentes rastros da passagem do corpo (tanto pelo imaginário quanto pelo ritmo ou pelo gesto).

---

2   Para uma melhor compreensão da questão da oralidade, veja-se o capítulo 2 de *Escrever Sobre Escrever*, de R. Zular e C.A. Pino. Em resumo, trata-se de uma questão de compreender, com Meschonnic, que a oralidade atravessa tanto a ▶

Por razões internas à disciplina e à sua inserção no campo literário francês, como mostramos em *Escrever Sobre Escrever*, foi preciso operar um corte epistemológico para a crítica genética que a circunscrevia aos manuscritos ou documentos de processo, deixando a "crítica literária" na sua ilusão de autonomia e análise. Mas se radicalizamos esse momento inaugural da crítica genética, vemos que a escrita (tanto quanto a leitura) não se separa do gesto, e que a "obra publicada" está infinitamente em processo de releitura que a coloca no mesmo campo heterogêneo dos manuscritos. Isto é, o que está em jogo é a "ontologia", o modo de existência enigmático desses objetos[3]. Como toda leitura é uma re-enunciação, é possível generalizar que "as flutuações de normas culturais e as variações de nossos critérios" reforçam os aspectos móveis do texto, produzindo acoplagens corporais e simbólicas que, como propôs o próprio Jauss em "O mito das irmãs inimigas", é parte tanto da crítica genética quanto da estética da recepção.

E é aí que podemos nos aproximar da empreitada que ao longo de quase quarenta anos Philippe Willemart vem insistentemente defendendo no âmbito da gênese. Ao invés de imaginar um processo móvel e um texto fixo, Willemart propõe desde o início uma mobilidade da escritura. Mesmo o texto publicado faz parte de um processo de produção e recepção, de práticas de escrita e de leitura, que o atravessam (o texto publicado é parte do processo).

O texto é móvel porque ele é o lugar do desejo e quando se fala em desejo se está a falar de corpo (expectativas, afetos, sensações, pensamentos), que se liga às instâncias exteriores como a linguagem, o papel, a caneta, a máquina de escrever, os computadores. O texto móvel é o resultado continuamente reencenado dessa acoplagem.

▷ fala quanto a escrita, uma vez que a dicotomia infernal entre "phoné" e "logos", o corpo e a linguagem, a natureza e a cultura é reelaborada a partir de um terceiro termo. Assim, o "oral", o envolvimento do corpo na linguagem, também se dá na escrita, assim como a escritura não é apenas escrita fonológica, mas um vasto campo de relações com inscrições que cruzam as culturas que se pensava serem analfabetas ou ágrafas. Ouvir a escritura e ler o mundo (do canto dos pássaros aos algoritmos digitais) é sempre uma missão ardente de crítica genética.

[3] Foi em uma excelente resenha de *Escrever Sobre Escrever* que Messias Basque chamou a atenção para uma série de questões antropológicas envolvidas na crítica genética, desde a relação entre gênese e escrita até a suposta superioridade de um sistema sobre o outro para chegar ao ponto de que trata este capítulo: a necessidade de vincular modos de conhecer (epistemologia) a modos de ser (ontologia). M. Basque, De la critique génétique à l'anthropologie et vice versa, *Revista de Antropologia*, v. 53, n. 1.

Eis o lugar da pulsão, simplificando-a com Freud, o lugar em que os excedentes de energia corporais se ligam e se expandem em outros corpos orgânicos ou não. No caso da escrita, ganha muita força o que Lacan chamou de pulsão invocante, pois a inscrição da linguagem está ligada a um desejo de ouvir, a um modo de tentar colocar a própria voz no espelho.

Essa voz no espelho se confunde com o gesto de inscrição e é atravessada também pela pulsão escópica – o desejo de ver a própria linguagem, de captar-se em um ato de fala que se escreve, em multiplicar-se como narrador e personagem por esses atos – que se apega à letra assim como ao próprio imaginário.

Entramos assim em um curto-circuito entre o gesto de inscrição (a mão que escreve, digita ou o computador que grava a voz) que o olho busca, mas que se desdobra em um ato de fala que a gravação ou a inscrição articula como um desejo de ouvir. Ouço, logo escrevo, diria Valéry.

O que Willemart descobre ao longo dos seus livros é que as estruturas da linguagem nos constituem, e a necessidade da escrita é uma necessidade de colocar em questão o modo dessa constituição. Isso é, somos mais falados pela linguagem do que falamos, e a literatura é um modo muito particular que o mundo ocidental inventou de habitar a linguagem. O que está em jogo aqui é aquilo que Meschonnic chamou de uma "antropologia histórica da linguagem", subtítulo de seu decisivo *Critique du rythme*.

Se inicialmente tratava-se para Willemart de buscar o inconsciente do texto, aos poucos ficava claro que o inconsciente só pode estar ligado ao corpo, ao cérebro, à pulsão, e que no processo artístico produz-se uma virtualidade textual, se atribui existência a algo que é da ordem do virtual. Talvez aí seja um caminho possível para se compreender uma antropologia da escrita em uma sociedade que atribui ao escritor a possibilidade de dar existência a essa virtualidade.

Por isso, os manuscritos (e os documentos de processo da escrita digital ou mesmo os algoritmos como veremos mais à frente) são tão interessantes. Eles são o lugar em que essa virtualidade se revela. Sua onto-logia, o modo de ser do seu saber, é estar aberto ao possível a cada instante, é dar consistência, ou paraconsistência, à equivocidade da linguagem, ao caráter múltiplo das coisas.

Por isso a rasura é antropologicamente tão importante. Ela é uma das maiores invenções do mundo ocidental. Nela a virtualidade dos fluxos de sobredeterminação da linguagem, sua equivocidade, podem ser trabalhados ao infinito. A rasura no texto, como as pegadas, os sons, os cheiros em uma floresta, marcam o lugar em que os caminhos se bifurcam, em que as possibilidades de fato se realizam (mesmo que seu modo de realizar seja bastante singular como a realização de um virtual).

A rasura expõe materialmente a multiplicidade daquele que escreve, tornando-o leitor daquele que age, tornando-o, literalmente, vidente. Daquele que fala, tornando-o ouvinte e, para não seguirmos infinitamente, da irreversibilidade do tempo à reversibilidade da memória da escrita ou a "memória da escritura" do texto móvel.

Como lidar com a estranheza desses fenômenos? Como lidar com um mundo que advém dos manuscritos tão diferentes do nosso senso comum? Creio que é aí que a empreitada willemartiana, vista do ponto de vista da antropologia, ganha mais força. Como fazer uma crítica que dê conta desses outros modos de existência que os manuscritos ou outros modos de escrita dão a ver?

A primeira hipótese, ainda linguística, é que o repositório da língua com o qual joga o escritor, forma o seu inconsciente e, metaforicamente, seu texto. Há um jogo de séries, uma combinatória dos poucos sons e letras que compõem a fala e a escrita. Esses sons entram em ressonância, mobilizando as estruturas, como mostra Saussure em seus anagramas. A linguagem é *também* um código, um algoritmo, incrustado no cérebro e que organiza o próprio inconsciente.

O ponto para Willemart, talvez sua grande questão por trás de tantas questões, é tentar entender como uma estrutura tão fechada como a linguagem pode abrir espaço para a invenção. Se somos mais falados do que falamos, se carregamos como um caracol uma concha pesada de estruturas linguísticas, pontos de vista, formas de afeto, como a invenção é possível?

O exemplo da *Aplysia* neste livro é mais do que revelador. Diante de um fato novo, a *Aplysia* propõe novos caminhos neuronais, produz novas combinações, articula de diferentes maneiras seu corpo com aquele estímulo. Embora mais complexo, o que vemos na escrita, especialmente na rasura, é esse lugar onde os caminhos se bifurcam, onde as estruturas se atravessam. A escrita já é uma rasura no universo da fala. E a rasura nos manuscritos, as hesitações, as dúvidas, as sobreposições, as acumulações, rasuram a rasura, produzindo novos caminhos que chamamos de invenção.

O leitor pode estar se perguntando: mas afinal estamos em um mundo equívoco, indeterminado ou em um mundo de estruturas, com forte determinação? Para responder a essa pergunta é que Willemart busca apoio nas ciências duras, porque há muito tempo elas se questionam sobre a complexidade do mundo e se espantam tanto diante da certeza quanto da incerteza. Freud nunca quis inventar o inconsciente (que se formulou como uma hipótese para o funcionamento da consciência), assim como a ciência nunca quis inventar uma curvatura do espaço-tempo, nem o princípio da incerteza para tratar de fenômenos infinitamente pequenos.

O fato é que, assim como o cientista diante desses estranhos modos de existência das coisas, o crítico também se espanta com o estranho modo de existência dos processos de invenção, e a busca por sua inteligibilidade – por formas de inteligibilidade que potencializem nossa experiência da arte – passa por entender uma lógica da indeterminação como vemos na teoria dos sistemas caóticos, na ideia de uma auto-organização da matéria, nos espaços topológicos. Esses mundos são mais próximos da invenção artística do que poderíamos imaginar a princípio.

Isso quer dizer que estamos em um mundo no qual a determinação (como das estruturas linguísticas) e a indeterminação (como no caso da rasura) se atravessam continuamente. A questão é que não está dado de antemão o que é determinado e o que é indeterminado, a invenção artística joga o tempo todo com diferentes formas de determinação e indeterminação, zonas de estabilidade e instabilidade e, sobretudo, por produzir novas relações entre elas.

A sobredeterminação do processo, seu funcionamento por camadas é o que torna tão difícil pensar em uma criação via inteligência artificial: isso é apenas uma parte do processo. Isso porque, agora nos afastando um pouco das ciências duras e voltando à psicanálise, não tratamos aqui apenas de enunciados, mas da enunciação, não apenas daquilo que é dito, mas dos modos de dizer. E quando se diz modo, quando se coloca a linguagem para funcionar em diferentes contextos, vê-se que a linguagem opera em diferentes camadas ao mesmo tempo (bem como em diferentes tempos).

Toda a questão está em identificar quando uma variação linguística se torna relevante ou quando uma percepção exige uma mudança na estrutura da frase, quando um determinado verbo constitui uma forma de habitar o tempo ou quando uma outra forma de viver o espaço-tempo exige novas construções verbais. São diferentes práticas, diferentes sentidos, diferentes modos de existência que se atravessam, se sobrepõem, colidem, excluem-se mutuamente, fusionam-se, co-determinam-se.

Para criar algumas balizas nesse processo de reenvios infinitos sempre pautado na análise dos rastros da invenção, Willemart definiu quatro instâncias pelas quais gravita o texto móvel na roda da escritura. São elas: o escritor, o *scriptor*, o narrador e o autor. É como se a pessoa que escreve fosse uma pessoa múltipla, atravessada por diversas instâncias e modos de objetificação, que se cruzam de maneira singular.

Há o escritor de carne e o osso, um corpo que escreve (grava, digita, etc). Esse escritor estará sujeito a um determinado momento da vida social e da cultura, do lugar da arte e da escrita, da sua classe social e das instituições, daquilo a que teve acesso e da sua formação. Mas, como dissemos, trata-se de um corpo, e tudo depende do modo como esse corpo se acopla às experiências. Seja o acesso a discussões como a física de Einstein e às novas lógicas de inteligibilidade do mundo, seja pelos caminhos neuronais que as experiências deixaram, seja pelos outros livros que constituíram seu imaginário. Tudo isso – e muito mais – está em jogo. O corpo é um feixe de afecções que se constitui nas relações que estabelece. Só há pulsão porque há corpo e a própria enunciação depende dos modos de corporalidade que ela aciona (e, repita-se, o corpo como possibilidade de sentir ligada aos órgãos perceptivos e ao cérebro que também é parte do corpo!). O cultural, o inconsciente, as cosmologias, a educação dos cinco sentidos, estão, em última instância, ligadas às possibilidades e aos modos de existência desse corpo[4]: como ele se coloca no mundo e com o mundo.

---

4 Pensem, por exemplo na noção de ritmo. O simples ritmo de uma frase ou um verso. Ele depende de uma apreensão e de uma certa habitação da linguagem. Mas para que haja ritmo é preciso que haja retenção e prospecção e, portanto, memória. No ritmo de uma frase está a relação com a memória e com o passado, ontofilogeneticamente. O ritmo impõe uma disposição corporal, um certo modo de sentir e um certo modo de trocas com a linguagem e o mundo. Como ▶

A existência social e cosmológica desse corpo, no caso da literatura, se marca também pelo que Willemart chama de *scriptor*, uma instância passiva, de aceitação da vida como ela é, de como a linguagem nos determina, de como somos menos autores das nossas próprias frases do que imaginamos. Toda escritura começa por um reconhecimento dessa impotência que é a sua forma mais alta de potência. De uma impertinência que é a sua forma mais alta de pertencimento. Somos falados pela linguagem, pelos meios (a escrita, o cálculo, o computador, o celular, os *gadgets*). Como dissemos, desde que entramos na linguagem ou vivemos em sociedade, somos atravessados por algoritmos que advém das nossas acoplagens com estruturas externas de organização da nossa forma de estar no mundo. Perceber o peso e o modo dessa acoplagem é parte fundamental da escrita (e talvez sua parte mais inefável, embora mais determinante). Os escritores conseguiram se ex-propriar dessas próteses – insistamos que a primeira delas é a própria linguagem – fazendo da escrita um espaço de invenção, do livro um lugar de questionamento e experiência; resta saber quem vai fazer o mesmo das escritas digitais, do *streaming* e das redes sociais.

Mas essa complexa acoplagem entre corpo e prótese, códigos orgânicos e inorgânicos, qualidades sensíveis e estruturas discretas, só se perfaz na literatura pelo acionamento de um outro regime de imaginação. Aqui quem fala nunca é aquela pessoa de carne e osso que chamamos de escritor. No mundo ocidental, a arte e especialmente a literatura é o lugar mesmo em que estamos deslocados do lugar de enunciação. O seu lugar de fala é pautado por uma interseccionalidade que tem caráter decisivo na invenção desse lugar. Seja para tornar o corpo presente na enunciação, para inventar personagens e situações, para dar lugar aos sonhos, as experiências psicodélicas e espirituais, aqui o que se fala existe e sua existência, advinda de sua própria virtualidade, é o nó da experiência literária. Aqui, o que se passa na nossa cabeça – com e contra as acoplagens – importa. Trata-se

▷ se organiza e desorganiza o ritmo, que graus de organização e desorganização se aceita? Como o ritmo linguístico se relaciona com os outros ritmos sociais (das relações, da alimentação, do trabalho). Qual o espaço social para a existência desse ritmo? Vejam que só para pensar o ritmo de uma frase passamos por todos os pontos da *démarche* willemartiana.

de um tipo de realidade que, às vezes, tem mais realidade que a própria realidade. Dar consistência aos diferentes regimes de imaginação – e fugir do controle do imaginário – tem sido um dos grandes desafios dessa experiência ficcional.

Por fim, como mais uma dessas balizas, temos o autor ou a função-autor que, neste contexto, é apenas aquele que assina, que reconhece as unidades de sentido produzidas. É apenas uma instância, uma espécie de transformação do escritor em leitor que articula a vicariedade dessa posição e projeta (ou não) a partir dela um outro campo de ressonâncias. A função-autor é abertura do processo para a alteridade, dos diferentes níveis de articulação da relação entre produção e recepção, sendo aquele nome que determina as formas de circulação do texto[5].

Essas instâncias mostram bem como para Willemart o processo de escrita é um atravessamento de camadas heterogêneas que se articulam de modo sempre singular. Manuel Bandeira encena em seus poemas a imagem do poeta, Joyce apostou muitas fichas no *scriptor*, Borges na invenção do narrador e Fernando Pessoa ficcionalizou a instância da autoria, para ficarmos em alguns exemplos evidentes. Cada um deles cria um modo particular de relacionar as instâncias. O que importa são as relações, as conexões.

O percurso de Willemart, como desenhamos até aqui pelo viés da antropologia, nos permitiu enfatizar alguns pontos que gostaríamos de retomar. Partimos dos jogos combinatórios dos anagramas para chegarmos ao texto móvel. Vimos que o "texto" é uma espécie singular de existência que se pauta pela sua própria variação ontológica (o texto móvel tanto no processo quanto na sua abertura à leitura). Ao atribuir existência à virtualidade e abrir para outros regimes de imaginação que levam ao limite o modo de existência desse caráter virtual, vimos a importância da rasura, pois nela a série combinatória se cruza com outras séries (a escuta, o visual, o linguístico, o imaginário): ela é um rastro do atravessamento – da sobredeterminação – das séries.

Mas, para pensá-la mais profundamente foi preciso apresentar as instâncias, pois, nelas vemos que a noção de pessoa quando se fala em escrita se torna muito complexa. Uma pessoa que escreve é uma multiplicidade de instâncias, de diversas posições

---

[5] Desenvolvemos muito esse ponto no quarto capítulo de *Escrever Sobre Escrever* ao qual remetemos o leitor.

e pontos de vista que se articulam continuamente. O corpo (do escritor / leitor) aqui joga um papel crucial na articulação das próteses (o caráter *scriptural* da própria linguagem, da inscrição, da gravação, da digitação) e dos regimes de imaginação que advém da instância ficcional da enunciação (o narrador). Tudo isso cria uma zona de instabilidade muito forte que só se conclui com a função operada pela autoria (que pode ser feita por alguém diferente do escritor como no caso de Kafka) que desdobra o processo em uma outra instância de circulação.

Isso quer dizer que as noções de objeto, pessoa, linguagem têm uma natureza completamente distinta da doxa racionalista ocidental. O objeto é ontologicamente variável, a pessoa é múltipla e a linguagem intrinsecamente equívoca. Nunca se sabe que mundo está em vigor quando se começa uma leitura e ao desestabilizar o seu mundo é a própria relação com o mundo que se ressignifica. O mundo não é mais o mesmo quando os objetos nos determinam, ganham força subjetiva e desestabilizam as trocas linguageiras do senso-comum. Na verdade, do ponto de vista antropológico, poderíamos dizer que são os diferentes mundos que se atravessam na escrita que se torna, assim, constitutivamente, uma composição de mundos.

A questão para Willemart é que as formas de inteligibilidade desse mundo literário têm muito a ver com outros mundos como a astrofísica, a neurologia, as teorias do caos determinístico, a auto-organização da matéria. A instabilidade do objeto artístico (que se comporta às vezes como sujeito e às vezes como objeto) estabelece um campo metafórico com a física quântica ou com a instabilidade onda/matéria dos feixes de luz. A complexa relação entre determinação e indeterminação, zonas de estabilidade e de instabilidade, tempo reversível e irreversível, em suma, os modos de organização da produção artística, lembram mais um movimento complexo de interação entre instâncias não hierárquicas do que a soberania de um sujeito que dá forma aos materiais. Os materiais, as próteses, os códigos e suas acoplagens determinam mais o sujeito do que o próprio sujeito (que é apenas *uma* das instâncias do processo).

Assim, a passagem dos manuscritos à experiência literária – da relação entre matéria e ato – é como aquela do cérebro à mente: ainda não sabemos como se passa de uma à outra. Como se dá essa passagem é o que fica ainda por fazer para pensarmos uma antropologia da escrita. O que temos são rastros muito potentes que nos ajudam a repensar essa experiência, sobretudo o seu caráter heteróclito, as suas camadas de sobrecodificação, de sobredeterminação, enfim, alguns indícios que nos ajudarão a pensar outros desdobramentos da escrita pelo viés da antropologia.

Dizer que o texto é móvel como vemos nos manuscritos – o que não quer dizer que produção e recepção sejam o "mesmo" processo, nem que não haja questões éticas fundamentais para se decidir o que se expõe do processo – é dizer que a ontologia do texto é variável. Esse o ponto. O estatuto de objeto do texto não é tão objetivo quanto se pensa. Ele pressupõe modos de subjetivação, diferentes acoplagens corporais, diferentes relações temporais que encarnam diferentes ritmos além de diferentes ordens institucionais e sociais. Enfim, diferentes modos de existência.

Seja materialmente, seja como construção linguística ou como regime de imaginação, um texto sempre depende, nesse viés antropológico, de sua instauração contínua. O seu caráter é notoriamente equívoco e essa equivocidade é que lhe dá vida. Porque seja a série material, linguística ou imaginária, todas são atravessadas por um conjunto infinito de séries, além de estarem atravessadas entre si.

E aqui reverbera mais uma vez questões fundamentais da antropologia para se pensar uma antropologia da escrita longe dos grandes divisores fala / escrita, cultura letrada / cultura oral ou mesmo natureza/cultura que marcam nossa visão ocidental do mundo. Estamos em um regime ontológico de uma ordem completamente singular quando se trata da literatura. Isso porque seu funcionamento não se restringe à vulgata romântica[6]: um sujeito que produz um objeto que serve como meio para a apreensão daquela subjetividade inicial. Este é apenas um modo. Como diz Drummond, "a poesia [...] elide sujeito e objeto"[7]. Não se trata tão somente de uma matéria inerte moldada por um sujeito ou nem apenas de uma essência subjetiva que se

---

[6] Mas o *processo* romântico geral em literatura é uma monstruosidade – Pois a insuficiência da análise e o inchaço grosseiro dos qualificativos dados à obra e ao autor atribulam e embrulham o que há de verdadeiro na noção de *movimento de criação*. (É assim com a própria palavra *criação* – emprestada de Deus e que já está muito embaraçado com ela.)

[7] C. Drummond de Andrade, *Nova Reunião*, p. 111.

materializa de diferentes maneiras. Pode-se pensar que o objeto na experiência literária é também um modo equivoco de existência pautado pela co-incidência de duas subjetividades, ou mais, pelo fluxo (antropológico, psíquico, histórico, social) de materialidades e subjetividades que são agenciadas pelo objeto[8].

A ambiguidade da materialidade do ato de inscrição e da camada simbólica hipostasiada, podem ser torcidos pelo ato que, por sua vez, se torce no fluxo de enunciações em que temporalmente ele vai se constituindo.

Isto quer dizer, para retomarmos o velho debate antropológico, que não há uma natureza da literatura, assim como a literatura não é um fenômeno puramente cultural. É a própria relação entre natureza e cultura, materialidade e subjetividade, corpo e linguagem que está posta em jogo na experiência literária. Mesmo o "processo de criação" da ideia de criação não é algo autônomo, ele é uma acoplagem entre processos heterogêneos, produzindo conexões parciais[9] em um campo heteróclito de práticas.

Tanto assim que se poderia pensar que na constituição dessa experiência o que muitos tomam como subjetivo é na verdade algo como um processo natural: somos atravessados por modos de subjetivação, por formações culturais, por formas linguísticas. Se costumamos atribuir subjetividade a um poema ou a um romance, poderíamos pensar também o contrário: seria possível tomar como natural aquilo que parecia puramente artificial? Quanto do que pensamos depende da nossa corporeidade, das estruturas neurológicas, das instâncias psíquicas, dos regimes de imaginação, das formas de pensamento que fazem parte de um longo processo que nos atravessa?

Costumamos imaginar que há uma única natureza do "objeto literário" e uma absoluta determinação social do seu conteúdo, como se ele fosse sempre igual a si mesmo, ainda que em diferentes épocas e culturas. O que mudaria seria apenas os aspectos subjetivos implicados. No entanto, poderíamos imaginar que é o próprio objeto que muda, isto é, a própria noção de objeto é infinitamente problemática, como os *ready made* de Duchamp a Oswald de Andrade não cansaram de mostrar.

8   Ver A. Gell, *Arte e Agência*.
9   Ver M. Strathern, *Partial Connections*.

Pensemos nas quatro ontologias de Philippe Descola[10] estruturadas em torno de quatro modos de relacionar interioridade e corporalidade – como o par subjetividade/materialidade que enfatizamos acima, como também cultura e natureza, alma e corpo – que pressupõe que os seres:

1. têm a mesma natureza, mas diferentes interioridades, constituindo o regime ocidental mais comum, o naturalismo;
2. ou que, inversamente, possuem a mesma cultura, mas diferentes naturezas, como no animismo;
3. ou que têm a mesma interioridade e a mesma constituição material como no totemismo "estrito senso"; e,
4. por fim, como se o universo fosse repleto de diferentes interioridades e diferentes corporalidades, como acontece no regime ontológico do analogismo.

Ora, no modo de existência da literatura, seríamos obrigados a pensar em um outro regime, primeiramente pautado na sua própria variação, um regime equívoco por excelência, no qual a "interioridade" é transubjetiva, atravessada por mais de um sujeito, e a existência exterior algo transobjetivo, porque sempre dependente das diferentes acoplagens entre os corpos, e o próprio modo de existência do "corpo" da "obra", no limite entre o orgânico e o inorgânico. Esse seria o campo de variação ontológica desse regime chamado poético ou, simplesmente, literário.

E veja-se que interessante: trata-se de um regime em que a própria corporalidade é negociada com práticas materiais; a própria subjetividade é negociada entre diferentes pessoas; e a própria pessoa um amálgama de conexões possíveis. É dentro desse quadro de questões que nos aproximaremos da poiética de Paul Valéry.

FEITO PARA FAZER:
A POIÉTICA ANTROPOLÓGICA DE PAUL VALÉRY

Não há dúvida de que Valéry foi, entre os escritores europeus, um dos que mais se questionou sobre o estranho modo de existência

---

[10] Ver P. Descola, *Par-delà nature et culture*.

dos objetos no mundo ocidental, especialmente os objetos artísticos. Como tantas coisas nas sociedades industriais e tecnológicas, o objeto artístico se sustenta em uma ilusão forjada por séculos de manipulação do que poderíamos chamar, na esteira de Luiz Costa Lima, do controle do imaginário da arte.

Valéry, entretanto, se portava diante desse objeto como um antropólogo diante da cultura material de um outro povo e praticava algo como uma antropologia reversa das mais produtivas: "transportem a estátua que vocês admiram para o país de um povo suficientemente diferentes do nosso: ela não passa de uma pedra insignificante. Um Partenon não passa de uma pequena carreira de mármore"[11]. Isso quer dizer que não há nada intrinsecamente ao objeto que garanta seu caráter artístico: ele sempre depende de um ato, de um afeto, de uma voz em um tecido de relações que a encene e que lhe dê sentido. Para Valéry, como para Alfred Gell em *Arte e Agência*, algo como a arte existe como abdução de agência, como a possibilidade de imaginar hipóteses de funcionamento ou mesmo de pensamento ou ainda de intenções que se ligam à forma de organização da materialidade dos objetos[12].

Quais são os objetos e em que condições atribuímos uma agência a determinados objetos conferindo-lhes um estatuto artístico? O segredo, no entanto, não está no objeto, mas nos atos. "A obra do espírito só existe em ato"[13]. Um objeto é o rastro dos conjuntos de atos que ele conecta, no caso da arte ocidental, principalmente entre a produção e a recepção, entre os atos de produtores e receptores e a variação de seus contextos.

A questão básica da ficção é que para produzi-la ou consumi-la é preciso pressupor um modo de existência para aquele objeto. No entanto, essa questão paira sempre de modo vagamente implícito. Isso se dá de tal maneira que o próprio objeto parece se tornar evidente para nós[14]. Esse objeto que tomamos como

---

[11] P. Valéry, Première leçon du cours de poétique, *Œuvres I*, p. 1349.
[12] Uma obra, para mim, não é um ser completo e que se basta, – é um cadáver de animal, uma teia de aranha, uma carcaça ou uma concha abandonada, um casulo. É a fera e o trabalho da fera que me pergunta. *Quem fez isso – ?* – Não *qual Homem, qual nome* – mas qual sistema, nem homem nem nome, por quais modificações de si mesmo, por meio de qual meio ele se separou daquilo que foi por um tempo? (1913. *N 13*, V, 88). P. Valéry. *Cahiers II*, p. 999.
[13] P. Valéry, *Œuvres I*, p. 1349.
[14] Fazemos aqui um uso bastante livre do conceito de obviação de Roy Wagner.

algo óbvio, no caso da arte, esconde sua mais profunda metafísica. Isto é, a arte pensada como "uma suspensão momentânea da descrença", oblitera o conjunto de pressupostos de existência que atribuímos àqueles objetos[15].

Na "vida estranha dos pensamentos" nada mais estranho do que a experiência que os liga aos chamados objetos artísticos, a ponto de ter sido criada uma figura social, chamada crítico literário, cuja função é evidenciar não o que a arte mostra, mas os seus subentendidos. Essa revelação é parte importante do que Valéry chama da produção de valor da obra, decisiva na "bolsa" dos negócios da legitimação literária.

Questionar-se sobre o que representa a literatura ou se ela não representa nada senão a própria representação são perguntas que, embora antagônicas, enquadram a literatura como um problema de relação com a realidade como se essa realidade fosse algo dado e externo e que seria revelada como a realidade escondida do objeto artístico, contida em sua suposta "mensagem". No entanto, e esse é o ponto, talvez pudéssemos pensar que a "realidade" é produzida e que ela seja tão sígnica, múltipla e equívoca quanto a própria literatura: "Cada elemento da realidade é arqui-múltiplo, ele entra em uma infinidade de outros"[16]. Retomando Willemart, esse é o fascínio que a ciência despertou no imaginário valeriano.

Em Valéry a "natureza" da literatura leva a um questionamento da própria noção de "natureza", como naquele famoso "objeto de dúvidas" na praia socrática de Eupalinos. Na poiética, essa questão do objeto que questiona a própria subjetividade e a intencionalidade, questiona também a noção de natureza. Ela se torna uma grande questão metafísica, ligada ao antropoceno, tão finamente captada por Valéry:

O homem moderno, que rejeitou a metafísica verbal, entra na metafísica em ato.

Ao lado – para além etc. da *física* – não é mais o *psíquico* nem a *teodiceia*, nem a *cosmologia* que se coloca. É a *modificação do "mundo"* e não mais a *explicação*, não mais a *concepção*, não mais a busca do *verdadeiro*, mas a modifi[cação] do *real*. Tudo subordinado ao fazer.[17]

---

15 A arte sem o questionamento de seus pressupostos de existência seria o entretenimento?
16 P. Valéry, *Cahiers*, p. 187.
17 Ibidem, p. 1027.

Nessa metafísica em ato, em que a concepção está implicada em uma transformação, a natureza é tão artificial quanto o artifício é natural. Como nos ornamentos[18], o desdobramento do processo é natural e artificial, dado e construído, invenção e convenção e o que dá força ao ato são as conexões, as relações entre eles. Ou ainda: "o probl(ema) literário geral é ligar"[19].

Assim, nem natural nem artificial, nem invenção nem convenção, nem dado nem construído, nem individual nem social, o agenciamento na arte eleva à enésima potência a possibilidade de conexão entre essas diferentes ordens de acontecimentos. Por isso o anjo é aquele que "vê as diversas ordens"[20], sendo que é preciso "jogar simultaneamente em dois tabuleiros"[21] e é preciso adorar "duas maneiras de ver do mesmo olho ou os dois atos da mesma mão"[22]. E para arrematar, multiplicando a poiética dessas possibilidades: "a invenção só é possível por causa da pluralidade das funções possíveis de um objeto"[23]. Ou ainda, "o melhor meio de *pintar* alguma coisa é restituir aquilo pelo qual ela é multiforme, essa multiplicidade fundamental de um objeto que admite tantas interpretações, respostas, 'homens' recíprocos cada um a ela"[24].

Inventar, pela perspectiva crítica da poiética, é perceber a multiplicidade dos mundos e que os atos fazem coisas no mundo. Para tentar resumir um pouco, voltemos ao ato de escrita. Pensem no meu corpo articulando muscularmente meus dedos para digitar estas frases, reverberando o som de algumas palavras na minha cabeça a partir de um teclado cuja ordem das letras foi

[18] "Pretendi – sustentei – comigo mesmo alg[uns] anos atrás que o assim chamado *ornamento* podia ser ligado a um tipo de criação 'espontânea' e *local* dos órgãos dos sentidos, – ao menos daqueles que são suficientemente ricos em determinações distintas e que são ligados de modo suficientemente claro às nossas faculdades motrizes – audição, visão etc."
[19] Mais tarde, Valéry insiste na riqueza da multiplicidade de vínculos: "O segredo ou a exigência da composição é que cada elemento invariante deve ser unido com os outros por mais de um elo, pelo maior número possível de elos de diferentes espécies – e entre outras coisas – forma e conteúdo, que são elementos absolutamente *como personagens ou temas* – (nesta fase). P. Valéry. *Cahiers II*, p. 1024.
[20] P. Valéry, *Cahiers*, p. 1034.
[21] Ibidem, p. 1032.
[22] Ibidem, p. 1040.
[23] Ibidem, p. 1001.
[24] Idem, *Œuvres I*, p. 147.

determinada para outra língua. Eu já sou dois "um corpo sonoro" e um meio para uma inscrição. O som das teclas se mistura ao ritmo da frase que pressupõe um leitor ausente que em uma tela ou livro re-enunciará essa frase com o seu corpo, a partir de uma decodificação singular e em outro contexto. Você pressuporá uma certa intencionalidade que dá a esses traços materiais uma subjetividade, mesmo quando você nem sabe quem eu sou e essa subjetividade da leitura que eu pressuponho enquanto escrevo é completamente diferente, equívoca e perspectivada, pela subjetividade que você pressupõe enquanto lê.

O que é dado aqui e o que é construído? Se a frase for um verso – "a transformação das margens em rumor"[25] – o decassílabo mostrará ainda mais essa parte de uma experiência rítmica que só pode ser re-enunciada, fisicamente. Embora a sentença dependa de uma convenção linguística, o gesto material de inscrição se dobra sobre o ritmo e vice-versa, a cadência sobre a sintaxe, o som e o sentido entram em uma hesitação prolongada.

Mas quem veio primeiro, o verso ou a frase, o construído ou o dado, a galinha ou ovo? Essa é uma questão pouco relevante em um regime de enunciação no qual a causalidade não desempenha papel preponderante. "Aqui, a parte é tão grande quanto o todo, o fim precede o início, a conclusão precede as premissas, a forma gera matéria, silêncio e ausência gerando seus opostos"[26].

O que temos é uma contínua reversão entre forma e fundo, enunciação e enunciado, em que a forma é tão dada quanto os afetos são construídos.

Compreende-se o que é a *forma* em matéria de arte apenas quando se entende que ela produz (ou deve produzir) *tantos* pensamentos quanto o *fundo*; que sua consideração é tão fecunda em *ideias* quanto a *ideia--mãe* –; que ela mesma pode ser... *ideia-mãe*; e que o problema inverso ao problema ingênuo ("exprimir seu pensamento") existe e é válido.[27]

É assim que, curiosamente para Valéry, a forma não está ligada à artificialidade, pelo contrário, "a forma faz a ideia orgânica"[28]. Do ponto de vista do pensamento a forma é uma resistência,

25 Ibidem, p. 148e.
26 Idem, *Cahiers*, p. 1024.
27 Ibidem, p. 1035-1036.
28 Ibidem, p. 991.

mas do ponto de vista da forma o pensamento é uma estrutura muito resistente a pensar de maneiras diferentes... Ao atrelar a forma aos processos naturais, Valéry naturaliza o que parecia construção e atribui um caráter construtivo à natureza, como vemos na recursividade dos ornamentos, no desenho das flores ou na forma de uma concha. Signos e coisas passam a trocar seus papéis, assim como forma e fundo. Para Valéry, como para Roy Wagner em *A Invenção da Cultura*, a invenção na cultura tem a ver com essa possibilidade de reversão forma-fundo, na qual os contextos convencionais e inventivos entram em hesitação profunda e se co-determinam e obviam um ao outro. A invenção só é possível, como vimos, por conta da pluralidade das funções possíveis das palavras e dos objetos.

A ideia de que trabalhamos em dois gêneros de ordens (e não apenas entre ordem e caos) torna a visão do processo de invenção, tanto artístico quanto cultural, um estranho atrator de acoplagens (e não uma passagem do informe à forma). Mesmo o espírito de *finesse* para Valéry deseja construir e só se torna realmente sutil quando se acopla ao espírito de geometria. Nessa arte das passagens é que reside a sutileza.

A complexidade da relação entre esses mundos heterogêneos como corpo e linguagem, matéria e ato, só pode ser pensada desse modo se escapamos, como propunha Valéry, da doxa moderna. Para esta *"espírito e corpo, fundo e forma, sentido e símbolo* são coisas, primeiro *opostas,* segundo *exclusivas* uma às outra e terceiro *não equívocas"*[29]. No entanto, bem ao contrário desse grande divisor da modernidade, a oposição não é um aspecto central, mas as conexões, as relações, as acoplagens, vez que elas não são exclusivas, mas atuam juntas de maneira fortemente equívoca (isto é, atravessadas por mais de uma série de significação, por mais de uma cadeia de atos, por mais de uma possibilidade de determinação). Afinal, "é uma *crença,* ou convenção inconsciente, a univocidade"[30].

Ou seja, a linguagem e o mundo, tanto a forma quanto a substância, dadas e construídas, são constantemente hesitantes. As diferentes camadas de determinação são determinadas de diferentes maneiras e até mesmo o acaso joga seu jogo como

[29] Ibidem, p. 1031.
[30] Ibidem.

parte do processo[31]. Vivemos em uma "hesitação seguindo a pluralidade de significados ou sinais"[32] e uma hesitação entre a linguagem e as coisas: "Escritor – é tomar uma posição em um ponto de onde se vê à esquerda todas as coisas à direita toda a linguagem."[33]

Ao invés de postular hierarquias unívocas como os manifestos modernistas, Valéry apostava em uma heterogeneidade e equivocidade generalizada – "matéria de dúvidas" – um questionamento infinito da agência dos signos como coisas e das coisas como signos. E aqui se percebe a maestria de Valéry, pois se partimos do estranhamento da univocidade da relação entre autor e obra, produtor e consumidor, passamos pela forma e o fundo e chegamos ao som e o sentido, esse estranhamento nos leva até à relação entre a linguagem e as coisas. Por aí vemos que é o limiar – a construção das conexões que constituem os limiares – que se torna a grande questão para pensarmos uma antropologia valeriana: a fusão de heterogêneos partindo das "'potências' tão heterogêneas quanto *sound* and *sense*"[34] se prolonga por infinitas instâncias para chegar na própria potência heterogênea das coisas (quando o próprio mundo não é apenas dado mas também construído).

São diferenças de naturezas (do que se concebe como dado e como construído), diferenças de escalas (da microvariação de um ritmo aos ritmos sociais ou mesmo cosmológicos), dos limites da espécie: afinal, não é um viés antropológico que está em jogo quando se afirma que "cada um é a medida de todas as coisas?"[35] Ou que, no final das contas, o que importa é saber "o que pode uma pessoa?"

O viés antropológico ao delimitar uma escala – a vida e o modo de vida – permite ao mesmo tempo ampliar ao infinito o alcance do gesto de escrita: trata-se de um "texto móvel" em muitos níveis, um meio que transforma tudo em meio e permite

---

31 Neste ponto e para refletir sobre a forte relação das teorias linguísticas de Saussure com o simbolismo, veja P. Maniglier, *La Vie énigmatique des signes*, bem como P. Maniglier, Surdétermination et duplicité des signes, *Transferts littéraires*, n. 6.
32 P. Valéry, *Cahiers II*, p. 1031.
33 Idem, *Cahiers*, p. 989.
34 P. Valéry, *Cahiers*, p. 1053.
35 Idem, *Œuvres I*, p. 1358.

expandir o alcance dos seus pressupostos: qual a relação entre os diferentes meios, suas próteses e suas acoplagens? Trata-se de um modo de usar a linguagem? Mas qual é o modo de existir dessa linguagem que não está na própria inscrição? Por outro lado, esse ato envolve o corpo, o gesto, as mãos, uma certa duração... Mas qual o papel do pensamento, da psique e, se falamos de corpo, do cérebro, da própria biologia? E qual o protocolo de verdade dessa escrita, em que ela se parece com "essas palavras mais simples", mas extremamente eficientes da pura inscrição matemática? Como pensar uma política do ato poético ou uma poética do ato político?[36]

De todas essas questões não há dúvida de que a dobra reflexiva – a tentativa de captar o próprio ato no momento de sua inscrição, captar o pensamento no momento de pensar – foi o limite ao qual tendia a escrita dos cadernos[37]. A impossibilidade desse gesto, tão bem flagrada na figura M. Teste, transforma a reflexividade em um devir, um contínuo antropológico no qual a dobra reflexiva se tornou uma acoplagem entre ordens heterogêneas.

A experiência poética desdobrada na escrita dos cadernos permitiu performar em ato essa deriva infinita da acoplagem entre diferentes naturezas, diferentes ordens, diferentes escalas: a começar pelo ato de acordar e escrever um diário e as infinitas relações (incorpóreas) que esse gesto (corpóreo) produz. Essa antropologia poiética ou essa poiética antropológica que passeia constantemente entre as instâncias willemartianas faz dos cadernos uma espécie de cadernos de campo da estranha viagem etnográfica ao estranhamento de si mesmo e de sua própria e mortal civilização.

Toda a prática se dá em um universo de práticas e uma prática poética impõe uma série de relações entre outras práticas que vão sendo experimentadas em muitos níveis. Conhecemos comparando[38] e essa estranha antropologia é um modo de comparar comparações.

36 Ver F.R. Lucas, *O Poético e o Político*.
37 Também se aplica ao pensamento a questão de saber "quem chora ali tão perto de mim mesma no momento de chorar?", isto é, quem pensa ali tão perto de mim mesma no momento de pensar...
38 Encontro poucas pessoas – a fim de compreender que a literatura possa ser considerada como domínio de combinações – ou ao menos como tentativa –, grupo de *movimentos* em torno das representações habituais, graças à linguagem, ▶

Um questionamento das práticas a partir de um campo infinito de relações entre elas, articulando as capacidades corporais e os mundos sensíveis (do corpo como médium às diferentes artes) com os modos de inscrição (objetificação coletivizadora e seus espaços transicionais) e as diferentes linguagens (e suas formas de articulação interna e em relação ao mundo).

Por isso não é tão decisiva a acuidade e a precisão das ideias matemáticas, físicas, filosóficas, biológicas, psicológicas, fenomenológicas, arquitetônicas, plásticas de Valéry... O que importa é a sua poiética antropológica, isto é, entender o lugar delas e as suas consequências para nossas formas de vida: o seu modo de existência e os modos de existência que elas implicam.

Talvez agora possamos nos inclinar novamente sobre a poiética, poética e ética, mas sobretudo o *poiein* tão enfatizado por Valéry. Foi a experiência poética que permitiu a Valéry entender as "ilusões da modernidade", seus pressupostos intrínsecos quando parecia, como vimos, uma recusa de qualquer metafísica: não há maior discussão metafísica que o naturalismo. Afinal, construímos nossa relação com aquilo que chamamos matéria e a própria matéria, já dizia a física, não era tão material assim. A materialidade se amalgama com o ato tornando o "objeto" um agenciamento que se desdobra em diferentes capacidades pessoais, corporais e materiais que são perspectivadas por outros atos infinitamente.

Transições.
Mas esse problema é profundo – pois não é outro que o da combinação entre *ação* e *matéria* (no sentido relativo de coisa que se conserva) ou o da oposição e combinação entre *construção* e *formação* (cf. *significativo*] e *formal*. Ainda não (depois de 44 anos) desembaracei esse nó)[39].

Como o espírito é um modo de articulação entre corpo e mundo, o ato é um articulador entre corpos (do escritor, do leitor, da "obra"). A obra por sua vez não é nem só uma causa, nem um efeito, mas como diz Gell, uma abdução da agência, um amálgama

▷ utilizada de um certo modo analogias e as metáforas devem ser consideradas produtos regulares, *atos* de certo estado determinado, no qual tudo o que parece aparece apenas em um tipo de ressonância de similitudes. E. Viveiros de Castro, Perspectival Anthropology and the Method of Controlled Equivocation, *Tipití*, v. 2, n. 1.

39 P. Valéry, *Cahiers*, p. 1040-1041.

de ação e matéria que se desdobra engendrando hipóteses de como aquilo foi feito, da natureza daquilo que questiona a própria natureza da natureza. Assim como a própria pessoa é "distribuída"[40] pelos objetos e o caráter antropológico do gênio joga aqui o lugar da obviedade: trata-se de desnudar o caráter lógico de construção dessas hipóteses que Décio Pignatari chamava, aproximando Valéry de Peirce, de uma lógica imaginativa[41].

Nada mais complexo que o fazer quando esse não se reduz a uma sequência de atos materiais tendentes à produção de uma obra unívoca. Fazer diz respeito a uma negociação contínua entre o dado e o construído, a invenção e a convenção, afetos e efeitos, objetos e atos, som e sentido. Primeiramente, implica entender que a natureza também é um constante *fazer*, o artifício é comum às duas instâncias. A própria linguagem às vezes parece algo inato e às vezes algo totalmente construído. Aliás, é ao questionar o modo de existência da linguagem, a maneira como ela nos habita e transforma – a linguagem como um ser muito particular – que esses questionamentos ganham força.

A poiética diz respeito às práticas e às formas de vida que elas inventam. Primeiro pela passagem do ato ao distribuir coletivamente as capacidades pela relação com as materialidades (palavras, imagens, códigos) que lhe dão uma sobre-vivência. Mas também pelas correlações entre essas materialidades (no mínimo o corpo e os meios, quando o próprio corpo não se faz ele mesmo meio pouco importando "a obra"). E aqui joga aquele "nem eu e nem não eu" de que fala Valéry, ou aquele atravessamento do *scriptor*, do fazer como uma instância política que diz respeito à internalização do conjunto das relações sociais implicadas naquele ato.

A poiética é sempre esse jogo entre os modos de subjetivação que ela implica ("Um livro malsucedido pode ser uma obra-prima interior"[42]), os objetos que ela coloca em circulação ("De tal modo que cada obra *bem-sucedida* é um caso particular, um acidente feliz – e que sacrifícios se impõem continuamente tanto ao intelecto, quanto à sensibilidade..."[43]) e a forma das relações que ela

---

40 A. Gell, op. cit., capítulo 7.
41 Ver D. Pignatari, *Semiótica e Literatura*.
42 P. Valéry, *Cahiers*, p. 994.
43 Ibidem.

questiona (o lugar público, a ética da publicação, a recusa), pois, "a coisa feita não é mais do que o ato de outro"[44].

Poiética é aquela transformação que tem a transformação por objeto. Um espaço metamórfico, transicional, hesitação prolongada entre mundos heterogêneos. Pela poiética tocamos em uma bela via de entrada à experiência antropológica dos cadernos, quase uma autoetnografia das acoplagens infinitas com esse meio técnico que é a escrita no limiar entre a experiência interior e exterior: pois que há algo exterior a nós em nós mesmos que escrita coloca em jogo: "O inconsciente, o subliminar não é, no fundo, senão o mundo exterior, o verdadeiramente exterior (o que explica seu ar tolo e misterioso), é o exterior se servindo de minhas máquinas"[45]. O que não significa que sejamos o exterior, pois a "mais bela e forte situação interior não tem nenhuma relação necessária com a linguagem". No fundo, voltamos aqui à reversibilidade forma / fundo, interior / exterior, às multiplicidades de modos de ver que compõe o olhar, enfim, à complexa e infinita tarefa de desenhar topologicamente os limiares, os espaços entre limites:

Todo espetáculo que vejo é como limitado de um certo lado por mim; bordeado em algo pelo meu ser; uma linha que me é fisicamente interior e essa fronteira varia como aquela do mar, entre limites.
    E todo espetáculo que vejo é como provido, bordeado, acabado, completado por mim em atos hipotéticos, linhas traçadas, contatos estabelecidos, saltos e pulos de mim mesmo entre aquelas coisas; eu estou no fundo desse abismo e sobre esse cume, sobre a crista da onda, eu perco o pé, sou amigo, irmão desse desconhecido – eu sou ele.[46]

Na dinâmica desse pensamento, o lugar antropológico do gênio reside em habitar essa zona incomensurável, indiscernível, sem nenhuma garantia, na borda desses limiares. O escritor sendo aquele que estabelece novas formas de relação, novas conexões, novas relações entre os diferentes mundos e as diferenças entre mundos. Valéry parece ter percebido muito cedo[47] que para que haja um sistema de diferenças (como a linguagem, uma lógica

---

44 Ibidem, p. 1022.
45 Ibidem, p. 990.
46 NAF 19260, Cahiers 55 l'12b, p. 7. Département des Manuscrits de la Bibliothèque Nationale de France, www.gallica.fr.
47 Ver R. Zular, *No Limite do País Fértil*.

de relações) é preciso que haja também uma diferença entre os sistemas (por isso só se chega à poética alargando o âmbito da poesia levando-a às bordas das ciências, da pintura, da música, do ornamento, do pensamento, dos afetos, da psicologia...).

Afinal, "a poesia – e digamos: o pensamento – só é possível porque uma representação qualquer jamais pertence a um único e mesmo sistema"[48]. E essa habitação da "fissura da máquina da vida" por onde se cruzam as artes do fazer, Valéry remonta a um largo processo filogenético da não adaptação ao meio (contra toda vulgata darwiniana) e o papel central da morte como escultura do vivente[49].

> É a não adaptação exata do animal ao seu meio, o "jogo do *laisser faire*" – que já aparece no desperdício dos germes, a *morte indispensável à vida* (de início, daqueles 99../10.. de germes (espermat[ozóides]) que mostra bem o desvio – a fissura da máquina da vida pela qual o *Espírito* poderá deslizar – a brecha para a arriscada aventura do conhecimento e da *criação de obras*) [...].[50]

É a contrapelo do mundo que os mundos se compõem em hesitação prolongada, na fissura do mundo, na fissura entre corpo e mundo que o espírito – a face incorpórea do ato – se realiza, ou melhor, desliza. Aquela abdução da agência, o texto móvel e sua dança entre instâncias e materialidades, as diferentes práticas e os diferentes saberes, a construção daqueles atos hipotéticos que se constituem na borda do mundo como fala Valéry. Enfim, a poiética como uma forma de vida que emerge da experiência dessa antropologia da escrita valeriana, tão bem encenada em seus cadernos.

---

[48] P. Valéry, *Cahiers*, p.1003.
[49] Ver J.-C. Amesein, *La Sculpture du vivant*.
[50] P. Valéry, *Cahiers*, p. 1049.

Posfácio
Do Estado Quântico à Escritura Pela Rasura

Phillipe Willemart

O título originalmente proposto, *Crítica Genética e Outros Saberes*, justificava os capítulos do Ensaio, uma vez que são analisadas as relações entre algumas ciências desenvolvidas sobretudo no século passado, - a linguística de Saussure, a psicanálise de Freud, a neurociência e a imagem cerebral, a inteligência artificial e seus três programas mais recentes- o GPT-2 , o GPT-3 e o Wu Dao 2.0 – além da abordagem dos textos literários e das obras artísticas, e os campos de pesquisa mais explorados em crítica genética.

No entanto, à medida que esses capítulos e os dos colegas foram relidos, outras ideias e sugestões surgiram.

Despertado às descobertas do matemático Alain Connes por Filomena Juncker da Universidade de Nice, percebi não só a importância do tempo, já observada em livros anteriores, mas de sua relação com a física quântica e com os processos de criação estudados em todos os capítulos do Ensaio.

Não sem saber que a física quântica funciona no mundo microscópico e insistindo na equivalência metafórica deste mundo quântico com o do mundo das letras da segunda articulação e o dos sons, posso argumentar que os manuscritos ou os esboços dos artistas são a ponta do iceberg de possibilidades indeterminadas que metaforicamente encontram o mundo quântico descrito por Carlo Rovelli, lembrado no primeiro capítulo: "O espaço físico... é feito de grãos, 'átomos espaciais' ... mil bilhão de vezes menor do que o menor dos núcleos atômicos"[1].

Basta que o escritor atento ouça sua escritura com base na melodia fonemática, que ele rasura em seguida para remover uma palavra ou uma frase do espaço-tempo determinado no folio, para que um mar imediato de possibilidades apareça quando ele será forçado a escolher um substituto que será automaticamente reintroduzido no tempo. Daí o caminho traçado pelo subtítulo: *do estado quântico à escritura pela rasura*.

O filósofo Flusser se junta a Rovelli para desconstruir a sintaxe da câmera e anunciar o advento do computador.

O capítulo sobre a Imprensa sublinha a fragilidade das palavras "Imprensa" e "manuscrito" a ponto de seu conteúdo cotidiano ir além da linguagem comum para se aliar ao mesmo meio e encontrar outra dimensão temporal.

As partituras musicais a serem tocadas têm que retornar às vezes ao seu estado de rascunhos, uma vez que algumas anotações permitem uma interpretação singular do artista, desligando assim seu apego ao tempo da partitura fixa. E se esta última versão não existe, como no caso de *Margens* de Boulez, a dimensão temporal volátil é deixada à mercê do crítico. Da mesma forma, em caso de improvisação, cada um dos artistas retorna ao campo de possibilidades para encontrar uma melodia em harmonia com os membros do grupo musical e dar-lhe uma nova dimensão temporal.

A nova antropologia da escritura que fecha o Ensaio de uma forma muito feliz, retoma o que precede numa excelente síntese e se concentra na contínua indeterminação do ato de escrever em que, seguindo Valéry, texto e manuscrito, ordem e caos alternadamente desempenham o papel do outro confirmando a frase emblemática de Alain Connes: "o acaso do quântico é o tique-taque do relógio divino", acaso que pode ser entendido como sorte, chance ou risco do mergulho no espaço quântico pela rasura.

---

1   C. Rovelli, op. cit., p. 51.

Bibliografia

ABSALYAMOVA, Elina; STIÉNON, Valérie (orgs.). *Les Voix du lecteur dans la presse française au XIXe siècle.* Limoges: Pulim, 2018.
AGID, Yves. *Je m'amuse à vieillir.* Paris: Odile Jacob, 2020.
ALMODÓVAR, Pedro. *Dolor y Gloria.* Espanha: El Deseo, 2019.
AMESEIN, Jean-Claude. *La Sculpture du vivant: Le Suicide cellulaire ou la mort créatrice.* Paris: Points, 2014.
AMI: *Artists + Machine Intelligence.* Disponível em: <https://ami.withgoogle.com/>. Acesso em: maio 2022.
ANSERMET, François. *Continuité et discontinuité, entre neurosciences et psychanalyse.* Fondation Agalma, 2018. Disponível em: <https://www.youtube.com/watch?v=-3GNY_BKif4>. Acesso em: dez. 2019.
ANSERMET, François; MAGISTRETTI, Pierre (eds.). *Neurosciences et psychanalyse.* Paris: Odile Jacob, 2010.
_____. *L'Énigme du plaisir.* Paris: Odile Jacob, 2010.
_____. *À Chacun son cerveau: Plasticité neuronale et inconscient.* Paris: Odile Jacob, 2004.
APPEL, Bernard. Music as Composed Text. Reflections on the Context and Method of the Critique Génétique of Musical Works. In: DONIN, Nicolas; GRÉSILLON, Almuth; LEBRAVE, Jean-Louis (eds.). *Genéses musicales.* Paris: PUPS, 2015.
ARTIÈRES, Philippe. *Clinique de l'écriture: Une histoire du regard médical sur l'écriture.* Paris: La Découverte, 2013.
ASPECT, Alain. *Le Photon onde ou particule? L'Étrangeté quantique mise en lumière.* Institut des Hautes Études Scientifiques (IHÉS), 2019. Disponível em: <https://www.youtube.com/watch?v=_kGqkxQ0-Tw>. Acesso em: maio 2019.
BAHIA, Letícia. É Muito Tarde Para Silenciar Questionamentos Sobre Gênero, Diz Judith Butler. *Revista AzMina,* 12 jun. 2018. Disponível em: <https://azmina.com.br/reportagens/e-muito-tarde-para-silenciar-questionamentos-sobre--genero-diz-judith-butler/>. Acesso em: abr. 2022.
BAIO, Cesar. O Filósofo Que Gostava de Jogar: O Pensamento Dialógico de Vilém Flusser e a Sua Busca Pela Liberdade. *Flusser Studies,* v. 15, maio 2013.

Proceedings of the symposium "Flusser em Fluxo" (May 24 and 25, 2012). Disponível em: <http://www.flusserstudies.net/node/359>. Acesso em: abr. 2022.

BALAGO, Rafaël. Amsterdã Usa Algoritmos Para Detectar Violência Doméstica e Risco de Despejo. *Folha de S.Paulo*, São Paulo, 29 jan. 2020.

BARANIUK, Cris. How to Give A.I. a Pinch of Consciousness. *One-Zero*, 11 sep. 2020. Disponível em: <https://onezero.medium.com/how-to-give-a-i-a-pinch-of-consciousness-c70707d62b88>

BARRAU, Aurélien. Pourquoi faut-il concilier relativité générale et physique quantique? *Futura Science*, 13 mar. 2017. Dossier – La Gravitation quantique à boucles, une théorie fascinante. Disponível em: <https://www.futura-sciences.com/sciences/dossiers/astrophysique-gravitation-quantique-boucles-theorie-fascinante-2323/page/2/>. Acesso em: maio 2022.

BARTHES, Roland. *Essais critiques*. Paris: Seuil, 1964.

BASSETTO, Luisa. Marginalia, ou l'opéra-fantôme de Pierre Boulez. In: LELEU, Jean-Louis; DECRUPET, Pascal (eds.). *Pierre Boulez, Techniques d'écriture et enjeux esthétiques*. Genève: Contrechamps, 2006.

BASQUE, Messias. De la critique génétique à l'anthropologie et vice versa. *Revista de Antropologia*, São Paulo, Universidade de São Paulo, 2010, v. 53, n. 1.

BAUCHAU, Henry. *Édipo na Estrada*. Trad. Ecila Grünewald. Rio de Janeiro: Nova Aguilar, 1998.

____. *La Lumière Antigone: La Lumière Antigone: poème pour le livret de l'opéra de Pierre Bartholomée*. Louvain-la-Neuve, 2 avr. 1998.

____. *Journal d'Antigone (1989-1997)*. Aix: Actes-Sud, 1999.

____. *Théâtre complet*. Aix: Actes-Sud, 2001.

BELLOUR, Raymond. La Double hélice. In: BELLOUR, Raymond et al. (orgs.). *Passages de l'image*. Paris: Centre Georges Pompidou, 1990.

BENJAMIN, Walter [1985]. A Obra de Arte na Era de Sua Reprodutibilidade Técnica. *Magia e Técnica, Arte e Política*. São Paulo: Brasiliense, 1996.

BEYERSTEIN, Barry L. Graphology: A Total Write-Off. In: DELLA SALLA, Sergio (ed.). *Tall Tales about the Mind and Brain: Separating fact from fiction*. Oxford: Oxford University Press, 2007. Oxford Scholarship Online, 2012. Disponivel em: <https://oxford.universitypressscholarship.com/view/10.1093/acprof:oso/9780198568773.001.0001/acprof-9780198568773>. Acesso em: abr. 2022.

BIASI, Pierre-Marc de. *Génétique des textes*. Paris: CNRS, 2011.

____. *Carnets de Travail de Gustave Flaubert*. Paris: Balland, 1988.

____. Le Manuscrit cannibale: Biographie, intertexualité, genèse. In: PULIM, Daniel Delas. *La Question de l'intime: Génétique et biographie*, juin 2018. (Collection "L'un et l'autre en français".)

BORGES, Jorge Luis. *Obras Completas 1: 1923-1972*. 17. ed. Buenos Aires: Emecé, 1974.

BOSCO, Francisco. A Segunda Morte do Autor. *Revista Cult*, 10 mar. 2017. Disponível em: <https://revistacult.uol.com.br/home/segunda-morte-do-autor/>. Acesso em: jun. 2020.

BOURGEOIS, Jean-Pierre. Synaptoarchitectonie, sujets et questions interfaces In: GOLSE, Bernard; PUTOIS, Olivier; VANIER, Alain (dir.). *Epistémologie et méthodologie en psychanalyse et en psychiatrie: Pour un vrai débat avec les neurosciences*. Paris: Erès, 2017.

BOURGERON, Thomas. À la recherche des gènes de l'autisme. *The Conversation*, 29 march 2018. Disponível em: <http://theconversation.com/a-la-recherche-des-genes-de-lautisme-90153>. Acesso em: jan. 2020.

BOUYSSE, Franck. *Né d'aucune femme*. Paris: La Manufacture du livre, 2019.

BUTLER, Judith. *Antigone's Claim: Kinship Between Life and Death.* New York: Columbia University Press, 2002. Wellek Library lecture series at the University of California, Irvine.

____. *Antigone: La Parenté entre vie et mort.* Trad. Guy le Gaufey. Paris: Epel, 2003.

____. Fundamentos Contingentes: O Feminismo e a Questão do "Pós-Modernismo". *Cadernos Pagu,* Campinas, v. 11, 1998.

____. Judith Butler Escreve Sobre Sua Teoria de Gênero e o Ataque Sofrido no Brasil. Tradução Clara Allain. *Folha de S.Paulo,* 19 nov. 2017. (Ilustríssima.)

CALVI, Thomas. Mobile Learning: Teach on Mars et Inria Sophia-Antipolis – Méditerranée nouent un partenariat. *ActuIA,* 11 fév. 2020. Disponível em: <https://www.actuia.com/actualite/mobile-learning-teach-on-mars-et-inria-sophia-antipolis-mediterranee-nouent-un-partenariat/>. Acesso em: abr. 2022.

____. Google AI présente Meena, un modéle conversationnel neuronal formé de bout en bout à 2,6 milliards de paramètres.*ActuIA,* 29 jan. 2020. Disponível em: <https://www.actuia.com/actualite/google-ai-presente-meena-un-modele-conversationnel-neuronal-forme-de-bout-en-bout-a-26-milliards-de-parametres/>. Acesso em: abr. 2022.

CARDON, Dominique. *À quoi rêvent les algorithmes: Nos vies à l'heure des big data.* Paris: Seuil, 2015.

CECCATTY, René de. A Propos de "Les Pas de la voyageuse", Dominique Rolin de Frans De Haes. *Le Monde des livres.* Bruxelles: AM/Labor, 2007.

CERQUEIRA DOS ANJOS, Yuri. Os Manuscritos de Imprensa de Marcel Proust: Incursões em um Ateliê de Escritura Jornalística. *Manuscrítica: Revista de Crítica Genética,* n. 29, 2015. Disponível em: <https://www.revistas.usp.br/manuscritica/article/view/177795>. Acesso em: abr. 2022.

____. *Marcel Proust et la presse de la Belle Époque.* Paris: Honoré Champion, 2018.

CHAVES, Celso Loureiro. Matita Perê: Um Estudo de Gênese. In: Bacchini, L. (org.). *Maestro Soberano: Ensaios Sobre Antonio Carlos Jobim.* Belo Horizonte: Editora UFMG, 2017.

____. Por uma Pedagogia da Composição Musical. In: FREIRE, Vanda Bellard (org.). *Horizontes de Pesquisa em Música.* Rio de Janeiro: 7Letras, 2010.

CHICHE, Sarah. *Les Enténébrés.* Paris: Seuil, 2019.

CHICHE, Sarah; MARMION, Jean-François. *Les Mots pour comprendre la psychologie.* Paris: Sciences Humaines, 2020.

CHRISTIN, Anne. *Poétique du blanc: Vide et intervalle dans la civilisation de l'alphabet.* Paris: Vrin, 2009.

CLOUZOT, Henry-Georges. *Le Mystère de Picasso.* Paris: Magnus Opus, 1956.

COCTEAU, Jean et al. *Entretiens sur le cinématographe.* Paris: P. Belfond, 1973.

COMMISSION NATIONALE de l'Informatique et des Libertés (CNIL). *Comment permettre à l'Homme de garder la main? Rapport sur les enjeux éthiques des algorithmes et de l'intelligence artificielle.* Rapport rédigé par Victor Demiaux et Yacine Si Abdallah. déc. 2017. Disponível em: <https://www.cnil.fr/sites/default/files/atoms/files/cnil_rapport_garder_la_main_web.pdf>. Acesso em: jan. 2020.

CONNES, Alain; CHEREAU, Danye; DIXMIER, Jacques. *Le Théâtre quantique.* Paris: Odile Jacob, 2018.

COPE, David. *Experiments in Musical Intelligence.* Middleton: A-R Editions, 1996. (Computer Music & Digital Audio Series.) Disponível em: <http://artsites.ucsc.edu/faculty/cope/experiments.htm>. Acesso em: jun. 2020.

_____. Chopin Style Nocturne. *Experiments in Musical Intelligence*. Disponível em: <https://www.youtube.com/watch?v=t6WeiyvAiYQ&list=PLT8cW9EXFAVix-tNpR6Nazyv9v-kqUlR0>. Acesso em: jun. 2020

_____. Zodiac [obras no estilo de Vivaldi]. *Experiments in Musical Intelligence*. Disponível em: <https://www.youtube.com/watch?v=2kuY3BrmTfQ&list=PLT8cW9EXFAVix-tNpR6Nazyv9v-kqUlR0&index=2>. Acesso em: jun. 2020.

CORNUDET, Sabine. Entre les neurosciences et la psychanalyse, la fin des hostilités. *Nonfiction*, 17 juin 2018. Disponível em: <https://www.nonfiction.fr/article-9425-entre-les-neurosciences-et-la-psychanalyse-la-fin-des-hostilites.htm>. Acesso em: jan. 2020.

COUTO, Mia. *As Areias do Imperador 3: O Bebedor de Horizontes*. São Paulo: Schwartz, 2018.

CUTAIT, Raul. Inteligência Artificial, Medicina e Médicos. *Folha de S.Paulo*, 31 jan. 2020. (Opinião.)

DAMOUR, Thibaut. *Si Einstein m'était conté*. Paris: Le Cherche Midi, 2005.

_____. *Physique et réalité: Le Temps existe-t-il?* Avec l'aide de C. Gourgues et M-C Vergne. Institut des Hautes Études Scientifiques, Université Paris-Saclay, 14 set. 2011. Disponível em: <http://www.ihes.fr/~damour/Conferences/CDC-sept2011.pdf>. Acesso em: abr. 2022.

_____. *Si Einstein m'était conté*. Paris: Flammarion, 2016.

_____. *Mouvement et Rayonnement en Relativité Générales*. Académie des sciences. Disponível em: <https://www.youtube.com/watch?v=wDwELlFPFL0>. Acesso em: 15 dez. 2019.

DAMOUR, Thibaut; BURNIAT, Mathieu. *Le Mystère du monde quantique*. Paris: Dargaud, 2017.

DAMOUR, Thibaut; CARRIÈRE, Jean-Claude. *Entretien sur la multitude du monde*. Paris: Odile Jacob, 2018.

DEBRAY-GENETTE, Raymonde. Génétique et poétique: Esquisse de méthode. *Littérature*, n. 28, 1977.

DEHAENE, Stanislas. *Le Côté de la conscience*. Paris: Odile Jacob, 2014.

_____.*Les Neurones de la lecture*, out. 2016. Disponível em: <https://www.youtube.com/watch?v=ptABRBcdI0c>.

_____. *Face à face avec notre cerveau*. Paris: Odile Jacob, 2021.

DELIGEORGES, Stéphane. Google, finance, NSA: peut-on encore échapper aux algorithmes? *Radio France*, 24 fev. 2014. Disponível em: <https://www.radiofrance.fr/franceculture/podcasts/continent-sciences/google-finance-nsa-peut-on--encore-echapper-aux-algorithmes-1080499>. Acesso em: jan. 2020.

DESCOLA, Philippe. *Par-delà nature et culture*. Paris: Gallimard, 2005.

DRUMMOND DE ANDRADE, Carlos. *Nova Reunião*. Rio de Janeiro: Nova Fronteira, 1983.

DO, Yoon-Jung. *Les Valeurs du blanc chez Mallarmé éclairées par l'esthétique de l'Extrême-Orient*. Lille: Atelier national de Reproduction des Thèses, 2006. Disponível em <http://www.sudoc.fr/112170234>. Acesso em: 15 fev. 2020.

DONNIER, Deborah. *Pistes de sortie de l'autisme, Pr Luc Montagnier: Prévention Santé*. [Entretien avec Pr. Luc Montagnier. Congrès "Sortir de l'autisme" à Paris le 30/31 janvier 2016]. Disponível em: <https://www.youtube.com/watch?v=WK3L2P33AKI>. Acesso em: jan. 2020.

DONIN, N. Artistic Research and the Creative Process: The Joys and Perils of Self-Analysis. In: Nierhaus, G. (ed.). *Patterns of Intuition*. Dordrecht: Springer, 2015.

_____. Auto-analyse et composition musicale: Une tradition méconnue, un enjeu actuel. In: Donin, N. (ed.). *Un Siècle d'écrits réflexifs sur la composition musicale: Anthologie d'auto-analyses, de Janácek à nos jours*. Genève: Drox/HEM, 2019.

_____. La Musique, objet génétique non identifié? *Littérature*, Paris, n. 178, 2015.

_____. Vers une musicologie des processus créateurs. *Revue de Musicologie*, Paris, v. 98, n. 1, 2012.

_____. Quand l'étude génétique est contemporaine du processus de création: Nouveaux objets, nouveaux problèmes. *Genesis*, Paris, n. 31, 2010.

DONIN, Nicolas; GRÉSILLON, Almuh; LEBRAVE, Jean-Louis. Introduction: La Critique génétique en perspective. In: DONIN, Nicolas; GRÉSILLON, Almuth; LEBRAVE, Jean-Louis (eds.). *Genèses musicales*. Paris: PUPS, 2015.

DOUGLAS, Aileen. *Work in Hand: Script, Print, and Writing, 1690-1840*. Oxford: Oxford University Press, 2017.

DURANTON, Sylvain. *How Humans and AI Can Work Together to Create Better Businesses*. TED@BCG Mumbai, Sep. 2019. Disponível em: <https://www.ted.com/talks/sylvain_duranton_how_humans_and_ai_can_work_together_to_create_better_businesses>. Acesso em: jan. 2020.

DUROUX, Rose; URDICIAN, Stéphanie. *Les Antigones contemporaines: (de 1945 à nos jours)*. Clermont-Ferrand 2: Pu Blaise Pascal, 2010.

DYLAN, Bob. My Back Pages: The Official Bob Dylan Sit. Disponível em: <https://www.bobdylan.com/songs/my-back-pages/>. Acesso em: abr. 2022.

ÉCHAPPER à l'algorithmisation de nos vies, *Magazine littéraire*, 11 fev. 2018.

EDELMAN, Gerald. *Biologie de la conscience*. Paris: Odile Jacob, 1992. (Coll. Sciences.)

_____. *Plus vaste que le ciel: Une nouvelle théorie générale du cerveau*. Paris: Odile Jacob, 2004.

_____. *La Science du cerveau et la connaissance*. Tradução Jean-Luc Fidel. Paris: Odile Jacob, 2006.

EINSTEIN, Albert. *La Relativité*. Paris: Payot, 1956.

ERIES; Alexandre. Pascal Quignard: La voix du silence. *Loxias*, n. 14, set. 2006. Disponível em: <http://revel.unice.fr/loxias/index.html?id=1220>. Acesso em: abr. 2022.

FALVEY, Deirdre. Seamus Heaney, Our Dad The Poet, by Catherine, Chris and Mick Heaney. *The Irish Times*, 30 jun. 2018. Disponível em: <https://www.irishtimes.com/culture/books/seamus-heaney-our-dad-the-poet-by-catherine-chris-and-mick-heaney-1.3546885>. Acesso em: maio 2022.

FELINTO, Erick. Pensamento Poético e Pensamento Calculante: O Dilema da Cibernética e do Humanismo em Vilém Flusser. *Flusser Studies*, v. 15, maio 2013. Proceedings of the symposium "Flusser em Fluxo" (May 24-25, 2012). Disponível em: <http://www.flusserstudies.net/node/360>. Acesso em: 21 ago. 2020.

FERNANDES, Nathan. Gravidade Quântica em *Loop*: A Teoria em Que Espaço e Tempo Não Existem. *Galileu*, 11 maio 2017. Disponível em: <https://revistagalileu.globo.com/Ciencia/noticia/2017/04/gravidade-quantica-em-loop.html> Acesso em: maio 2022.

FERRER, Daniel; GRÉSILLON, Almuth. Éléments de réponse à C. Deliège. *Genesis*, Paris, n. 4, 1993.

FERRER, Daniel. *Logiques du brouillon*. Paris: Seuil, 2011.

FLUSSER, Vilém. *Fenomenologia do Brasileiro*. Rio de Janeiro: Eduerj, 1998.

_____. Prefácio. *Transformation: Photographs by Andreas Müller-Pohle*, 1983. Göttingen, West Germany: European Photography. Disponível em: <http://muellerpohle.net/texts/project-texts/transformation/> Acesso em: set. 2020.

____. *Exílio e Criatividade* (Viagem brasileira, novembro 1984). Datiloscrito. Disponível em: <http://www.flusserbrasil.com/art474.pdf>. Acesso em: abr. 2022.

____. *O Universo das Imagens Técnicas: Elogio da Superficialidade*. São Paulo: Annablume, 2008.

____. *Filosofia da Caixa Preta: Ensaios Para uma Futura Filosofia da Fotografia*. São Paulo: AnnaBlume, 2011.

____. La Création scientifique et artistique. *Flusser Studies*, v. 26, 2018. Disponível em: <http://www.flusserstudies.net/archive/flusser-studies-26-november-2018>. Acesso em: abr. 2022.

____. *Filosofia da Caixa Preta*. São Paulo: É Realizações, 1983.

FLAUBERT, Gustave. *Les Amis de Flaubert: Bulletin*, n. 36, 1970.

____. *Œuvres complètes* Paris: Seuil ,1994.

____. *Correspondance V, Janvier 1876 – mai 1880*. Paris: Gallimard, 2007.

____. *Três Contos*. Tradução Júlia da Rosa Simões. Porto Alegre: L&PM, 2019. (e-book)

FOCUS sur le projet MUSICIA d'AIbstract et du CTEL de l'Université Côte d'Azur. *Actuia*, 8 fév. 2021. Disponível em: <https://www.actuia.com/actualite/focus-sur-le-projet-musicia-daibstr>. Acesso em: maio 2022.

FRAISSE, Luc. *L'OEuvre cathedrale: Proust et l'architecture medievale*. Paris: Corti, 1990.

FREUD, Sigmund. *La Naissance de la psychanalyse*. Paris: PUF, 1973.

____ [1900]. *L'Interprétation des rêves*. Paris: PUF, 1967.

____ [1919]. *Métapsychologie*. Tradução J. Laplanche e J.-B. Pontalis. Paris: Gallimard, 1940. (NRF Essais.)

____. *Délires et rêves dans la "Gradiva" de Jensen*. Paris: Gallimard, 1949.

GARCIA, Laurent, *Les Algorithmes de sélection et de recommandation: Quelle influence sur les pratiques culturelles et d'information?* Disponível em: <https://laurentgarcia.fr/commissions-des-affaires-culturelles-table-ronde-sur-le-theme-les-algorithmes-de-selection-et-de-recommandation-quelle-influence-sur-les-pratiques-culturelles-et-dinformation/>. Acesso em: jan. 2020.

GENETTE, Gérard. *Paratextos Editoriais*. São Paulo: Ateliê, 2009.

GOLSE, Bertrand. Les Signifiants formels comme un lointain écho du bébé que nous avons été. *Le Carnet psy*, 2007.

GOLSE, Bernard; PUTOIS, Olivier; VANIER, Alain. *Epistémologie et méthodologie en psychanalyse et en psychiatrie: Pour un vrai débat avec les neurosciences*. Paris: Erès, 2017.

GOODWIN, Ross. Adventures in Narrated Reality, Part II: Ongoing experiments in writing & machine intelligence. *Medium*, 9 jun 2016. Disponível em: <https://medium.com/artists-and-machine-intelligence/adventures-in-narrated-reality-part-ii-dc585af054cb>. Acesso em: maio 2022.

GENETTE, Gérard. *Paratextos Editoriais*. São Paulo: Ateliê, 2009.

GRÉSILLON, Almuth. *Éléments de Critique Génétique: Lires les manuscrits modernes*. Paris: Presses Universitaires de France, 1994.

GRÉSILLON, Almuth; LEBRAVE, Jean-Louis. Avant-propos. *Langages*, 17ᵉ année, n. 69, 1983.

GELL, Alfred. *Arte e Agência*. São Paulo: Ubu, 2018.

HARARI, Yuval Noah. *Homo Deus*. Tradução Paulo Geiger. São Paulo: Companhia das Letras, 2016.

____. *21 Lições Para o Século 21*. São Paulo: Companhia das Letras, 2018.

____. *Roda Viva*, 11 nov. 2019. Disponível em: <https://www.youtube.com/watch?v=pBQM085IXOM>. Acesso em: nov. 2019.

____. The World After Coronavirus. *Financial Times*, 20 mar. 2020. Disponível em: <https://www.ft.com/content/19d90308-6858-11ea-a3c9-1fe6fedcca75>. Acesso em: jun. 2022.
HAWKING, Stephen. *Une Brève histoire du temps*. Paris: Flammarion, 1989.
HAY, Louis. Le Texte n'existe pas. *Poétique*, n. 85, Paris: Seuil, 1985.
HENROT, Geneviève. Poétique et réminiscence: charpenter le temps. *Marcel Proust 3: Nouvelles directions de la recherche proustienne 2*. Paris: Minard, 2001.
HOUDÉ, Olivier. *L'Intelligence humaine n'est pas qu'un algorithme*. Paris: Odile Jacob, 2019.
HULLE, Dirk Van. *Modern Manuscripts*. London/New York: Bloomsbury, 2011.
____. Modern Manuscripts. *Oxford Research Encyclopedia of Literature* [on-line], 2019. Disponível em: <https://ora.ox.ac.uk/catalog/uuid:eb2a2926-0433-4d20-b47e-c340f7210763/download_file?file_format=application%2Fpdf&safe_filename=VanHulle_2019_Modern_manuscripts.pdf>. Acesso: set. 2022.
INTELLIGENCE ARTIFICIELLE: définition, applications et enjeux. *Youmatter*, 21 maio 2021. Disponível em: <https://youmatter.world/fr/definition/intelligence-artificielle-definition-enjeux/>. Acesso em: nov. 2019.
ISHIGURO, Kazuo. *Les Vestiges du jour*. Paris, Poche, 2010.
____. *Os Vestígios do Dia*. São Paulo: Companhia das Letras, 2003.
ITALIA, Paola. Aux origines de la critique des paperasses. *Genesis 49*. Paris: Sorbonne Université Presse, 2019.
JAUSS, H.R. Production et réception: Le Mythe des frères ennemies In: HAY, Louis (org.). *La Naissance du texte*. Paris: José Corti, 1989.
JORDAN, Bertrand. *Le Gène introuvable: De la science au Business*. Paris: Seuil, 2012.
KALIFA, Dominique et al. (orgs.). *La Civilisation du journal*. Paris: Nouveau Monde, 2011.
KARAN, Henriete. *Espaço-Tempo e Memória: A Subjetividade em Le Temps retrouvé, de Marcel Proust*. Tese (Doutorado em Letras) – Universidade Federal de Rio Grande do Sul, Porto Alegre, 2008.
KINDERMAN, William. Introduction: Genetic Criticism and the Creative Process. In: KINDERMAN, William; JONES, Joseph. E. (ed.). *Genetic Criticism and the Creative Process*. Rochester: University of Rochester Press, 2009.
____. *The Creative Process in Music from Mozart to Kurtág*. Urbana: University of Illinois Press, 2012.
KRAUSER, Gustavo Bernado. "Meu Bem, Você Não Entendeu Nada": A Generosidade Cética de Vilém Flusser. *Flusser Studies*, v. 11, 2011. Disponível em: <https://www.flusserstudies.net/sites/www.flusserstudies.net/files/media/attachments/gustavo-meu-bem.pdf>. Acesso em: abr. 2022.
LACAN, Jacques. O Tempo Lógico e a Asserção de Certeza Antecipada [1945]. *Escritos*. Rio de Janeiro: Zahar, 1998.
____. *Livro 11: Os Quatro Conceitos Fundamentais da Psicanálise*. Rio de janeiro: Zahar, 1988.
____. *Livro 19: Ou Pior... (1971-1972)*. Rio de janeiro: Zahar, 2011.
____. *Livro 20: Mais, Ainda*. Rio de Janeiro: Zahar, 1985.
LAFFERIÉRE, Dany. *Autoportrait de Paris avec chat*. Paris: Grasset, 2018.
____. *Vers d'autres rives*. La Tour d'Aigues: Editions de l'Aube, 2019.
____. *L'Exil vaut le voyage*. Paris: Grasset, 2020.
LAMARTINE, Alphonse de. *Sur la politique rationnelle*. Paris: Grosselin, 1832.
LATOUR, Bruno. *Enquête sur les modes d'existence: Une anthropologie des Modernes*. Paris: La Découverte, 2012.

LAUTRÉAMONT. *Obra Completa: Os Contos de Maldoror / Poesias / Cartas*. Tradução, prefácio e notas de Cláudio Willer. São Paulo: Iluminuras, 1997.

LEBRAVE, Jean-Louis. La Critique génétique: Une Discipline nouvelle ou un avatar moderne de la philologie. *Genesis*, n. 1, 1992.

____. Can Genetic Criticism Be Applied to the Performing Arts. In: KINDERMAN, William; JONES, Joseph E. (eds.). *Genetic Criticism and the Creative Process*. Rochester: University of Rochester Press, 2009.

____. Textualité verbale, graphique, musicale. In: DONIN, Nicolas; GRÉSILLON, Almuth; LEBRAVE, Jean-Louis (ed.). *Genèses musicales*. Paris: PUPS, 2015.

LECUN, Yann. The Deep Learning, *Nature*, n. 521, maio 2015. Disponível em: <https://s3.us-east-2.amazonaws.com/hkg-website-assets/static/pages/files/DeepLearning.pdf>.

____. *Quand la machine apprend*. Paris: Odile Jacob, 2019.

____. *Actuia: Le Magazine de l'intelligence artificielle*, n. 1, jan.-mar. 2020.

LEDO, Pierre-Marie. Conférence Intelligence artificielle et neurosciences. *RoCamRoll video*, 21 mars 2018. Disponível em: <https://www.youtube.com/watch?v=cPjhy6INRqc>. Acesso em: maio 2022.

LEROUX, Pierre. Brèves (1995). In: DONIN, Nicolas (ed.). *Un Siècle d'écrits réflexifs sur la composition musicale. Anthologie d'auto-analyses, de Janácek à nos jours*. Genève: DROX/HEM, 2019.

____. Questions de faire: La Génétique musicale in vivo vue du côté du créateur. *Genesis*, Paris, n. 31, 2010.

LÉVY, Pierre. *As Tecnologias da Inteligência: O Futuro do Pensamento na Era da Informática*. São Paulo: Editora 34, 1994.

____. *O Que É o Virtual*. São Paulo: Editora 34, 2011.

LIMA, Luiz Costa. *Sociedade e Discurso Ficcional*. Rio de Janeiro: Guanabara, 1986.

LUCAS, Fábio Roberto. *O Poético e o Político: Últimas Palavras de Paul Valéry*. 2016. Tese (Doutorado). Departamento de Teoria Literária e Literatura Comparada da Faculdade de Filosofia, Letras e Ciências Humanas da Universidade de São Paulo, São Paulo, 2016.

LOUAPRE, David. La Gravité quantique à boucles. *ScienceEtonnante*, 2 sept. 2016. [Texto acompanhado de vídeo]. Disponível em: <https://scienceetonnante.com/2016/09/02/la-gravite-quantique-a-boucles/>. Acesso em: abr. 2022.

LUIZ-DIAZ, José. Avatars journalistiques de l'éloquence privée. In: KALIFA, Dominique et al (orgs.). *La Civilisation du journal*. Paris: Nouveau Monde, 2011.

LYON-CAEN, Judith. *La Lecture et la vie: Les Usages du roman au temps de Balzac*. Paris: Tallandier, 2006.

MACHADO, Arlindo. A Fotografia Como Expressão do Conceito. *Revista Studium*, Campinas, n. 2, 2000.

____. A Fotografia Sob o Impacto da Eletrônica. In: SAMAIN, Etienne (org.). *O Fotográfico*. São Paulo: Senac, 2005.

____ [1984]. *A Ilusão Especular*. São Paulo: Gustavo Gili, 2015.

MAINARDI, Patricia. *Another World: Nineteenth Century Illustrated Print Culture*. New Haven, Connecticut: Yale University Press, 2017.

MAHRER, Rudolf. La Plume après le plomb: Poétique de la réécriture des œuvres déjà publiées. *Genesis*, n. 44, 2017.

MALLARMÉ, Stéphane. *Œuvres Complètes*. Paris: Gallimard, 2003. Tome 2.

MANENTI, Boris. Musique: Demain, ce sont les robots qui créeront les tubes. *Nouvel Observateur*, 27 set. 2016. Disponível em: <https://www.nouvelobs.

com/culture/20160927.OBS8813/musique-demain>. Acesso em: abr. 2022.

MANIGLIER, Patrice. Surdétermination et duplicité des signes: de Saussure à Freud. Savoirs et clinique. *Transferts littéraires*, n. 6, out. 2005.

_____. *La Vie énigmatique des signes*. Paris: Léo Scheer, 2006.

_____. L´Ambassade des signes: Essay sur métaphysique diplomatique. *Revue Actes Sémiotique*, n. 120, 2017.

MARTIN, Nicolas; BEAUCHAMP, Antoine. Plasticité cérébrale: Le Cerveau, c'est fantastique (podcast La Méthode Scientifique). *Radio France*. Disponível em: <https://www.radiofrance.fr/franceculture/podcasts/la-methode-scientifique/plasticite-cerebrale-le-cerveau-c-est-fantastique-6577579#xtor=EPR-2-[LaLettre 10022020]>. Acesso em: fev. 2020.

MARTINS, Roberto de Andrade. A Maçã de Newton: História, Lendas e Tolices. In: SILVA, Cibelle Celestino (ed.). *Estudos de História e Filosofia das Ciências: Subsídios Para Aplicação no Ensino*. São Paulo: Livraria da Física, 2006.

MARTY, Robert. *76 Definitions of the sign by C.S. Peirce*, 1997. Disponível em: <https://arisbe.sitehost.iu.edu/rsources/76DEFS/76defs.HTM>. Acesso em: set. 2020.

MAUBANT, Thierry. Intelligence artificielle pour le bien collectif: le machine learning pour protéger les orques dans la mer des Salish. *ACTUIA*, fév. 2020. Disponível em: <https://www.actuia.com/actualite/intelligence-artificielle-pour-le-bien-collectif-le-machine-learning-pour-proteger-les-orques-dans-la-mer-des-salish/>. Acesso em: fev. 2020.

MAURIAC, Nathalie. *Proust inachevé*. Paris: Champion, 2005.

_____. D'Hypo-Proust en Hyper-Proust? *Recherches & Travaux*, 72, 2008, mis en ligne le 15 décembre 2009. Disponível em: <http://recherchestravaux.revues.org/index 103.html>. Acesso em: mar. 2020.

MÉLA, Charles. *Du côté de chez Swann, Combray, Premières épreuves corrigées, 1913*. In: PROUST, Marcel. *Placard 1, 31 mars 1913*. Paris: Gallimard, 2013.

MELLO, Patrícia Campos. Pessoas se Deram Conta de Que Estão Sendo Manipuladas Maciçamente, Diz Pesquisadora, *Folha de S.Paulo*, São Paulo, 6 fev. 2020. (Mundo.) Disponível em: <https://www1.folha.uol.com.br/mundo/2020/02/as-pessoas-se-deram-conta-de-que-estao-sendo-manipuladas-macicamente-diz-pesquisadora.shtml>. Acesso em: fev. 2020.

MESCHONNIC, Henri. *Critique du rythme: Anthropologie historique*. Paris: Verdier, 1982.

MICHEL, Louise. *Contes et légendes*. Paris: Kéva et Cie, 1884.

MILLER, Jacques-Alain. Théorie de lalangue. *Ornicar?* [Paris], ed. 1-5, Université de Paris. Département de psychiatre, Centre de documentation, 1975.

MOLINO, Jean et al. Les Autres musiques. In: NATTIEZ, Jean-Jacques (ed.). *Musiques: Une Encyclopédie pour le XXIe Siècle*. Paris: Actes Sud / Cité de la musique, 2003.

MOLL-FRANÇOIS, Fabien. Pourquoi chercher le gène de l'homosexualité? *Technology Review*, juin-juillet, 2007. Disponível em: <http://www.evolutionhumaine.fr/michel/publis/pdf/raymond_pichot_technology_review____72_77.pdf>. Acesso em: abr. 2022.

MONNERET, Philippe. *Le Sens du signifiant, implications linguistiques, et cognitives de la motivation*. Disponível em: <https://www.academia.edu/9382549/Le_sens_du_signifiant._Implications_linguistiques_et_cognitives_de_la_motivation>. Acesso em: fev. 2020.

MURAKAMI, Haruki. *1Q84*, t. 2. Tradução Hélène Morita. Paris: Belfond, 2011.

NICOLELIS, Miguel. *O Verdadeiro Criador de Tudo*. São Paulo: Crítica, 2021.

NÖTH, W. Representations of Imaginary, Nonexistent, or Nonfigurative Objects. *Cognitio: Revista de Filosofia*, v. 7, n. 2, 2006.

NOTTEBOHM, Gustav. *Zweite Beethoveniana*. 1887. Disponível em: <https://imslp.org/wiki/Zweite_Beethoveniana_(Nottebohm%2C_Gustav)>. Acesso em: jan. 2021.

OLLIVIER, Jean-Pierre. *Proust et les sciences*. Paris: Champion, 2018.

OURY, Antoine. Ce robot-Rimbaud écrit des poèmes, inspiré par une image. *Actualitté*, 26 out. 2018. Disponível em: <https://www.actualitte.com/article/lecture-numerique/ce-robot-rimbaud-ecrit-des-poemes-inspire-par-une-image/91584>. Acesso em: maio 2022.

PARENT, Auguste. *Machaerous*. Paris: A. Franck, 1968.

PETTEGREE, Andrew. *The Invention of News: How the World Came to Know About Itself*. New Haven: Yale University Press, 2015.

PETITOT, Jean. *Physique du sens*. Paris: CNRS, 1992.

PINSON, Guillaume. *L'Imaginaire médiatique*. Paris: Classiques Garnier, 2012.

POHJANNORO, Ulla. Capitalising on Intuition and Reflection: Making Sense of a Composer's Creative Process. *Musicae Scientiae*, v. 20, n. 2, Newbury Park, 2016.

_____. Inspiration and Decision-Making: A Case Study of a Composer's Intuitive and Reflective Thought. *Musicae Scientiae*, v. 18, n. 2, Newbury Park, 2014.

POIRIER, Jacques. Le Rocher et la vague: Morceler, dissoudre, représenter. In: QUAGHEBEUR, Marc; NEUSCHÄFER, A. (dirs.). *Les Constellations impérieuses d'Henry Bauchau*. Actes du colloque de Cerisy-la-Salle, julho de 2001. Bruxelas: AML/Labor, Archives du futur, 2003.

POWERS, Richard. *L'Arbre Monde*. Paris: Le Cherche Midi, 2018.

PRIGOGINE, Ilya. *La Fin des certitudes*. Paris: Odile Jacob, 1996.

PIGNATARI, Décio. *Semiótica e Literatura*. São Paulo: Perspectiva, 1974.

PREISS, Nathalie (ed.). *Le XIXe siècle à l'épreuve de la collection*. Reims: Université de Reims Champagne-Ardenne, 2018.

PROUST, Marcel. *Matinée chez la Princesse de Guermantes* (*Cahiers du Temps retrouvé*). Édition critique établie par Henri Bonnet en collaboration avec Bernard Brun. Paris: Gallimard, 1982.

_____. *À la recherche du temps perdu, v. 2: À l'ombre des jeunes filles en fleurs*. Paris: Gallimard, 1987.

_____. *À la recherche du temps perdu, v. 3: Le Côté de Guermantes*. Paris: Gallimard, 1988.

_____. *À la recherche du temps perdu, v. 5: La Prisonnière*. Paris: Gallimard, 1988.

_____. *À la recherche du temps perdu, v. 4: Sodome et Gomorrhe*. Paris: Gallimard, 1988.

_____. *À la recherche du temps perdu, v. 7: Le Temps retrouvé*. Paris: Gallimard, 1989.

_____. *Em Busca do Tempo Perdido, v. 1: No Caminho de Swann*. Tradução Mario Quintana. São Paulo: Globo, 2006.

_____. *Em Busca do Tempo Perdido, v. 3: O Caminho de Guermantes*. Tradução Mario Quintana. São Paulo: Globo, 2007.

_____. *Em Busca do Tempo Perdido, v. 6: A Fugitiva*. Tradução Carlos Drummond de Andrade. São Paulo: Globo, 2012.

_____. *Em Busca do Tempo Perdido, v. 7: O Tempo Redescoberto*. Tradução Lucia Miguel Pereira. São Paulo: Globo, 2013.

_____. *Correspondance*. Paris: Plon, 2004.

_____. À propos du "style" de Flaubert, 10 jan. 1920. *Contre Sainte-Beuve*. Paris: Gallimard, 1971.

QUARANTA, Jean-Marc. *Les Expériences privilégiées dans "A la recherche du temps perdu" et ses avant-textes: Éléments de la genèse d'une esthétique*. 2001. Tese

(Doutorado em Literatura Francesa). Disponível em: <http://www.theses.fr/2001MARN0094>. Acesso em: abr. 2022.

QUIGNARD, Pascal. *Les Ombres errantes*. Paris: Grasset, 2002.

REYNOLDS, Roger. *The Genealogy of Transfigured Wind*. 2006. Disponível em: <https://www.loc.gov/collections/roger-reynolds/articles-and-essays/the-genealogy-of-transfigured-wind/>. Acesso em: abr. 2022.

ROMANELLI, Sergio. *Compêndio de Crítica Genética*. Vinhedo: Horizonte, 2015.

ROMERO, Alberto. GPT-3 Scared You? Meet Wu Dao 2.0: A Monster of 1.75 Trillion Parameters, *Towards Data Science*, 6 jun. 2021. Disponível em: <https://towardsdatascience.com/gpt-3-scared-you-meet-wu-dao-2-0-a-monster-of-1-75-trillion-parameters-832cd83db484 >. Acesso em: 14 set. 2022.

ROVELLI, Carlo. Temps, espace, matière ...ne sont plus ce qu'ils étaient! 17 avr. 2015. Disponível em: <https://www.youtube.com/watch?v=YlRT8Z2cXlY>. Acesso em: jan. 2020.

_____. *Sept brèves leçons de physique*. Paris, Odile Jacob, 2015.

_____ "Carlo Rovelli par-delà le visible Mon article 2: Le temps n'existe pas" (2017). Disponível em: < https://monblogdereflexions.blogspot.com/2017/09/carlo-rovelli-par-dela-le-visible-mon.html#.XVcaFZNKhAY>. Acesso em: set. 2022.

_____. *L'Ordre du temps*. Paris: Flammarion, 2018.

ROZIÈRES, Grégory. Une Intelligence artificielle a créé 20 albums de musique pour Warner Music. *Huffpost*, 25 mars 2019. Disponível em: <https://www.huffingtonpost.fr/2019/03/25/une-intelligence-artificielle-a-cree-20-albums-de-musique-pour-warner-music_a_23699616/>. Acesso em: maio 2022.

SACCO, Laurent. Hawking et le multivers: et le buzz revient... *Futura Sciences*, 7 maio 2018. Disponível em: <https://www.futura-sciences.com/sciences/actualites/cosmologie-hawking-multivers-buzz-fake-news-70583/>. Acesso em: maio 2022.

SADIN, Éric. *La Vie algorithmique: Critique de la raison numérique*. Paris: L'Échappée, 2015.

SAGET, Estelle. Hugues Duffau: Le Cerveau se répare lui-même. *L'Express*, 2 out. 2014. Disponível em: <https://www.lexpress.fr/actualite/sciences/hugues-duffau-le-cerveau-se-repare-lui-meme_1578825.html>.

SALLES, Cecília A. *Uma Criação em Processo: Ignácio de Loyola Brandão e "Não Verás País Nenhum"*. Tese de doutorado. Programa de Linguística Aplicada ao Ensino de Línguas, PUC/SP, 1990.

_____. O Poder da Descoberta. *Manuscrítica*, n. 7, 1998.

_____. *Gesto Inacabado: Processo De Criação Artística*. 5. ed. São Paulo: Intermeios, 2013.

SALLES, Cecília A.; LIMA, Julia Meireles de; ALENCAR, Maria Luisa A.F. de. Bananas: O Gesto e a Obra Artística Através das Correspondências Entre Vilém Flusser e Antonio Henrique do Amaral. *Revista Líbero*, n. 45, 2020. Disponível em: <https://casperlibero.edu.br/revista-libero/>. Acesso em: out. 2020.

SALLIS, Friedemann. Coming to Terms with the Composer's Working Manuscripts. In: HALL, Patricia; SALLIS, Friedemann (eds.). *A Handbook to Twentieth-Century Music Sketches*. Cambridge: Cambridge University Press, 2004.

SCARBOROUGH KING, Rachael. *Writing to the World: Letters and the Origins of Modern Print Genres*. Baltimore: Johns Hopkins University Press, 2018.

SCHIGNITZ, Barbara; SCHWEIZER, Tobias. Erarbeitung der Anton Webern Gesamtausgabe in einer digitalen Forschungsplataform. In: AHREND, Thomas; SCHMIDT, Matthias (eds.). *Webern-Philologien*. Wien: Musikzeit Verlag Lafite, 2016.

SCHUBERT, Giselher; SALLIS, Friedmann. Sketches and Sketching. In: Hall, Patricia; Sallis, Friedmann (eds.). *A Handbook to Twentieth-Century Music Sketches*. Cambridge: Cambridge University Press, 2004.

SCIAMMA, Céline. *Portrait de la jeune fille en feu*. França: Pyramid, 2019.

SEDGWICK, Eve Kosofsky. *Épistémologie du placard*. Paris: Amsterdam, 2008.

SEITZ, Hervé. Comment l'ADN détermine le vivant IGH (CNRS et université de Montpellier). 16 jan. 2019. Disponível em: < https://www.igh.cnrs.fr/images/microsite/herve-seitz/files/UTT1_2019.pdf>. Acesso em: 14 set. 2022.

SÉRVULO, Felipe. O Que É Gravitação Quântica em Loop. *Mistérios do Universo*, out. 2015. Disponível em: <https://www.misteriosdouniverso.net/2015/10/o--que-e-gravitacao-quantica-em-loop.html>. Acesso em: jun. 2022.

SIMARD-HOUDE, Mélodie. *Le Reporter et ses fictions: Poétique historique d'un imaginaire*. Limoges: Pulim, 2017.

SLOTERDIJK, Peter. *Le Palais de cristal*. Paris: Fayard/Pluriel, 2010.

_____. *Tu dois changer ta vie*. Paris: Fayard/Pluriel, 2015.

STEWART, Ian. *Em Busca do Infinito: Uma História da Matemática dos Primeiros Números à Teoria do Caos*. Rio de Janeiro: Zahar, 2014.

STRATHERN, Marilyn. *Parcial Connections*. Oxford: Atlanta Press, 2004.

SZENDY, Peter. Présentation. *Genesis*. Paris, n. 4, 1993.

SZKLARZ, Eduardo. Um Computador Sentimental Como Mozart. *Superinteressante*, 26 ago. 2010. Disponível em: <https://super.abril.com.br/tecnologia/um-computador-sentimental-como-mozart/#:~:text=E%200%20resultado%20agradou.,ser%C3%A30%20os%20compositores%20do%20futuro>. Acesso em: abr. 2022.

TALLENT, Gabriel. *My Absolute Darling*. Paris: Gallmeister, 2018.

TARDE, Gabriel [1901]. *L'Opinion et la foule*. Chicoutimi: UQAC, 2003.

TAVARES, Paulo. A Cidade Inacabada: As Fotografias de Longa-Exposição de Michael Wesely. *Vitruvius*, ano 7, jan. 2006. Disponível em: <https://www.vitruvius.com.br/revistas/read/entrevista/07.025/3308>. Acesso em: 19 set. 2020.

TRATNIK, Polona. Art as Acting Against the Program of the Apparatus. *Flusser Studies*, v. 22, 2016. Disponível em: <https://www.flusserstudies.net/sites/www.flusserstudies.net/files/media/attachments/tratnik-art-acting-against-program-apparatus.pdf>. Acesso em: abr. 2022.

VACCA, Paul. Comment Proust peut sauver votre vie numérique. *Medium*, 14 mars. 2019. Disponível em: <https://paulvacca-58958.medium.com/comment-proust-peut-sauver-votre-vie-num%C3%A9rique-f65b804d8f2a>. Acesso em: 10 jun. 2022.

VALAS, Patrick. Lacan et le chinois, disponível em: <valas.fr>. Acesso em: set. 2022.

VAILLANT, Alain. Le Règne de l'imprimé. In: SINGARAVÉLOU, Pierre; VENAYRE, Sylvain (orgs.). *Histoire du monde au XIXe siècle*. Paris: Fayard, 2017.

VALÉRY, Paul. *Œuvres I*. Gallimard: Paris, 1957.

_____. *Cahiers*, v. 6. Édition intégrale en fac-similé. Paris: CNRS, 1957-1961

_____. *Cahiers II*. Paris: Gallimard, 1974.

_____. *Lições de poética*. Belo Horizonte: Âyiné, 2018.

_____. *Œuvres complètes*, t. II. Paris: Gallimard, 1960.

VIANNA, Hermano. Inteligência Artificial Já Imita Guimarães Rosa e Pode Mudar Nossa Forma de Pensar. *Folha de S.Paulo*, São Paulo, 22 de agosto de 2020. Ilustríssima. Disponível em: <https://www1.folha.uol.com.br/ilustrissima/2020/08/inteligencia-artificial-ja-imita-guimaraes-rosa-e-pode-mu-

dar-nossa-forma-de-pensar.shtml>. Acesso em: abr. 2022.
VIVEIROS DE CASTRO, Eduardo. Perspectival Anthropology and the Method of Controlled Equivocation. *Tipití: Journal of the Society for the Anthopology of Lowland South America*, Berkeley, v. 2, n. 1, 2004.
WAGNER, Roy. *A Invenção da Cultura*. São Paulo: Cosac Naif, 2008.
WILLEMART, Phillippe (ed.). *O Manuscrito em Gustave Flaubert: Transcrição, Classificação e Interpretação do Proto-Texto do 1º Capítulo do Conto Herodias*. São Paulo: FFLCH-USP, 1984. Disponível em: <https://flaubert.univ-rouen.fr/ressources/trois_contes.php>. Acesso em: abr. 2022.
____. Crítica Genética, Psicanálise e Neurociência. *Manuscrítica*, n. 41, 2020. Disponível em: <https://www.revistas.usp.br/manuscritica/article/view/180139>. Acesso em: jun. 2022.
____. Contribution de la théorie de l'inconscient à la critique génétique. *O Manuscrito Moderno e as Edições*. São Paulo: FFLCH-USP, 1986.
____. *Universo da Criação Literária*. São Paulo: Edusp, 1993.
____. Passion de l'ignorance et passions: La Rature dans le manuscrit littéraire, *Biffures: Revue de psychanalyse*, n. 1, 1997.
____. *Crítica Genética e Psicanálise*. São Paulo: Perspectiva, 2005.
____. *Tratado das Sensações em "A Prisioneira" de Marcel Proust*. Curitiba: Opus, 2008.
____. *Os Processos de Criação na Escritura, na Arte e na Psicanálise*. São Paulo: Perspectiva, 2009.
____. *Psicanálise e Teoria Literária: O Tempo Lógico e as Rodas da Escritura e da Leitura*. São Paulo: Perspectiva, 2014.
____. *Os Processos de Criação em "À Sombra das Raparigas em Flor" de Marcel Proust*. Cotia: Ateliê, 2016.
____. Le Mystère du temps creusé au fond d'un être: Pourquoi raturer "Les intermittences du cœur" et le remplacer par "A la recherche du temps perdu"? *Marcel Proust aujourd'hui*, v. 13, jan. 2016.
____. *A Escritura na Era do Indeterminismo*. São Paulo: Perspectiva, 2019.
____. Critique génétique et astrophysique; Le Hors-temps proustien et la physique depuis Einstein. *Marcel Proust aujourd'hui*, v. 16, 2020.
____. *Les Mécanismes de la création littéraire: Lecture, écriture, génétique et psychanalyse*. Lausanne: Peter Lang, 2020.
____. Inteligência Artificial (IA) e Arte. *Signum: Estudos da Linguagem*, Londrina, v. 23, n. 2, ago. 2020.
____. *A Inteligência Artificial (IA) e a Crítica Genética: como conviver com os algoritmos e a I.A*. Conferência lida no V Simpósio de crítica genética e arquivologia, da UESPI. Teresina, 25 mar. 2021. Disponível em: <https://www.youtube.com/watch?v=6s0_LVN0Eys>. Acesso em: jun. 2022.
YOURCENAR, Marguerite. *Mémoires d'Hadrien*. Paris: Gallimard, 1975.
ZATTRA, Laura. Génétiques de la computer music. In: DONIN, Nicolas.; GRÉSILLON, Almuth; LEBRAVE, Jean-Louis. (eds.). *Genèses musicales*. Paris: PUPS, 2015.
ZATTRA, Laura et al. How do They Work? An Analysis of the Creative Process in Sound Design Obtained Through an Online Questionnaire. The 5th Conference Tracking the Creative Process In Music, 2019, *Abstracts...* Lisboa, Nova FCSH, 2019.
ZULAR, Roberto. *No Limite do País Fértil: Os Escritos de Paul Valéry Entre 1894 e 1896*. Tese (Doutorado) – Universidade de São Paulo, 2001.
ZULAR, Roberto; PINO, Claudia Amigo. *Escrever Sobre Escrever: Para uma Introdução à Crítica Genética*. São Paulo: Martins Fontes, 2007.

Este livro foi impresso na cidade de Cotia,
nas oficinas da Meta Brasil, para a Editora Perspectiva